Rolf-Dieter Müller

DER BOMBENKRIEG

Rolf-Dieter Müller

DER BOMBENKRIEG

1939–1945

Weltbild

Genehmigte Lizenzausgabe für Verlagsgruppe Weltbild GmbH,
Steinerne Furt, 86167 Augsburg
Copyright der Originalausgabe © 2004 by Christoph Links Verlag –
LinksDruck GmbH, Berlin
Lektorat: Antje Taffelt, Berlin
Lithographien: Uwe Friedrich, Berlin
Umschlaggestaltung: coverdesign uhlig, Augsburg (www.coverdesign.net)
Umschlagmotive: © Süddeutsche Zeitung / SZ Photo (Flugzeug:
Bildnummer 323148; Stadt: Bildnummer 322989)
Gesamtherstellung: Offizin Andersen Nexö Leipzig GmbH, Zwenkau
Printed in the EU
978-3-8289-4495-4

2013   2012   2011
Die letzte Jahreszahl gibt die aktuelle Lizenzausgabe an.

Einkaufen im Internet:
www.weltbild.de

Inhalt

Anhang

Einleitung

Warum ist die Erinnerung an den Bombenkrieg der Jahre 1939–1945 wieder ins öffentliche Bewusstsein gerückt? Die Erklärung, dieses und andere historische Ereignisse seien seit Jahrzehnten tabuisiert worden, kann angesichts einer Flut von Erinnerungsliteratur, Dokumentationen, literarischen Verarbeitungen und einer Fülle von wissenschaftlichen Forschungen nicht überzeugen. Wichtiger als das Auf und Ab medialer Aufmerksamkeit sind vermutlich die Veränderungen im Dialog der Generationen. Bei denen, die noch heute von ihren Erlebnissen im Bombenkrieg erzählen können, handelt es sich vorwiegend um jene, die den Zweiten Weltkrieg als Kinder und Jugendliche oder als junge Soldaten erlebt haben. Ihre Erinnerungen an die Schrecken der Bombennächte sind deshalb stark emotionalisiert. Aber – auch wenn es für diese Zeitzeugen so ausgesehen haben mochte – die Bomben fielen nicht »einfach so« vom Himmel, ausgelöst von einem unsichtbaren Feind, der sich nach Kriegsende vom Sieger zum Verbündeten und Freund wandelte; es gab ein »Vorspiel«.

Mit der Blickrichtung auf Ursachen und Folgen des Bombenkrieges wird es den Betroffenen besser gelingen, ihre Erfahrungen in das historische Geschehen einzuordnen und so weiterzugeben, dass sie von Wert für die nachfolgende Generation sein können. Für die Enkel wiederum mag es eine überraschende Erkenntnis sein, dass es im Zweiten Weltkrieg auch deutsche Opfer gegeben hat und die Alliierten durchaus nicht immer nach den Regeln einer »ritterlichen« Kriegführung gehandelt haben.

Diese relativierende Sicht verändert keineswegs die Konstanten von Kriegsursachen und Verantwortlichkeiten. Aber sie macht erkennbar, dass Deutschland nicht verschont geblieben ist, dass die Deutschen zugleich Täter und Opfer waren. Dominierte früher die Täterrolle, so sehen sich die Deutschen zunehmend auch in der Rolle von Opfern. Die immer noch deutlich sichtbaren Spuren des Krieges in den großen Städten erklären, warum viele Soldaten nach dem Heimaturlaub in gewisser Weise erleichtert wieder an die Front zurückkehrten. Die Opferperspektive sollte heute den Blick dafür öffnen, dass der Bombenkrieg kein isoliertes Ereignis, sondern gemeinsames Schicksal vieler europäischer und asiatischer Völker gewesen ist, das nicht erst 1939 begann und 1945 längst nicht beendet war.

Der Zweite Weltkrieg muss als der blutigste Krieg der Weltgeschichte bezeichnet werden – eine Orgie von Gewalt und Vernichtung, die von Deutschland ausging und durch den Bombenkrieg hierhin zurückkehrte. Die nationalsozialistischen Verbrechen haben zweifellos zur Eskalation dieses ersten totalen Krieges der Geschichte beigetragen. Mit dem alliierten Bombenkrieg haben sie nur mittelbar zu tun: Der Bombenhagel bot sich als ein geeignetes Mittel an, die Massenmörder und ihre Kriegsmaschinerie aufzuhalten.

Wer von Bombenkrieg spricht, denkt an das Leiden der Zivilbevölkerung, obwohl die meisten Bomben auf die kämpfenden Armeen fielen. Überall in Europa, wo Zivilisten in die Kampfzone gerieten bzw. im Hinterland einer umkämpften Front lebten, konnten sie diesem militärischen Luftkrieg zum Opfer fallen, wie die französischen Eisenbahner und ihre Familien, die im Bombenhagel der Alliierten starben, von denen sie sich eigentlich ihre Befreiung erhofft hatten.

Mit dem Begriff »Bombenkrieg« wird die Optik in der Regel auf den strategischen Einsatz von Bomberflotten gegen Städte und Fabrikanlagen eingeengt, insbesondere auf systematische Flächenangriffe gegen die Zivilbevölkerung. Solche Angriffe trafen unterschiedslos glühende Nationalsozialisten, bloße Mitläufer und Oppositionelle, Nazischergen und KZ-Häftlinge, Soldaten und Zivilisten, Kriegsgefangene und ausländische Zwangsarbeiter. Die Zahl der Getöteten lag bei insgesamt 635 000, davon 570 000 deutsche Zivilisten – nüchtern betrachtet rund ein Zehntel der deutschen Kriegsopfer und etwa gleich viele Menschenleben, wie bei Flucht und Vertreibung zu beklagen waren.[1] Die meisten starben in den letzten zwei Kriegsjahren, nachdem Goebbels den »Totalen Krieg« verkündet hatte und der alliierte Sieg nicht mehr fraglich war.

Dennoch kann sich eine Geschichte des Bombenkrieges in Deutschland nicht auf die letzte Phase des Krieges und die spektakulären Großangriffe von Fernbombern beschränken. Das Inferno von Dresden war Höhepunkt einer Entwicklung, die bereits im Ersten Weltkrieg begonnen hatte und noch heute auf ihr eigentliches Ziel zusteuert: durch den Einsatz von Kampfflugzeugen Kriege zu entscheiden und verlustreiche Bodenkämpfe zu verhindern. Es ist die Geschichte einer militärischen Revolution, die nur verständlich wird, wenn man die Anfänge mit bedenkt und sie im Kontext der allgemeinen Militärgeschichte betrachtet.

Die vielfältige Erinnerungsliteratur und die zahllosen ausschnittsweisen Darstellungen des Bombenkrieges für die Geschichte einzelner Städte und Regionen verengen meist den Blick und führen leicht zu einseitigen politischen Urteilen und zur Emotionalisierung. Die Fachliteratur der historischen Forschung erreicht meist nicht das große Publikum. Was selbst in einer sorgfältig angelegten Fernsehserie nur skizziert werden kann und hauptsächlich durch Bilder und Gesichter veranschaulicht wird, soll in diesem Buch ausführlich betrachtet und erörtert werden; es nutzt die Chance, die Erinnerung an den Bombenkrieg mit den Ergebnissen der historischen Forschung zu vernetzen.[2]

Angriff
Die deutsche Aggression
1939/40

Die Revolution der Kriegführung

Seit dem Beginn organisierter Kampfhandlungen vor rund 5000 Jahren hat kein Ereignis die Kriegführung derartig revolutioniert wie der Augenblick, als sich die ersten Flugpioniere mit ihren abenteuerlichen Geräten in die Lüfte erhoben. Die Eroberung der dritten Dimension eröffnete völlig neuartige Möglichkeiten. Noch heute sind manche Experten von der Aussicht fasziniert, Kriege allein durch Flugzeuge und Raketen entscheiden zu können und damit den traditionellen Kampf »Mann gegen Mann« sowie langwierige und blutige Auseinandersetzungen zu umgehen.

Der Traum vom Fliegen stand am Anfang und blieb stets der wichtigste Antrieb bei der Entwicklung des Flugwesens. Technik und Wissenschaft schufen die Mittel zur Realisierung des Traumes. Mutige Männer – Frauen spielen hierbei bis heute kaum eine Rolle – setzten als »Testpiloten« ihr Leben ein. Unternehmer stampften völlig neue Industriezweige aus dem Boden, und Militärs probierten aus, welchen Nutzen die Luftfahrt über zivile Zwecke hinaus der Kriegführung erbringen konnte. Mit der Luftwaffe entstand eine neue Teilstreitkraft, die einen wachsenden Teil der Rüstungsausgaben verschlang. Doch bis dahin war es ein langer Weg, auf dem die großen Nationen letztlich zu ähnlichen Lösungen und Anschauungen kamen.

Erst die technische und industrielle Entwicklung, die seit dem Ende des 19. Jahrhunderts an Beschleunigung gewann, versetzte Großmächte in die Lage, Luftstreitkräfte aufzubauen und zu unterhalten. Nicht die fliegerische oder technische Einzelleistung garantierte den Erfolg, sondern die Serienproduktion standardisierter Kampfflugzeuge, deren Leistungsfähigkeit ständig gesteigert wurden, um im Kampf der Luftstreitkräfte und gegen die feindliche Luftabwehr überlegen zu sein. Es dauerte nur knapp zwei Jahrzehnte, bis Bombergeschwader imstande waren, innerhalb von Minuten ganze Divisionen zu vernichten, Rüstungswerke zu pulverisieren und Städte in Schutt und Asche zu legen.

Visionen von solchen Gewaltpotentialen gab es zwar von Anfang an, doch die technisch-organisatorische Realisierung dauerte länger als erwartet. Manchmal eilte sie dem Vorstellungsvermögen voraus. Finanzielle Hindernisse mussten ebenso überwunden werden wie ein weit verbreiteter militärischer Konservatismus in allen Armeen. Dahinter verbargen sich freilich nicht nur Ignoranz und stures Ressortdenken. Die Entwicklung des Bombenkrieges veränderte nicht zuletzt auch das hergebrachte soldatische Verständnis.

Die moralische Enthemmung vollzog sich aufseiten der Militärs keineswegs schneller als im zivilen Bereich und verlief weder geradlinig noch widerspruchslos. Extremisten des Luftkrieges wurden immer wieder gebremst oder schlugen Wege ein, die sich als Sackgasse erwiesen. Ihre größte Unterstützung erfuhren sie durch die parallele Diskussion um einen totalen Krieg. Seit dem Amerikanischen Bürgerkrieg näherten sich die europäischen Großmächte voller Sorge der Einsicht, dass künftige Auseinandersetzungen zu einem totalen Krieg eskalieren könnten. Eine sich abzeichnende Industrialisierung und Radikalisierung des Krieges wollten alle vermeiden; man fürchtete die möglichen Auswirkungen auf das gesamte Gesellschaftsgefüge. Der Russische Zar regte deshalb die Haager Konferenzen an, die zur Jahrhundertwende ein Regelwerk zur Eindämmung des Krieges schufen. Vom Luftkrieg war noch nicht die Rede; vielmehr zeigten sich viele Politiker und Militärs fasziniert von der Chance, durch die allgemeine Mobilisierung aller Kräfte als überlegene Nation aus einem Krieg hervorzugehen.[1] In diesem Zwiespalt von Erwartungen und Befürchtungen begann kurz nach der Jahrhundertwende ein Rüstungswettlauf, der schließlich in die »Urkatastrophe« des Ersten Weltkrieges führte.

Der Erstflug des Amerikaners Orville Wright am 17. Dezember 1903 hatte rasch weitere Flugpioniere auf den Plan gerufen. Doch mit den »Hoppsern« ihrer filigranen Konstruktionen erweckten sie schwerlich den Eindruck Furcht erregender Drachen, die mit Feuerschwall über die Menschen herfallen könnten. Der erste Kriegseinsatz von 20 italienischen Flugzeugen im nordafrikanischen Krieg gegen die Türken 1911/12 schien eine eher amüsante Episode zu bleiben. Obwohl es den Piloten gelang, einzelne kleine Bomben per Hand abzuwerfen, war die militärische Wirkung gering. Als drei Jahre zuvor der

Erstflug des Flugpioniers Orville Wright am 17. Dezember 1903 in Kitty Hawk.

Bereits im Krieg gegen die Türkei warfen die Italiener 1911 Bomben per Hand ab,
eine gängige Kampfmethode auch zu Beginn des Ersten Weltkrieges.

britische Schriftsteller Herbert George Wells eine erste Vision vom Schrecken des Bombenkrieges veröffentlicht hatte, dachte er an den Einsatz von Luftschiffen, die England durch ein gnadenloses Bombardement der Flotte und der Hauptstadt zur Kapitulation zwingen könnten. In Deutschland beschwor die Pazifistin Bertha v. Suttner »Die Barbarisierung der Luft«. Andere Zeitgenossen vermuteten, dass die Entwicklung von Luftstreitkräften zur Auflösung aller vorhandenen Streitkräfte führen würde.[2] Bereits im Jahre 1900 hatte der deutsche Graf Zeppelin ein Luftschiff am Bodensee gestartet und große Aufmerksamkeit bei den Generalstäben in Deutschland und Frankreich erregt. In Berlin erkannte man die Chance, die ein so weit reichendes Luftgerät bot; es

Zeppelin-Luftschiffe, das neue »Kriegswerkzeug«, auf einem Kaisermanöver 1909.

konnte die Kavallerie bei der Fernaufklärung unterstützen und zugleich als strategische Waffe dienen.

Generalstabschef Helmuth v. Moltke war skeptisch und wollte besser die Beschaffung von Flugzeugen forcieren, schon, um den Vorsprung der Franzosen auf diesem Feld zu kompensieren. Doch nach Intervention des Kaisers und des Kriegsministeriums ließ er sich 1912 davon überzeugen, dass man nur an der Perfektionierung des Zeppelins arbeiten müsste, um über ein Kampfmittel zu verfügen, mit dem man gleich bei Kriegsbeginn dem Gegner einen »ersten und wirksamen Schlag« versetzen könnte.[3]

Für die Flugpioniere wurden die Militärs zu den wichtigsten Interessenten. Während die Deutschen auf das Luftschiff setzten, begriffen die Franzosen die vielfältigeren Möglichkeiten des Flugzeuges. Sie erprobten den Angriff gegen Zeppeline und den Abwurf von Bomben. Erst kurz vor Kriegsbeginn versuchte die deutsche Seite, auch auf dem Flugzeugsektor mit einem Kraftakt nachzurüsten. Im August 1914 standen neben fünf Luftschiffen auch 232 Flugzeuge zur Verfügung. Zum selben Zeitpunkt verfügten die Franzosen über 165, die Briten über 63 und die Russen über 263 Maschinen. Deutschland trat also mit einer zahlenmäßig unterlegenen Luftstreitmacht in den Ersten Weltkrieg ein und setzte im Hinblick auf den Bombenkrieg zudem auf »das falsche Pferd« – eine Konstellation, die sich in ähnlicher Weise im Zweiten Weltkrieg wiederholte.

Von den Rittern der Lüfte
zum strategischen Bombenkrieg

Angesichts des Aufmarsches von Millionenarmeen konnte niemand ernsthaft erwarten, dass die fünf deutschen Zeppeline zu einem »tödlichen« Schlag imstande sein würden. Der Generalstab in Berlin vertraute auf einen schnellen Vormarsch durch Belgien und Frankreich, auf die Entscheidungsschlacht auf offenem Feld noch im Spätsommer 1914. Erst als die Fronten im Stellungskrieg erstarrten, die Verluste in unerwartete Höhen kletterten und die versäumte Mobilisierung einer Kriegswirtschaft nachgeholt werden musste, begann die Suche nach anderen Mitteln zur Überwindung des Feindes. Auf allen denkbaren Feldern wurde experimentiert. Tüftler, Ingenieure und Wissenschaftler fanden offene Ohren für ihre Ideen. Im Blockadekrieg, den die britische Marine mit großem Erfolg gegen Deutschland führte und der maßgeblich zum späteren Zusammenbruch der deutschen »Heimatfront« beitrug, versprach der Einsatz von U-Booten Erfolg. Im Stellungskrieg verhärteten sich durch den Einsatz von Maschinengewehren und das Trommelfeuer zahlreicher Artilleriegeschütze die Fronten. Immer tiefer gruben sich die Soldaten in die Erde ein.

Um die Fronten aufbrechen und wieder im Bewegungskrieg eine Entscheidung suchen zu können, setzte der deutsche Generalstab u.a. auf die Idee des renommierten Chemikers Fritz Haber. Im April 1915 begann mit dem Einsatz von Giftgas die Geschichte moderner Massenvernichtungswaffen. Zwar bastelte man auch an biologisch-bakteriologischen Waffen, verwendete sie aber nur in geringen Mengen als Sabotagemittel im feindlichen Hinterland. Ein militärischer Masseneinsatz sprengte damals noch auf beiden Seiten der Front die Vorstellungskraft der Verantwortlichen. Neben den praktischen Bedenken gab es erhebliche moralische Einwände und Rücksichten auf die Zivilbevölkerung.[4]

Auf dem Gebiet chemischer Kampfstoffe hatten die Franzosen bereits vereinzelt erste Erfahrungen gesammelt. Aber mit dem Masseneinsatz bei Ypern erzielten die Deutschen zu ihrer eigenen Überraschung einen tödlichen Schlag, den sie allerdings nicht zu einem Durchbruch der Front ausweiten konnten.[5] Diese neuartige Form der Kriegführung symbolisierte gleichwohl den Schrecken des modernen, industrialisierten Krieges, eine Barbarei, die sich weit von der Vorstellung des traditionellen ritterlichen Kampfes entfernte. Noch war nur die unmittelbare Kampfzone betroffen, da man Giftgas durch Artilleriegranaten und durch Abblasen zum Einsatz brachte. Doch es dauerte nicht lange, bis die Idee reifte, Waffen für einen Luftkrieg herzustellen, die tatsächlich geeignet waren, die Revolutionierung der Kriegführung zu vollenden.

Anfang 1915 unternahm der deutsche Generalstab alle Anstrengungen, um auch die Luftstreitkräfte endlich zu einem schlagkräftigen Kampfinstrument

Französischer Luftangriff auf Freiburg am 13. Dezember 1914 (Zeichnung).

zu entwickeln. In den ersten Wochen des Krieges waren die improvisierten Fliegerabteilungen erheblich dezimiert worden. Hauptsächlich für Aufklärungsflüge und zur Feuerleitung der Artillerie eingesetzt, hatten sie bisher nur geringen Nutzen erbracht. Mit einer energischen Reorganisation schaffte die Oberste Heeresleitung die Wende. Unternehmen wurden durch nahezu unbegrenzte finanzielle Mittel animiert, die Serienfertigung von Flugzeugen dramatisch zu steigern. Zugleich wurde ihre technische Leistungsfähigkeit in großen Sprüngen verbessert. Bis in die Gegenwart erlebte der Luftkrieg niemals wieder eine derartige Beschleunigung seiner Entwicklung wie nach den primitiven Anfängen.

Im Ersten Weltkrieg steigerten die Mittelmächte Deutschland und Österreich-Ungarn ihre jährliche Flugzeugproduktion von 1418 Maschinen (1914) auf 21 360 (1917).[6] Insgesamt standen ihnen 53 222 Flugzeuge zur Verfügung. Die Feindmächte, 1914 mit 1321 Maschinen noch auf gleichem Niveau, erhöhten ihren Ausstoß aber auf 75 161 (1918). Sie konnten fast die dreifache Menge an Flugzeugen einsetzen (138 685). Bei der Erprobung neuer Einsatzverfahren und Techniken lieferten sich Deutsche und Franzosen ein Kopf-an-Kopf-Rennen. Die Luftstreitkräfte wurden hauptsächlich in der Frontzone zur Unterstützung der Bodentruppen eingesetzt und operierten mit ganz neuen Taktiken. Bald beherrschte nicht mehr der kühne Ritter der Lüfte das Bild, wie er vom »Roten Baron«, dem Jagdpiloten Manfred Freiherr v. Richthofen, verkörpert wurde. Die Industrialisierung und Entindividualisierung des Krieges nahm den Luftkrieg nicht aus, der streckenweise zu einer Art Stellungskrieg in der Luft ausuferte.

Die bei Kriegsbeginn noch unklaren Vorstellungen über einen möglichen Bombenkrieg wurden rasch konkret. Im November 1914 stellten die Franzosen eine spezielle Bombergruppe auf. Nach deren Attacken auf Freiburg, Ludwigshafen und Karlsruhe griffen auch die Briten einzelne militärische Ziele in Köln und Düsseldorf an. Die Oberste Heeresleitung setzte daraufhin eine bei Ostende gebildete spezielle Fliegergruppe gelegentlich auch für Luftangriffe auf französische Kanalhäfen und sogar auf Dover ein. Angesichts der geringen Reichweite und Tragfähigkeit der Flugzeuge hatten sie nur die Wirkung von Nadelstichen.

1915 entwickelte Brigadegeneral Hugh Trenchard, Chef der britischen Bomberflotte, erste Pläne für einen systematischen Bombenkrieg gegen das feindliche Hinterland. Ziel waren die gegnerischen Verbindungslinien zur Front und frontnahe wichtige Anlagen. Französische und britische Flugzeuge überzogen das lothringisch-luxemburgische Industriegebiet von Diedenhofen mit systematischen Angriffen. Über die Hälfte aller von ihnen im Ersten Weltkrieg abgeworfenen Bomben trafen diesen Raum. Ein weiterer Schwerpunkt war die Industrie im Mosel- und Saargebiet. Großstädte wie München, Hamburg und Essen wurden nur vereinzelt angegriffen.

Hugh Trenchard,
Chef der britischen
Bomberflotte.

Bei den Deutschen verzögerte sich die Entwicklung von Bombern; man setzte noch immer übertriebene Erwartungen in den Zeppelin als Bombenträger. Man glaubte allen Ernstes, 20 Lenkluftschiffe könnten bei einem Angriff auf Paris oder London derartig viele Brandherde erzeugen, dass es unmöglich wäre, den entfachten Großbrand zu löschen. Die Idee des Feuersturms war geboren.[7] Die Praxis blieb weit von solchen Phantasien entfernt. Am 31. Mai 1915 wurde London erstmals von Zeppelinen angegriffen. Bis zum Jahresende warfen sie insgesamt 35 t Bomben auf England ab, wobei 208 Menschen starben. Nach einer witterungsbedingten Pause im Winter steigerte man den Einsatz 1916 noch einmal. Bei 123 Zeppelineinsätzen wurden 120 t Bomben abgeworfen und 193 Briten getötet. Dafür zahlten die Deutschen einen hohen Preis. Die englische Luftverteidigung mit Jagdstaffeln und einem System von Flugabwehrkanonen, Licht- und Ballonsperren sowie Beobachtungsposten fügte den Zeppelinen so große Verluste zu, dass man sich in Berlin zur Einstellung dieses Fernluftkrieges entschloss, der insbesondere auf die Demoralisierung der Bevölkerung abgezielt hatte. Daran war die militärische Führung brennend interessiert, denn die britische Hungerblockade zeigte in Deutschland immer stärkere Wirkungen, und die blutigen Schlachten bei Verdun sowie an der Somme brachten keinen Durchbruch an der Westfront. Mit der Erklärung des uneingeschränkten U-Boot-Krieges wollte man deshalb im Gegenzug Großbritannien blockieren und aushungern. In diesem Zusammenhang hoffte man, mit der Fortführung des Bombenkrieges die Moral der britischen Bevölkerung zu untergraben. Statt der Zeppeline setzte man nun auf die neu entwickelten Gotha G IV-Bomber. Sie hatten zwar eine geringere Nutzlast als die Luftschiffe, verfügten aber über starke Abwehrwaffen und bessere Flugleistungen. Nicht zuletzt boten sie auch ein kleineres Ziel und konnten daher zu wirkungsvolleren Tagesangriffen übergehen.

Monatelang bereitete man den Hauptschlag gegen London vor, am 13. Juni 1917 fand der schwerste Luftangriff des Ersten Weltkrieges statt. Siebzehn Bombenflugzeuge attackierten militärische Ziele in der Stadt an der Themse, 162 Menschen wurden getötet. In einigen Stadtteilen brach Panik aus. Die Bevölkerung war trotz der vergleichsweise geringen Schäden beunruhigt und forderte neben der Verstärkung des Luftschutzes auch Vergeltungsangriffe auf Deutschland. Fliegerkräfte mussten zum Schutz der Hauptstadt von der Front abgezogen werden. Nach einem weiteren Angriff am 7. Juli mit noch geringeren Schäden verlegten die Gothas ihre Bombenwürfe auf Südostengland und stellten auch diese rasch ein, weil die eigenen Verluste nicht mehr erträglich waren.

Aus dem Bericht eines deutschen Kaufmanns, der aus britischer Internierung heimkehren konnte, an den Admiralstab vom 2. Dezember 1917:
»Der materielle Schaden der Luftangriffe ist nicht so groß wie ihre moralische Wirkung, insbesondere die der Fliegerangriffe. Man macht sich keinen Begriff von der Nervosität der Bevölkerung Londons. Die Tubes sind, sobald auch nur das Gerücht über bevorstehende Luftangriffe auftaucht, derart überfüllt, dass der Verkehr aufhört. Überhaupt ist der Verkehr – das ist eine sehr wichtige Seite der Wirkung – stärksten Stockungen unterworfen. Besonders groß ist die Wirkung nächtlicher Fliegerangriffe. Die Wirkung dieser ist unbeschreiblich. Hysterische Weiber stürzen in einem einzigen Gebrüll und Gehaste dahin. Nach den letzten Fliegerangriffen, die in kurzer Zeit hintereinander folgten, war London in einem derartigen Zustand, dass man nur noch von völliger Verrücktheit reden konnte. Ich bedaure, dass die Angriffe damals aufhörten, und ich bin der festen Überzeugung, dass, wenn sie fortgesetzt wären, die Regierung weggefegt worden wäre.«[8]

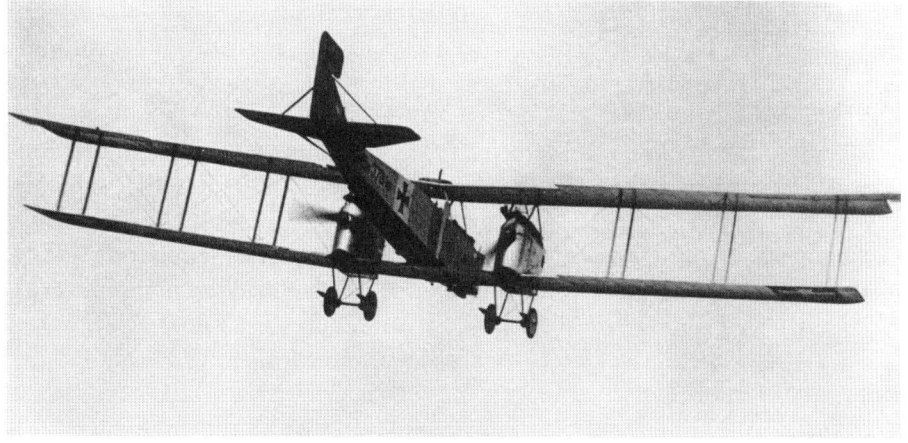

Revolutionäre Kriegführung aus der Luft gegen Frankreich und Südostengland mit Gotha-Bombern (hier ein G III-Bomber), 1917.

Im letzten Kriegsjahr wurden bei Nachtangriffen auf Paris und London vereinzelt neue Riesenflugzeuge erprobt. Um den Abfangjägern zu entgehen, setzte man relativ hoch und schnell fliegende Maschinen ein. Bei einer Serie von 28 Angriffen mit zusammen 483 Bombenflugzeugen konnten freilich nur 37 Maschinen die starke Luftabwehr durchbrechen und das Zentrum von Paris bombardieren. 237 Franzosen fanden den Tod. Zur gleichen Zeit starben bei 657 Bombenangriffen der Entente-Mächte mit 2 778 Flugzeugen gegen das deutsche Hinterland 381 Deutsche. Mit einem überlegenen Nachtbombertyp attackierten die Briten U-Boot-Stützpunkte, Bahnhöfe und Industrieanlagen.

Der Bombenkrieg erreichte im Jahre 1918 seinen Höhepunkt. Die Alliierten unternahmen nun regelrechte Luftoperationen und weiteten das Einsatzgebiet aus. Im Gegensatz zur britischen Luftverteidigung im Südosten Englands mussten die deutschen Kräfte eine ungleich größere Zone von Sylt bis Lörrach abdecken, was personell und technisch nicht zu leisten war. Insgesamt hatte Großbritannien im Bombenkrieg 1414 Tote und 3416 Verletzte zu beklagen, das Kaiserreich hingegen zählte 729 Tote und 1754 Verletzte. Der in Frankreich, Großbritannien und Deutschland angerichtete materielle Gesamtschaden machte im Ersten Weltkrieg nur einen Bruchteil dessen aus, was ein einziger Kampftag an Kriegskosten verursachte. Dieses Verhältnis sollte sich im Zweiten Weltkrieg dramatisch verändern.

Alle beteiligten Mächte betrachteten das nur als Anfang und planten vor dem Waffenstillstand für 1919 eine weitere Steigerung ihrer Aktivitäten. Bei dem letzten großen Nachtangriff auf London sollten eigentlich schon die neu entwickelten Brandbomben eingesetzt werden, was der Kaiser aber in letzter Minute untersagte.[9] In Berlin dachte man an den Einsatz von Zeppelinen gegen New York; in Paris und London an einen Gaskrieg aus der Luft, um mit verheerenden Angriffen gegen Berlin endlich den deutschen Widerstand zu brechen. Der deutsche Zusammenbruch kam dann schneller als erwartet. Die Folgen der Hungerblockade hatten darauf maßgeblicheren Einfluss als der Bombenkrieg, von dem der größte Teil des Reichsgebietes verschont geblieben war.

Mit dem Ende des Ersten Weltkrieges verlor Deutschland gemäß den Versailler Friedensbedingungen seine Luftstreitkräfte. 15 000 Flugzeuge mussten zerstört bzw. der Entente übergeben werden. Trotz widersprüchlicher Erfahrungen war man in Berlin ebenso wie in den Hauptstädten der anderen Großmächte davon überzeugt, dass das Flugzeug in einem künftigen Krieg eine noch größere Rolle spielen würde – ebenso wie die chemischen Kampfstoffe.

Die Frage war nur, welche Leistungssteigerungen in der Zukunft bei der Konstruktion von Großflugzeugen möglich waren und in welchem Maße Reichweite und Traglast gesteigert werden konnten, um im feindlichen Hinterland größere Bombenmengen ins Ziel zu bringen. Wie hoch und wie schnell mussten die Maschinen fliegen können, um der Flak und den Jagdflugzeugen

Manfred Freiherr von Richthofen (l.) nach der Rückkehr von einem seiner erfolg-reichen Einsätze als Jagdflieger im Ersten Weltkrieg.

besser ausweichen zu können? Wie stark ließen sich die Bomber bewaffnen, um als gleichsam fliegende Festungen alle Verteidigungssysteme überwinden zu können? Wie mussten Bomberverbände zusammengesetzt und geführt werden, um in großer Zahl das Zielgebiet zu erreichen? Wie konnten diese Geschwader über weite Strecken auch bei ungünstigen Bedingungen das Ziel überhaupt finden?

Das war nur ein Teil der ungelösten Probleme und Fragen. Um weiterzukommen, musste man die Improvisationen der Kriegszeit hinter sich lassen und die Luftstreitkräfte auf eine neue Basis stellen. Die Flugzeugindustrie war gezwungen, sich vorerst andere Abnehmer zu suchen, und propagierte deshalb den Aufbau des zivilen Luftverkehrs. Das ermöglichte den Bau von Passagierflugzeugen, deren Reichweite, Größe und Tragfähigkeit ständig zunahmen. Eine vermehrte Zahl von Motoren machte Riesenflugzeuge möglich, denen man schließlich sogar die Überquerung des Atlantiks zutraute. Weltumspannende Luftlinien entstanden, die auch einem künftigen Luftkrieg neue Dimensionen eröffneten. Aus den Fliegerhelden des Ersten Weltkrieges rekrutierten sich wagemutige Pioniere der Luftfahrt. Andere vagabundierten als Luftakrobaten über die Kirmesplätze und veranstalteten Flugschauen.

Die wachsende Popularität der Luftfahrt gründete sich in den 20er Jahren auf zahllosen Aufsehen erregenden Flugleistungen und zukunftsträchtigen Innovationen. Insbesondere das Großflugzeug förderte einen Zukunftsoptimismus und schien die völkerverbindende Funktion der Luftfahrt zu symbolisieren. Sich in die Lüfte zu erheben sollte nicht länger das Privileg von Abenteurern und gut betuchten Passagieren sein. In Sowjetrussland wurde die Luftfahrtpropaganda besonders intensiv betrieben, um der Bevölkerung in dem unterentwickelten riesigen Land eine Vision von Fortschritt und Jugend zu vermitteln. Der Jugendverband Komsomol übernahm die Patenschaft über die »Rote Luftflotte«. Die Flugausbildung der Jugendlichen wurde von einer paramilitärischen Organisation gelenkt, der »Gesellschaft zur Förderung der Verteidigung, des Flugwesens und der Chemie in der UdSSR« (Ossoawiachim).[10]

Diese leicht befremdlich anmutende Bezeichnung weist deutlich auf den militärischen Nutzen hin, den man sich von einer ideologisierten Propaganda für Luftfahrt und Staat versprach – auch wenn die neuen Medien wie Film und Rundfunk, wenn sogar Kunst und Literatur den Menschen als »Beherrscher des Himmels« feierten und die völkerverbindende Kraft, die Überwindung von irdischen sowie mentalen Grenzen betonten. Der avantgardistische Internationalismus hielt nicht lange vor und schlug rasch in militaristischen Nationalismus um. Die Verbindung von Flugwesen und Chemie bei der sowjetischen Ossoawiachim erklärt sich daraus, dass Sowjetrussland, wie andere Nationen auch, in beiden Bereichen die Zukunft revolutionärer Kriegsmittel sah.

Die russischen Kommunisten wurden von den deutschen Militärs in dieser Anschauung kräftig unterstützt. Ihre geheime Zusammenarbeit gehört zu den erstaunlichsten Phänomen des 20. Jahrhunderts. Auf sowjetischem Boden konnten Reichswehroffiziere ungestört die neuesten Waffen und Einsatzverfahren erproben sowie Rüstungsfabriken für ihren »Befreiungskrieg« gegen die französische Siegermacht und ihren polnischen Vasallen errichten. Wenn es darum gehen würde, Europa noch einmal in Brand zu stecken und die Macht neu zu verteilen, hatten Stalins Kommunisten freilich andere Ziele vor Augen als die deutschen Militärs, die in der Weimarer Republik, der sie dienten, politisch nicht zu Hause waren.

Es war der Pakt mit dem Teufel, um den Belzebub auszutreiben. In Lipezk entstand ein deutsches Flugzentrum, wo die Reichswehr vor allem Piloten trainierte, die im Ernstfall zivile Flugmaschinen bei Luftangriffen gegen den Feind fliegen sollten. In Fili bei Moskau baute der Flugpionier Hugo Junkers mit »schwarzen« Geldern eine Produktionsstätte. Sie sollte jene großen Flugzeuge liefern, die in Friedenszeiten auf transkontinentalen Fluglinien einzusetzen waren und die im Kriegsfalle Bombergeschwader bilden würden, über die Deutschland nach dem Willen der Siegermächte nicht verfügen durfte.[11]

Diese Flugmaschinen waren für den Abwurf von Gasbomben gedacht, von deren verheerender Wirkung die Militärs seit langem träumten. Die Deutschen verfügten bereits über entsprechende Erfahrungen. Im Sommer 1925 waren zwei Offiziere inkognito nach Spanien gereist, um an praktischen Einsätzen in Marokko teilzunehmen. Im spanischen Protektorat hatten sich die Rif-Kabylen unter Abd el Krim erhoben und eine »freie Republik« verkündet. In jahrelangen Kämpfen brachten sie den Spaniern furchtbare Niederlagen bei. Den europäischen Kolonialmächten drohte ein spektakulärer Rückzug vor dem erwachenden politischen Islam. Die Spanier hatten sich in aufwändigen Blockhauslinien verschanzt und versuchten, die Rif-Kabylen in dem eingekreisten Territorium auszuhungern. Um die Erstickung des Aufstandes zu beschleunigen, attackierten sie mit Flugzeugen einheimische Dörfer, Marktplätze und Verstecke in den Bergen. Durch den Abwurf von Gasbomben ließ sich die Wirkung enorm steigern. Der deutsche Chemiker Hugo Stoltzenberg hatte in Melilla eine Fabrik für chemische Kampfstoffe gebaut und belieferte die spanische Luftwaffe. Die beiden deutschen Offiziere verkannten zwar nicht die Effektivität dieser Strategie, die gewissermaßen im Kleinen den schon im Weltkrieg erprobten strategischen Bombenkrieg wiederholte und optimierte, doch der Einsatz geringer Mengen von Giftgas durch einzelne Bombenabwürfe von zumeist kleinen Flugzeugen überzeugte sie nicht.

> Auszug aus einem Bericht über die Erfahrungen bei der Niederwerfung des Aufstandes in Spanisch-Marokko 1925:
> »Die Masse der spanischen Flieger ist in Marokko stationiert. General Primo de Rivera glaubte neben der Wirksamkeit seiner ›friedlichen Blockade‹ durch die Abschließung des den Kabylen überlassenen Gebietes in erster Linie an den Erfolg systematischer Luftangriffe und an die verheerende Wirkung der Giftgase. Durch planmäßige Bombenangriffe, die den Aufenthalt in Städten und Dörfern, das Abhalten von Märkten und die Bestellung der Felder unmöglich machen sollten, wollte man Abd el Krim zur Einstellung der Feindseligkeiten zwingen. Die Zahl der Flugzeuge wurde deshalb nahezu verdreifacht.
> Die Kabylen haben sich längst auf den Luftkrieg eingestellt. Sie besitzen in den zahllosen Höhlen der schluchtenreichen Rifberge ideale, absolut sichere Fliegerdeckungen. Die gefährdeten und zerstörten Dörfer sind von den Bewohnern verlassen. Schon jetzt wohnt der größte Teil der aufständischen Rifbevölkerung ständig in Gebirgshöhlen. Ob sich der Ackerbau und Handel in den ausgedehnten Landstrecken ganz verhindern lässt, mag dahingestellt bleiben. Praktisch ruht die Feldbestellung in den aufständischen Gebieten schon seit dem Jahre 1921.«[12]

Die beiden Offiziere hatten noch eine große Karriere vor sich und spielten bei der weiteren Entwicklung des deutschen Bombenkrieges eine entscheidende Rolle. Der damalige Hauptmann Ulrich Grauert wurde 1940/41 Kommandierender General des I. Fliegerkorps an der Kanalküste, Leutnant Hans Jeschonnek 1939 Chef des Generalstabes der Luftwaffe.

*Hauptmann Ulrich Grauert
(hier als Luftwaffengeneral 1939/40)
erprobte 1925 in Marokko
den Luft-Gaskrieg.*

Nach ihrer Rückkehr entschied die Reichswehrführung, die Versuche in Sowjetrussland auszuweiten. Praktische Versuche mit einer Bomberflotte, die ohnehin nicht zur Verfügung stand, hatte man nicht ins Auge gefasst. Ein viermotoriger schwerer Bomber des Konstrukteurs Tupolew ging erst 1932 in Serie. Man erprobte deshalb gemeinsam mit der Roten Armee und den Spezialisten von der Ossoawiachim seit 1925 den Einsatz von Sprühvorrichtungen, mit denen auch kleinere Luftfahrzeuge eine flächendeckende Wirkung erzielen konnten. Stoltzenberg baute eine neue Fabrik an der Wolga. Hin und wieder gelangten Informationen über die verbotenen Aktivitäten an die Öffentlichkeit, doch die demokratischen Parteien waren im Interesse der Landesverteidigung – wie sie meinten – nicht bereit, gänzlich auf diese obskuren Unternehmungen zu verzichten.

Erst Hitler machte dem Spuk 1933 ein Ende und ließ die geheimen Ausbildungs- und Rüstungsprojekte in der UdSSR abbrechen, weil er sich nicht von Stalins Verschwiegenheit abhängig machen wollte. Bei Beginn des Zweiten Weltkrieges, sechs Jahre später, dachte der deutsche Diktator anders darüber. Während Grauert und Jeschonnek nun den Bombenkrieg gegen England improvisierten, vor dem Einsatz von Giftgas aber zurückschreckten, weil die Briten – anders als die Rif-Kabylen – mit gleicher Münze heimzahlen konnten, verfügte ein anderer bereits über eine schlagkräftige Bomberflotte, mit der er Deutschland in die Knie zu zwingen hoffte:

Arthur Harris war 1922 der Führer einer Lufttransportstaffel im Irak, wo die britische Armee den einheimischen Widerstand ebenfalls durch Terrorangriffe auf Städte und Dörfer zu brechen versuchte. Statt Gasbomben setzte man Zeitzünder-Sprengkörper ein, die unter der Bevölkerung verheerende Ver-

Giulio Douhet,
italienischer Fliegeroffizier und
Theoretiker des Luftkrieges.

luste anrichteten. Die Bombardements sollten den Widerstand lähmen, bis die bewaffneten Gruppen durch den Einsatz der Infanterie, die Harris mit seinen Transportflugzeugen herbeischaffte, vernichtet werden konnten. Harris, der spätere Chef des britischen Bomber Commands und damit eine Hauptfigur des Zweiten Weltkrieges, hatte damals die Idee, alle seine Transportflugzeuge zusätzlich mit Bombenträgern auszustatten, kam es doch nicht auf Präzisionsangriffe an, sondern auf eine möglichst flächendeckende Terrorisierung der Bevölkerung.[13]

Theoretisch wie praktisch bewegten sich die Deutschen in den 20er Jahren bei der Vorbereitung eines künftigen Bombenkrieges also durchaus im Mainstream ihrer Zeit. Unklar jedoch blieb die Frage, ob sich Erfahrungen aus Kolonialkriegen gegen einen weit unterlegenen Gegner ohne weiteres auf die künftige Auseinandersetzung hochgerüsteter europäischer Armeen übertragen ließen. Wie anfällig waren Industriegesellschaften gegen massive Luftattacken, und würde, wie im Ersten Weltkrieg, eine hinreichend entwickelte Luftverteidigung alle Visionen von schnellen Kriegsentscheidungen durch Bombengeschwader zunichte machen?

Für einen Mann zumindest stand außer Frage, dass der Einsatz von Bombern immer den erhofften Erfolg bringen würde – Giulio Douhet hatte als italienischer Fliegeroffizier 1917/18 seine Erfahrungen und Erwartungen in eine viel zitierte Militärtheorie eingebracht.[14] Der allgemeinen Auffassung seiner Zeit folgend, der nächste Krieg würde noch sehr viel stärker auf der umfassenden Mobilisierung aller Kräfte der Nation beruhen, zog er die Schlussfolgerung, nicht die feindlichen Streitkräfte, sondern das tiefe Hinterland müsse als Hauptangriffsziel betrachtet werden.

Douhet plädierte dafür, zunächst die feindlichen Luftstreitkräfte und ihre Stützpunkte niederzuringen, um so die Luftherrschaft zu übernehmen. Dann sollte sich ein ununterbrochenes schweres Bombardement gegen lebenswichtige Zentren und Großstädte richten, um die Bevölkerung zu demoralisieren und die Kapitulation des Feindstaates zu erzwingen. Er war fest davon überzeugt, dass die Industrienationen mit ihrem großen Anteil politisch labiler Arbeiterbevölkerung einer solchen Attacke nicht standhalten würden. Sprachen nicht die Ereignisse in Deutschland 1918 für seine Ansicht? Wenn schon das hoch bürokratisierte und leistungsfähig organisierte Kaiserreich wie ein Kartenhaus zusammenbrechen konnte, welche Nation durfte dann sicher sein, die Heimatfront unter solchen Schlägen stabil zu halten? Um jedes Risiko auszuschließen, propagierte Douhet für den Einsatz von Gasbomben, mit denen sich die moralische Wirkung von Luftbombardements ins Unermessliche steigern ließe.

> General Giulio Douhet über Bombenkrieg und Moral:
> »Ich halte es sogar für erlaubt und verdienstvoll, bewohnte Städte mit Giftgasbomben zu belegen – und zwar nicht, weil ich einen sadistischen Spaß am Massenmord habe, sondern weil dieser Angriff durch seine materielle und moralische Wirkung für einen Sieg entscheidend ist.«

> Der japanische Kriegsminister Yukio Ozuki über »Japan am Kreuzweg«:
> »Der Sieg kann viel schneller errungen werden, wenn man anstatt langwieriger Operationen und Angriffe auf Festungen die Flugzeuge dazu benutzt, im Innern des feindlichen Landes Munitionsfabriken, Banken und Regierungsgebäude zu vernichten. Durch Luftangriffe kann man viel leichter Millionen von Zivilisten in großen Städten erschlagen als tausend Soldaten, welche in Festungen oder Schützengräben in Deckung sind. Der Sieg lässt sich rasch erreichen, wenn man den Feind demoralisiert und vernichtet, indem man rücksichtslos alle Zivilisten tötet und zerschmettert, alt oder jung, Mann oder Frau, Greis oder Kind.«[15]

Wie der Zweite Weltkrieg zeigen sollte, unterlag Douhet einer Reihe von entscheidenden Denkfehlern. Den Einsatz von Giftgas scheuten dann doch alle europäischen Mächte, und die »Einäscherung« einiger Großstädte reichte nicht aus, die Moral der Bevölkerung zu brechen. Auch seine Vermutung, die Luftrüstung wäre letztlich kostengünstiger als die Aufrüstung von Landstreitkräften und Schlachtflotten, traf nicht zu. Kein Staat war bereit, dem Vorschlag Douhets zu folgen und auf jegliche Luftabwehr zu verzichten, um alles auf massenhafte Angriffsmittel zu setzen.

Auch andere Verfechter des totalen Luftkrieges unterschätzten völlig den Zeit- und Kräfteaufwand, der erforderlich sein würde, um eine moderne Industrienation militärisch niederzuringen. Die Propheten des Bombenkrieges konnten das militärische Establishment nicht völlig überzeugen und wurden oftmals von anderen Lobbyisten übertönt. Wer wollte angesichts unsicherer

Zukunftsperspektiven auf den Bau von Schlachtschiffen und Flugzeugträgern, von Panzern oder Festungen wie der gerade erst im Bau befindlichen Maginotlinie ernsthaft verzichten? Und konnte nicht die unmittelbare Luftunterstützung für moderne motorisierte Elitetruppen den angestrebten schnellen Sieg zuverlässiger verbürgen?

Douhet fand schon im eigenen Lande keine ausreichende Unterstützung. Das faschistische Italien Mussolinis betrieb wie die UdSSR unter Stalin eine schillernde Luftfahrtpropaganda. 1933 gingen sogar 25 italienische Flugboote nach einer Atlantiküberquerung über dem Michigansee nieder. General Italo Balbo, Luftfahrtminister und Nationalheld, wurde in Chicago mit seinen Männern in faschistischer Uniform enthusiastisch begrüßt.[16] Doch der ohrenbetäubende Lärm des italienischen Geschwaders weckte bei den Amerikanern kein Gefühl der Angst, sondern Begeisterung für einen fliegerischen Haudegen und fortschrittsgläubigen Weltbürger. In militärischer Hinsicht ging auch seine Luftwaffe auf Nummer sicher und setzte bei ihrer Rüstung auf eine ausgewogene Mischung von Jagd- und Kampfflugzeugen, die – neben dem Abwurf von Bomben – auch für vielfältige andere Zwecke einsetzbar waren.

Bei der Forderung nach einer operativen Fernbomberflotte ging niemand so weit wie Douhet, der sogar den Luftschutz für überflüssig hielt und alle Ressourcen auf die Bomberflotte konzentrieren wollte. »Massenangriff« aus der Luft und bloße Verteidigung zu Lande und zur See – diese Idee eines »Nur-Luft-Krieges« war allzu kühn und spekulativ.

Stärker als die Deutschen und andere Nationen gaben aber zumindest die Briten einer Bomberflotte den Vorzug, die lokale Konflikte entscheiden und mit Hilfe von Landstreitkräften pazifizieren konnte. Die Abweichungen beim Mix von Luftstreitkräften, was Jäger, mittlere Kampfflugzeuge und schwere Fernbomber betraf, fielen nicht sonderlich gravierend aus. Aber die Briten waren sich u. a. wegen heftiger Streikbewegungen Mitte der 20er Jahre der »Moral« ihrer eigenen Bevölkerung nicht mehr sicher. Die extrem blutigen Verluste ihrer Armee in den Somme-Schlachten während des Ersten Weltkrieges hatten zudem einen lang anhaltenden Schock hinterlassen, der in Großbritannien bis heute nicht völlig überwunden ist. Ein Fernbombenkrieg versprach eine schnellere Entscheidung bei geringem Personaleinsatz und zudem eine große Abschreckungswirkung.

Der renommierte britische Militärtheoretiker Liddell Hart zeigte sich daher ebenfalls fasziniert von der Möglichkeit, mit dem Flugzeug gleichsam über die feindliche Armee hinwegzuspringen und das Führungszentrum des Gegners direkt lahm zu legen. »Wenn ein solcher Schlag genügend schnell und kraftvoll geführt wird, so gibt es keinen Grund, weshalb nicht in ein paar Stunden – oder höchstens Tagen – nach Beginn der Feindseligkeiten das Nervensystem eines der kämpfenden Länder gelähmt sein sollte. Ein moderner Staat stellt ein so kompliziertes und gegenseitig bedingtes Gefüge dar, dass es einem plötzlichen und überwältigenden Schlag aus der Luft ein überaus empfindliches Ziel bietet.«[17] Von einem solchen, wie es heute heißt, »chirurgischen« Schlag träumen die Militärs und Politiker noch immer. Von den technischen Voraussetzungen war man damals aber weit entfernt und übersah völlig, dass die Komplexität moderner Gesellschaften eine größere Flexibilität bot, um solche Schläge zu überstehen.

Liddell Hart plädierte nicht für einen Ausrottungskrieg gegen die feindliche Bevölkerung. Im Gegenteil. Mit dem gezielten Schlag gegen die feindliche Führungszentrale wollte er vielmehr die Radikalisierung und Ausweitung eines Krieges, wie es 1914–18 der Fall gewesen war, unbedingt verhindern. Es sei im Interesse der Krieg führenden Macht, die moralische Unterwerfung des Feindes »mit der geringstmöglichen dauernden Schädigung von Leben und Industrie zu verbinden. Der Feind von heute ist der Kunde von morgen und der künftige Verbündete«. Das war sehr weitsichtig und modern gedacht.

Als einziges Land hatte Großbritannien mit der Royal Air Force (RAF) eine unabhängige Teilstreitkraft geschaffen, die natürlich darauf bedacht war, ihre Autonomie zu rechtfertigen. Schon das gab der umstrittenen Bomberwaffe ein größeres Gewicht, weil nur mit ihr ein selbstständiger strategischer Luftkrieg geführt werden konnte. In allen anderen Staaten waren die Luftstreitkräfte der Marine bzw. dem Heer unterstellt. Das Mehrzweckflugzeug schien dafür das geeignetste Instrument zu sein. In der Weimarer Republik konnte die Luftrüstung nur insgeheim und mit kleinem Zuschnitt betrieben werden. Mit dem militärischen Flugwesen beschäftigte sich ein Referat im Truppenamt des Heeres, und dies auch noch unter der Tarnung des Luftschutzes. Diese Anbindung sollte die Perspektive der künftigen Führungselite der deutschen Luftwaffe auf das Heer in deutlicher Weise prägen.

Auch in Deutschland fand die Theorie Douhets in militärischen Kreisen keine mehrheitliche Zustimmung. Alles auf den ersten vernichtenden Schlag einer strategischen Bomberflotte zu setzen, das kam angesichts der geographischen und militärischen Lage des Reiches, die einen Mehrfrontenkrieg wahrscheinlich machte, nicht in Betracht. Die Reichsverteidigung, auf die sich bis Mitte der 30er Jahre die militärische Planung einstellen musste, erforderte vielmehr die Verfügbarkeit einer mobilen Elitetruppe, deren Schlagkraft durch den Einsatz von Aufklärungs- und Schlachtfliegern gesteigert werden konnte. Jagdflieger und Flakeinheiten würden sich eindringenden Feindflugzeugen entgegenstellen, den Rest würde der zivile Luftschutz übernehmen. Dieser Bereich war der einzige, der bis 1933 in aller Öffentlichkeit organisiert werden konnte. Für die Propagierung und politische Unterstützung des Luftschutzes aber waren die grellen Szenarien eines möglichen Bombenkrieges außerordentlich nützlich. Auf der internationalen Bühne bewirkten sie letztlich das Scheitern aller Bemühungen, völkerrechtliche Regeln für den Luftkrieg und zum Schutz der Zivilbevölkerung zu vereinbaren.[18]

Von der Theorie zur Praxis:
Görings neue Luftwaffe

Obwohl die objektiven Bedingungen gegen die Aufstellung einer strategischen Bomberflotte sprachen, trug die Entwicklung in Deutschland ambivalente Züge: Es gab durchaus die Bereitschaft der Militärs, einen strategischen Bombenkrieg nicht völlig auszuschließen und Vorkehrungen zum Aufbau einer Bomberflotte zu treffen. Bereits 1924 hatte Ernst Brandenburg, ehemaliger Kommandeur eines Bombergeschwaders, die Abteilung Luftfahrt im Reichsverkehrsministerium übernommen. Er nutzte die Möglichkeit, die rasche Entwicklung des zivilen Luftverkehrs mit der geheimen Luftrüstung zu koordinieren. Das Passagierflugzeug der Lufthansa, die Junkers 52, erlangte große Bedeutung und konnte im Ernstfall als Behelfsbomber eingesetzt werden. Robert Knauss, ehemaliger Fliegeroffizier und nun Verkehrsleiter der Lufthansa, trat im Mai 1933 mit einer ausführlichen Denkschrift für die Entwicklung schwerer Bomber ein. Ob ein zentral geführtes Bomberkommando mit rund 390 Maschinen einen Krieg wirklich zu entscheiden vermochte, blieb fraglich; es konnte zumindest einen Bedrohungsfaktor darstellen, der die Nachbarstaaten davon abhalten würde, die Aufrüstung Deutschlands zu konterkarieren. Knauss hielt eine solche Bomberflotte für durchaus imstande, die Mobilmachung der Gegner – er dachte vor allem an Frankreich und Polen – durch Angriffe mit Gas-, Spreng- und Brandbomben auf die Hauptstädte zu lähmen, die feindliche Luftwaffe auf ihren Flugplätzen zu vernichten und die Rüstungsindustrie auszuschalten.

Innerhalb der vom neuen Reichskanzler Adolf Hitler gerade erst verkündeten »Nationalen Revolution« sollte die geheime Aufrüstung auch auf dem Flugsektor erheblich intensiviert werden. Hitlers Projektionen eines künftigen »Lebensraum«-Krieges, hinter verschlossenen Türen der Reichswehrführung präsentiert,[19] blieben in militärtechnischer und strategischer Hinsicht aber vage. Seine Entschlossenheit, die Machtverhältnisse in Europa binnen kürzester Zeit gewaltsam zu verändern, verschaffte den Experten des Luftkrieges immerhin freie Bahn. An die Spitze trat Hermann Göring, hoch dekorierter ehemaliger Jagdflieger und einer der engsten Vertrauten Hitlers. Er machte sich daran, eine eigenständige Luftwaffe aufzubauen. Für die Führungsebene musste er allerdings auf zahlreiche Heeresoffiziere zurückgreifen, vor allem für die Luftverteidigung und die neu zu bildenden Flakabteilungen. Görings Luftwaffe war von Anfang an mit dem Handikap einer allzu engen Ausrichtung am Heer belastet. Daran änderten die Selbstständigkeit des neuen Wehrmachtteils und die überragende Position seines Oberbefehlshabers in Politik und Wirtschaft wenig.

Erste Rüstungspläne bezogen den Bau von schweren Bombern ein.[20] Nach dem Vorbild der anderen Großmächte wurde ein viermotoriger Fernbomber

Generalfeldmarschall Hermann Göring mit der Halskette vom »Orden der Roten Pfeile«, verliehen vom spanischen König für den Einsatz der Luftwaffe.

Eine deutsche Maschine wirft im Bürgerkrieg 1936 Bomben auf ein spanisches Angriffsziel.

in Auftrag gegeben, der 1936 seinen Erstflug absolvieren und bis 1939 in die Luftwaffe eingeführt werden sollte. Zwischenzeitlich wollte man eine »Risikoluftflotte« schaffen, einschließlich einer Bomberflotte von 357 Maschinen, teilweise mit umgerüsteten Passagierflugzeugen vom Typ Ju 52. Das war noch keine imponierende Luftmacht, mit der man einen selbstständigen Fernluftkrieg von vernichtender Wirkung im Sinne Douhets führen konnte. Dazu hätte es der Weiterentwicklung bedurft, aber Hitler bot bei den Genfer Abrüstungsgesprächen den Verzicht auf den Bau von Bombern und das Projekt eines Luftpaktes zum Schutz gegen Bombenflugzeuge an.[21] Das hätte ihm die Möglichkeit geboten, die Überlegenheit potentieller Feindmächte auf diesem Gebiet mit einem Federstrich zu beseitigen und sich bei der Aufrüstung auf andere Angriffswaffen zu konzentrieren.

Mitte der 30er Jahre erfolgten die eigentlichen Weichenstellungen für den Zweiten Weltkrieg. In den USA absolvierte die viermotorige Boeing B-17 erfolgreich ihren Erstflug. Als »Fliegende Festung« bildete sie später den Kern der amerikanischen Fernbomberkräfte in Europa. Mehr als 12 000 Flugzeuge wurden von diesem robusten Typ gebaut, der gute Höhenflugeigenschaften und eine starke Abwehrbewaffnung mit 13 Maschinengewehren besaß. Mit diesem »Hammer« zerschlugen die Alliierten später die deutsche Rüstungsindustrie. Gleichzeitig gab man mit der B-24 »Liberator« einen weiteren

Blick aus der Bugkanzel eines deutschen Kampfflugzeuges der »Legion Condor« im Einsatz in Spanien, 1936.

viermotorigen Bomber in Auftrag, dessen Erstflug Ende 1939 stattfand und der aufgrund seiner größeren Reichweite vor allem im Pazifikkrieg eingesetzt wurde. Mehr als 18 000 Stück wurden davon im Zweiten Weltkrieg gebaut.

Mit diesen beiden großen Fernbombern verfügten die USA über die besten Voraussetzungen für einen strategischen Bombenkrieg. Die im Zweiten Weltkrieg rasant steigenden Produktionszahlen bewiesen die Leistungsfähigkeit der amerikanischen Rüstungsindustrie, die außerdem völlig ungestört produzieren konnte. Als Kontinentalmacht waren die USA nicht direkt bedroht und planten den Einsatz der Fliegerkräfte nur als Hilfswaffe. Aufgeteilt auf Heer und Marine wurden die Heeresflieger aber bereits 1935 so zusammengefasst, dass die Bildung einer operativen Luftstreitmacht möglich war. Durch gezielte Angriffe auf die Kriegswirtschaft sollte sie dazu beitragen, den Gegner zur Kapitulation zu zwingen.[22]

In Großbritannien hatten die Luftmanöver von 1934 scheinbar den Beweis dafür erbracht, dass Bomber »immer durchkommen«. Man konzipierte deshalb einen zweimotorigen mittleren Schnellbomber, der als Bristol »Blenheim« 1936 seinen Erstflug absolvierte und damals schneller flog als alle Jagdflugzeuge. Davon wurden später insgesamt 4442 Maschinen gebaut. Bis Kriegsbeginn verfügten die Briten jedoch nur über 488 leichte Bombenflugzeuge, die angesichts der starken deutschen Luftrüstung kaum eine Chance besaßen, auch nur die westlichen Gebiete Deutschlands ernsthaft anzugreifen.

Von größerer Bedeutung war 1935 die Entscheidung, die Fernkampfflugzeuge in einem »Bomber Command« zusammenzufassen, das imstande sein sollte, Schläge auch gegen das weite Hinterland eines Feindes zu führen. Mit

Deutsche Flieger an der nationalspanischen Front

General Frhr. v. Richthofen vor einem Frontflug im Gespräch mit seinem Beobachter.
General Frh. v. Richthofen will sich über den Verlauf der Kampfhandlungen und die dadurch geschaffene Lage orientieren. Er steuert dabei seine Maschine stets selbst.

Fliegerangriff auf einen feindlichen Munitionszug.
Mit besonderer Vorliebe suchten sich die deutschen Flieger der Legion Condor feindliche Ziele wie Eisenbahnlinien, vor allem Bahnknotenpunkte, dann Munitionstransportzüge, Elektrizitätswerke, Munitionsfabriken und andere kriegswichtige Betriebe. Auf dem Bilde sieht man eine Eisenbahnlinie und auf ihr, von Sprengwolken umhüllt, einen Munitionstransportzug.

General Frhr. v. Richthofen macht sich zum Frontflug bereit.
Aufnahmen: Helmuth Kurth (3), Privat (1)

Ein noch erfolgreichem Luftkampfe abgeschossenes feindliches Flugzeug.

Der Bericht des »Illustrierten Beobachters« vom Juni 1939 preist den Einsatz der »Legion Condor« während des spanischen Bürgerkrieges. Das Foto links unten zeigt General Wolfram Freiherr v. Richthofen vor einem Flug.

33

Arthur Harris trat ein Mann an die Spitze, der verbissen und hartnäckig um die Idee eines selbstständigen Bombenkrieges kämpfte. Angesichts interner Widerstände und Zweifel musste er lange auf seine Chance warten, aber er hatte sich ans Werk gemacht. Priorität nahm zunächst die Planung eines Bombardements gegen die deutsche Wirtschaft ein. Abgesehen davon, dass die Rüstungsindustrie noch keine Voraussetzungen bot, erwies sich allein schon die Zielplanung als schwer lösbar. Doch der Aufwand lohnte sich und trug im Zweiten Weltkrieg Früchte.

Auch in Deutschland sammelte man systematisch »wehrgeographische« und rüstungstechnische Angaben über mögliche Feindmächte. Aber wer wollte endgültig entscheiden, welche Wirtschaftsziele – neben Rüstungsfabriken und militärischen Anlagen – vorrangig bombardiert werden mussten, um einen Zusammenbruch des Gegners herbeizuführen? Konnte z. B. die Ausschaltung der Elektrizitätswerke zu einer schnellen Lahmlegung des Wirtschaftslebens führen? Wie lange würde es dauern, bis sich die Bombenangriffe tatsächlich auf die Produktion auswirkten? Vor allem aber: Wie konnte man solche Punktziele mit hoch fliegenden Bombern überhaupt sicher ansteuern und wirksam treffen? Gerade in dieser Hinsicht wirkten die Erprobungen nicht sehr ermutigend. Bei starker Abwehr und ungünstiger Witterung würden zusätzliche, schwer lösbare Probleme auftauchen.

Alle Großmächte entschieden sich Mitte der 30er Jahre dafür, vorrangig mittlere zweimotorige Kampfflugzeuge als Bombenträger zu entwickeln. Schnelligkeit und Flexibilität gingen aber zu Lasten von Reichweite und Nutzlast. 1935 unternahm in Deutschland die He 111 als Maschine dieser Art ihren Erstflug. Ausgelegt als Schnellbomber, der auch ohne Jagdschutz operieren sollte, entstand daraus der Standardbomber der deutschen Luftwaffe, von dem insgesamt rund 7000 Exemplare gebaut wurden. An der Konstruktion des vielseitigen mittleren Kampfflugzeuges Ju 88 waren neben dem Heinkel-Unternehmen die halbstaatlichen Junkers-Flugzeugwerke in Dessau beteiligt. Die Produktion der Ju 88 ging 1938 in Serie und lieferte während des Krieges 15 000 dieser Maschinen. Sie wurden als Fernaufklärer, Torpedobomber, Schlachtflieger, Nachtjäger und eben auch als Bomber eingesetzt. Die ersten Serien wurden 1938 aufgelegt.

1935 sammelten die Italiener bei der Eroberung von Äthiopien wichtige Erfahrungen. Der Einsatz von motorisierten Kolonnen, die von Kampffliegern unterstützt wurden, bewährte sich nicht als militärisches Erfolgsrezept. Wie zehn Jahre zuvor die Spanier in Marokko hielt Mussolini seine Truppen schließlich zurück und begann einen monatelangen Gaskrieg gegen die feindlichen Truppen.[23] Bombenflugzeuge sprühten über Städten und Dörfern im Hinterland systematisch »Senfgas« ab, einen ätzenden sesshaften Kampfstoff, der für Zivilisten und Soldaten tödliche Folgen hatte. Der Sieg gegen den geschwächten Gegner bereitete danach keine Mühe mehr, was zumindest in

Werbung für Stukas aus Dessau in einem Sonderheft des »Adlers« vom Mai 1939.

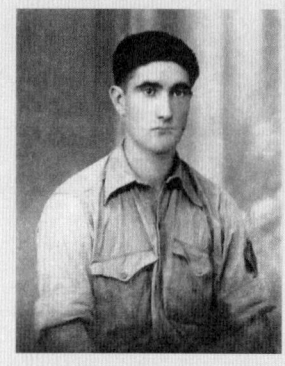

Bittoriano Uruburu
Bauer am Nordhang des Tales von Guernica und Zeuge der Bombardierung am 26. April 1937.

»Unsere Familie wohnte etwas oberhalb von Guernica, und so hatten wir einen guten Blick auf die Stadt. Am Sonntag vor der Bombardierung, so gegen 14 Uhr, flog ein kleines Flugzeug über Guernica herum, das wir ›Petzer‹ nannten – es war eins der Aufklärungsflugzeuge, wie sie öfter von Italienern und Deutschen zur Erkundung eingesetzt wurden. Die Kirchglocken läuteten, und auf dem Berggipfel gegenüber wurde die Flagge geschwenkt – Luftalarm! Wir Kinder versteckten uns, aber das Flugzeug drehte nach ein paar Runden ab und verschwand. Mein Vater war sehr besorgt. ›Kinder‹, sagte er, ›heute Nachmittag geht ihr nicht mehr in die Stadt hinunter. Wer weiß, ob wir nicht doch noch bombardiert werden!‹ – ›Guernica? Bombardiert? Das ist lächerlich‹, schimpfte meine Mutter, ›du machst den Kindern Angst!‹

Am Montag war Markttag. Meine Mutter und ich gingen um 9 Uhr nach Guernica, um Gemüse zu verkaufen, ich kehrte wieder nach Hause zurück, um meinem Vater beim Kartoffelanbau zu helfen. Gegen halb vier fingen alle Glocken an zu läuten und die Sirene auf der Waffenfabrik ›Astra‹ heulte. Von Norden her, vom Meer, kam ein tiefes Dröhnen näher. Dann donnerte über unsere Köpfe ein fettes Flugzeug hinweg, wie wir es noch nie zuvor gesehen hatten. Es flog direkt auf die Stadt zu. Der Bomber hielt uns in seinem Bann. Etwa in Höhe der Autobrücke über dem Fluss öffneten sich große Klappen am Bauch des Flugzeugs, und heraus fielen schwarze Röhren mit Flügelchen am Ende. Dann ließ die Maschine es richtig krachen. Oh Gott! Was für ein Lärm und Splittern! Alles war voller Rauch. Da fiel mir meine Mutter ein. Sie war noch irgendwo da unten! Schnell wie der Blitz rannte ich ins Tal, über die Brücke; sie stand noch. Davor und daneben waren Krater. Ich erreichte den Marktplatz, Bäuerinnen mit leeren Körben rannten mir entgegen, Polizisten schrien dazwischen: ›In die Schutzräume, in die Schutzräume!‹ In dem Getümmel fand ich endlich meine Mutter und trieb sie vor mir her, immer vorwärts, raus aus der Stadt, über die Bücke. Wir rannten den Hang zu unserem Haus hinauf – da hörten wir auf halber Strecke hinter uns wieder ein Dröhnen, noch lauter als vorher. Bomber, in Dreierketten, insgesamt neun! Ich warf mich mit Mutter in einen Wassergraben, wo schon einige andere ängstlich hockten. Dann krachte es wieder fürchterlich, die Erde bebte, Schutt flog auf uns herab. So ging das bis in den Abend, Welle um Welle, es kam uns vor wie eine Ewigkeit. Gegen 19 Uhr flog das letzte Flugzeug davon. Endlich konnten wir aus dem modrigen Graben kriechen. Der Anblick, der sich uns bot, war furchtbar: Wo vorher Guernica stand, erhob sich jetzt eine glühende, qualmende Wolke, die sich hoch in den Himmel reckte.«

Alfons Kössinger
Aufklärer bei der »Legion Condor«, flog vor und nach der Bombardierung Einsätze in Guernica.

»Ich habe an die Propaganda geglaubt und bin nach Spanien gegangen, um für die Freiheit und gegen die Roten, wie wir sie nannten, zu kämpfen. Nach dem Einsatz dort bin ich mit stolzgeschwellter Brust zurückgekehrt.

Von einem Befehl, Guernica zu zerstören, ist mir nichts bekannt. Ich bin einen Tag vor dem Angriff mit der Order losgeschickt worden, die Eisenbahn- und die Autobrücke zu fotografieren. Beide lagen mehr zum nördlichen Ausgang des Städtchens hin. Nach dem Angriff bin ich nochmal drübergeflogen, aber wegen des starken Qualms konnte ich nichts erkennen. Erst zwei Tage später bin ich dann mit Kameraden nach Guernica gefahren und habe privat Fotos von der Wirkung der Bomben gemacht. Die zerstörte Eisenbahnbrücke ist auf einem von ihnen zu sehen. Viele Häuser waren ausgebrannt. Uns wurde von den spanischen Nationalisten erzählt, die ›Roten‹ hätten die Stadt auf dem Rückzug angesteckt. Ich habe zwar ein paar leere Benzinkanister gesehen, aber auf meinen Fotos erkennt man auch Häuser mit Löchern in den Wänden, die eindeutig von Sprengbomben stammen. Ob die Häuser ausgebrannt sind, weil die Bomber auch Brandbomben warfen, kann ich nicht sagen. Schließlich war ich damals noch Oberfeldwebel und habe ganz gewiss nicht alles erfahren.«

Teilen eine späte Rehabilitierung für den früheren Chef der italienischen Luftstreitkräfte Douhet mit sich brachte. Die von ihm propagierte schnelle Entscheidung durch einen massiven Erstschlag mit Gasbomben war das nicht.

Natürlich blieb fraglich, ob diese Erfahrungen auf einen Krieg europäischer Großmächte übertragen werden konnten, da die äthiopische Armee über keine wirksame Luftabwehr und Gaswaffen zur Vergeltung verfügte. Hitler dagegen ließ seit 1935 vorsorglich den Luftschutz massiv verstärken und genehmigte auch den Ausbau der »Nebeltruppe«, der neuen Gaskampfformationen der Wehrmacht. Innerhalb weniger Jahre wurde eine beachtliche Kapazität für den chemischen Krieg geschaffen. Obwohl einige militärische und industrielle Experten verstärkt für den Luft-Gaskrieg warben, konnte sich Hitler nicht dazu entschließen, im Sinne von Douhet alles auf diese Karte zu setzen. Als Droh- und Abschreckungspotential hatte diese Variante der Kriegführung aber eine wichtige Funktion.[24]

Die Luftwaffe bereitete Einsätze mit chemischen Waffen vor, doch die Erfahrungen im Spanischen Bürgerkrieg wiesen in eine andere Richtung. Die Putschisten unter General Franco flogen im Herbst 1936 während der Schlacht um Madrid heftige Bombenangriffe auf die Hauptstadt, die mit etwa 2500 Toten die bis dahin größten Verluste unter der zivilen Bevölkerung in der noch jungen Geschichte des Luftkrieges zur Folge hatten. Die Widerstandskraft und Moral der Bevölkerung aber blieb ungebrochen. Franco gab daher die Angriffe auf; er musste befürchten, dass Hass und Rachegefühle zum Anwachsen des Widerstandes führen und sich schließlich auch gegen ihn selbst und seine Anhänger richten würden.

Die Aufrüstung beider Seiten veränderte ohnehin das Kriegsgeschehen und brachte einen Wechsel von Stellungs- und Bewegungskrieg. Gegen die republikanischen Streitkräfte konnten sich die Francotruppen vor allem mit massiver Unterstützung italienischer Flieger und der deutschen »Legion Condor« mühsam durchsetzen. Görings Luftwaffe fand in Spanien ein ideales Erprobungsgelände. Die Bomberstaffeln wurden mit der neuen He 111 ausgerüstet. Für einen Einsatz, wie ihn Douhet meinte, reichte ihre Zahl natürlich bei weitem nicht aus, und der komplizierte, dreijährige Verlauf des Krieges ließ einen selbstständigen strategischen Bombenkrieg nicht zu.

Im Ergebnis zeitigten die horizontal angreifenden Bomber bei Angriffen selbst gegen größere militärische Ziele bis zu 90 Prozent Fehlabwürfe. Den Erfolg der republikanischen Kräfte, die 1937 während der Schlacht bei Guadalajara die italienische motorisierte Division mit Bombenangriffen zum Stehen brachten, erklärten sich deutsche Beobachter aus der Tatsache, dass die Italiener völlig ungeschützt waren und keinen Widerstand leisteten.[25] Die »roten Bomber« konnten daher ihre Arbeit ungestört verrichten, auch wenn die Trefferquote gering blieb.

Sehr viel besser war das Ergebnis beim Einsatz des Sturzkampfbombers Ju 87, dessen Prototyp 1935 erfolgreich getestet worden war und im Frühjahr 1937 an die Legion Condor ausgeliefert wurde. Insgesamt baute man später 5700 solcher Maschinen. Das einmotorige Flugzeug hatte zwar nur eine geringe Reichweite, Geschwindigkeit und Tragfähigkeit, aber durch seine Sturzflugfähigkeit konnte ein Punktziel mit relativ großer Genauigkeit getroffen werden. Damit umging man die schwierige Konstruktion von Bombenzielgeräten für den Horizontalflug. Der Einbau einer Sirene verstärkte die abschreckende Wirkung der Maschine, die sich unter infernalischem Lärm auf ihr Ziel stürzte. Die Ju 87 wurde bei Beginn des Zweiten Weltkrieges zum Symbol des deutschen »Blitzkrieges«, obwohl es sich nur um ein Schlachtflugzeug handelte.

Auch die Bomber He 111 wurden in Spanien hauptsächlich zur Unterstützung der Bodentruppen eingesetzt. Bis heute wird der Angriff auf Guernica als Beginn des terroristischen Luftbombardements angesehen, eine Legende, die von der wissenschaftlichen Literatur längst widerlegt ist.[26] Der durch das Gemälde von Picasso weltberühmt gewordene Fall diente der britischen Propaganda für die These, Görings Luftwaffe hätte mit dem strategischen Bombenkrieg begonnen. Der Angriff von einigen Dutzend deutschen und italie-

Soldaten der deutschen Luftwaffe beim Auftanken von Stukas Ende der 30er Jahre.

nischen Maschinen auf die baskische Kleinstadt Guernica am 26. April 1937 war aber keineswegs als Terrorbombardement geplant. Ziel war es, die Flucht der republikanischen Truppen im Rahmen der Gefechtsfeldabschnürung zu verhindern. Dazu sollten auf spanische Anforderung hin am Rande der Stadt eine Brücke und deren Zufahrten zerstört werden.

Die Gesamtmenge der eingesetzten Bomben hielt sich ebenso wie der Anteil an Brandbomben in dem Rahmen, der für Brückenangriffe üblich geworden war. Weil man befürchtete, dass die Straßen voller feindlicher Truppen sein würden, griffen die Bomber im Hochflug an. Daher wurden präzise Treffer kaum erzielt. Infolge der Rauchentwicklung und des Winddrifts warfen vor allem die Behelfsbomber Ju 52, die ohnehin über keine Zieleinrichtung verfügten, ihre Ladung unkontrolliert ab. Das Städtchen, dessen Bewohner zumeist geflohen waren, ging in Flammen auf. Entscheidend für das damals weltweite Aufsehen wurden Pressemeldungen, die besagten, hier sei zum ersten Mal eine ganze Stadt zerstört worden – beinahe ein Menetekel für den Krieg der Zukunft, der bei steigender Kriegsangst in Europa immer näher zu rücken schien.

Der deutsche Bombenangriff war dennoch nach damaligem Verständnis ein legitimes militärisches Unternehmen. Auch der spätere Luftmarschall Harris hat in seinen Memoiren eingeräumt, dass die Alliierten im Zweiten Weltkrieg Straßenkreuzungen in Städten auf ähnliche Weise bombardiert haben, um den Vormarsch bzw. Rückzug der Wehrmacht zu behindern.[27] Der Wirkung nach reichte der Angriff auf Guernica aber zweifellos an die Dimension des Terrorbombardements heran.

Selbstverständlich haben Experten damals – nicht anders als bei heutigen Konflikten – den Krieg genutzt, um technische Probleme zu studieren und Erfahrungen auszuwerten. In Spanien wurde z. B. auch der Einsatz von Giftgas erkundet, ohne dass von deutscher Seite ein Erstschlag tatsächlich geplant war. Die Ingenieure und Techniker erkannten rasch, dass die Bombenwirkung in Spanien nicht auf mitteleuropäische Verhältnisse zu übertragen war. Die Häuser auf der iberischen Halbinsel waren leicht gebaut und entzündbar. Außerdem verfügten die Spanier über keinerlei organisierten Luftschutz, über Schutzräume oder ausreichende Möglichkeiten zur Brandbekämpfung.

Die deutsche Luftwaffenführung glaubte sich in ihrer Annahme bestätigt, dass ihre Hauptaufgabe in der Heeresunterstützung mit taktischen Bombern bestehen würde. Dabei maß man – im Gegensatz zu den meisten anderen Luftfahrtnationen – dem Sturzkampfprinzip besondere Bedeutung zu, weil nach dem damaligen Stand der Technik nur so militärische Ziele wirksam bekämpft werden konnten. Die gegnerischen Streitkräfte bildeten also das Hauptziel, deren Vernichtung sollte den Sieg bringen. Das schloss Luftangriffe gegen Objekte auf dem rückwärtigen Gefechtsfeld mit ein, sofern ihre Zerstörung den Zusammenbruch der gegnerischen Verteidigung beschleunigte. Neben militärischen Objekten wie Truppen und Kasernen gehörten dazu auch Brücken, Vorratslager, Bahnhöfe und andere zivile Einrichtungen, die für die Funktionsfähigkeit der feindlichen Armee von Bedeutung waren.

Städte und Dörfer in der unmittelbaren Kampfzone galten nach dem damaligen Völkerrecht als legitime Angriffsziele, wenn sie verteidigt wurden oder militärische Einrichtungen enthielten. Wie bei der Belagerung von Festungen wurden Verluste unter der Zivilbevölkerung inkaufgenommen, weil es um ein höheres Ziel ging, nämlich um den Sieg und die Beendigung des Kampfes. Das schloss willkürliche Angriffe auf Zivilisten und Ziele ohne militärische Bedeutung aus. Auch die Verfechter von Terrorbombardements und strategischem Luftkrieg gegen sämtliche »Kraftquellen« des Feindes, wozu die »Moral« der Zivilbevölkerung gerechnet wurde, rechtfertigten diese Angriffe demzufolge mit dem Verweis auf eine »höhere« Zielsetzung. Als unmenschlich oder barbarisch sah man eine solche Strategie deshalb nicht an. Man übertrug lediglich die Regeln des Seekrieges, die von den Briten 1914–18 durch die Blockade sehr weit ausgelegt worden waren, auf den künftigen Luftkrieg.[28]

Die Auseinandersetzung mit dem Konzept von Douhet wurde nicht vorrangig durch die Frage nach Moral und Humanität geprägt. Als bedeutsamer galt das Problem der Realisierbarkeit und Wirksamkeit. Konnte ein moderner Krieg tatsächlich allein als Luftkrieg entschieden werden? Wollte man sich darauf verlassen, durch die Konzentration auf die »Kraftquellen« des Feindes und die Demoralisierung seiner Bevölkerung einen schnellen Sieg zu erzielen? Spanien und Äthiopien lieferten dafür jedenfalls keinen Beweis. Ausschließen konnte man aber für die Zukunft nichts, weder den Gaskrieg noch den stra-

Oberbefehlshaber der Luftwaffe ab 1935: Hermann Göring (l.). Neben ihm Hans Jeschonnek, Chef des Generalstabes, 1925 bereits beim Gasbombeneinsatz in Marokko dabei.

tegischen Bombenkrieg – alle Militärmächte mussten sich darauf vorbereiten und sich gegen einen Erstschlag mit Gas- und Luftbombardements wappnen, niemand durfte den Schutz seiner Zivilbevölkerung vernachlässigen. Eigenes Offensivpotential konnte womöglich den Gegner abschrecken und bot die Möglichkeit zur Vergeltung. Welche Richtung ein künftiger Krieg zwischen den Großmächten einschlagen würde, stand in den Sternen.

Aus deutscher Sicht war ein anderer Blickwinkel entscheidend. Hitler hatte sich entschlossen, die Aufrüstung zu beschleunigen und den geplanten Krieg möglichst bald zu beginnen. 1936 legte er insgeheim fest, dass die Wehrmacht innerhalb von vier Jahren kriegsbereit sein sollte.[29] Die zunehmenden wirtschaftlichen Engpässe, die einem solchen Ziel entgegenstanden, sollten durch ein aufwändiges Autarkieprogramm überwunden werden, für das Göring die Verantwortung übernahm. Hitler blieb für das von ihm begonnene Wettrüsten wenig Zeit, da auch die Briten und Franzosen daran gingen, ihre Rüstung zu modernisieren und auszubauen. Die entscheidende Frage stellte sich für die Nazis demnach so: Wie kann man möglichst schnell eine Streitmacht schaffen, die über moderne Waffen in großer Zahl verfügt und ihre Überlegenheit schnellstens zum »Schlagen« (um einen Lieblingsausdruck von Hitler zu gebrauchen) nutzt? Das Ziel musste eine rasche Entscheidung sein, bevor der Gegner mit seiner Aufrüstung gleichziehen konnte.

Die Weichen für die Luftwaffe hatte der erste Generalstabschef Walther Wever kurz vor seinem Unfalltod gestellt: Die offizielle Luftwaffendienstvorschrift (LDvV16) aus dem Jahre 1935 hielt alle Möglichkeiten offen. Der Angriff der Fliegerkräfte treffe »die Kampfkraft des Gegners und den Widerstandswillen des feindlichen Volkes an der Wurzel«, hieß es dort. Der Kampf gegen die feindlichen »Kraftquellen« entscheide zwar den Kriegsverlauf, doch könnte er sich erst spät oder zu spät auf die Kampfhandlungen von Heer und Marine auswirken. Daher sollte der Kampf gegen die »Kraftquellen« im feindlichen Hinterland nur in Verbindung mit den anderen Operationen aufgenommen werden. Die Entscheidung allein durch die Zerstörung strategischer Ziele zu erzwingen, wurde aber nicht grundsätzlich ausgeschlossen.

Die deutsche Kriegstheorie entfernte sich in den 30er Jahren kaum von den Auffassungen der anderen Großmächte. Natürlich war die schnelle Entscheidung im Kriegsfall gewünscht, aber da ein rascher Sieg durch den Einsatz von Bomben reine Spekulation blieb, musste man auf den Einsatz der vorhandenen Kräfte von Heer und Marine vertrauen. Hier konnte der taktische Einsatz von Luftstreitkräften wirkungsvolle Unterstützung leisten. Aber keine Großmacht wollte sich ausschließlich darauf verlassen. Frankreich hatte sich bereits hinter seiner Maginotlinie verschanzt, England bot der Kanal reichlich Schutz, den USA der Ozean.

Die Wehrmacht leistete sich den kostspieligen Ausbau von Bunkerlinien im
Osten und Westen, die in strategischer Hinsicht von Vorteil sein konnten,

wollte man z. B. im Zweifrontenkrieg in einer Richtung offensiv werden und in der anderen in der kräftesparenden Defensive bleiben. Im Zuge des größten Bauprogramms der Weltgeschichte ging man in den 30er Jahren in Deutschland daran, nicht nur gigantische Festungsanlagen zu errichten, sondern auch die modernsten Rüstungsbetriebe im mitteldeutschen Raum zu konzentrieren – und zwar außerhalb der damaligen Reichweite britisch-französischer bzw. sowjetischer Fernbomber. Dazu kam das umfangreiche Programm für den Luftschutz der Zivilbevölkerung und die militärische Infrastruktur im Lande, wie Kasernenbauten oder unterirdische Treibstofflager usw.

Den Mut, den Prämissen Douhets zu folgen und alles auf eine Karte zu setzen, hatten also auch Hitler und seine Generale nicht. Für den zusätzlichen Bau einer strategischen Bomberflotte reichten die knappen Mittel ohnehin nicht aus. Nach Hitlers Denkschrift zum Vierjahresplan gab die Luftwaffenführung eindeutig den mittleren Kampfbombern den Vorrang. Als taktische Komponente einer ausgewogenen, vielseitig einsetzbaren Luftstreitmacht sollte ihre Hauptaufgabe in der Unterstützung des Heeres bei der schnellen Niederwerfung feindlicher Streitkräfte liegen. Das Projekt eines »Uralbombers«, wie die viermotorigen Fernbomber des bereits entwickelten Typs Ju 89 bezeichnenderweise genannt wurden, stellte man vorerst zurück. Dafür sprachen auch technische Gründe, weil leistungsstarke Flugmotoren zu diesem Zeitpunkt nicht in ausreichender Zahl zur Verfügung standen. Abgesehen davon, dass die Industrie nicht in der Lage gewesen wäre, entsprechend viele Motoren zu produzieren, lag ein wesentlicher Grund im Mangel an hochwertigen Kraftstoffen – ein Problem, das von den Deutschen in beiden Weltkriegen nicht gelöst wurde.[30]

Für die Erwägung, statt eines viermotorigen Fernbombers mit gleichem Aufwand zwei He 111 oder vier Stuka Ju 87 zu bauen, sprachen sowohl militärische als auch politische Gründe. Mit diesen erfolgreich erprobten Maschinen waren die Luftwaffengenerale in der Lage, den Heereskameraden jede gewünschte Unterstützung zu bieten. Die rasch steigenden Produktionszahlen bei mittleren Kampfbombern und Schlachtfliegern verschafften wiederum dem »Führer« ein wirksames politisches Druckmittel, um die Westmächte von einer Intervention abzuhalten und kleinere Nachbarländer gefügig zu machen. So konnte Hitler 1938/39 in einer Reihe unblutiger »Feldzüge« Territorien besetzen. Die Okkupation Österreichs und der Tschechoslowakei verbesserte zugleich die luftstrategische Lage des Reiches.

Der Bau einer strategischen Bomberflotte wurde 1935/36 in Deutschland aber lediglich um drei Jahre hinausgeschoben. Da die Muster Ju 89 und Do 19 nicht überzeugten, sollte bis 1939 ein völlig neues Modell entwickelt werden. In der Zwischenzeit wurde die Fertigung des zweimotorigen Schnellbombers Ju 88 mit einem Großauftrag vorgezogen. Als Bomber erfüllte er – vor allem 1940/41 – nicht die in ihn gesetzten Erwartungen, auch wenn er als vielseitiges

»Arbeitspferd« der Luftwaffe nützliche Dienste im Zweiten Weltkrieg leistete. Viel gravierender war die Fehlentscheidung, den künftigen strategischen Fernbomber He 177 als Sturzkampfbomber mit zwei Doppelmotoren auszulegen. Mit dieser Entscheidung, die Wevers Nachfolger Ernst Udet zu verantworten hatte, setzte Hitler ungewollt die Option auf einen strategischen Luftkrieg aufs Spiel, mit der er seinem geplanten »Lebensraum«-Krieg im Osten und dem Kampf gegen die Westmächte eine andere Wendung hätte geben können.

Diese Folgen waren damals für die deutsche Führung noch nicht erkennbar; man war zuversichtlich, mit der He 177 alle militärischen (kosten- und zeitsparende Präzisionstreffer durch Sturzflug) und politisch-ökonomischen Forderungen (Kosten- und Zeitersparnis für eine Risiko-Luftflotte) erfüllen zu können. Das technische Prinzip der Kombination von Doppelmotor und Sturzflug sollte sich freilich als Irrweg erweisen, der die Indienstnahme der kostbaren Fernbomber immer weiter verzögerte. Die He 177 startete zwar im November 1939 zu ihrem Erstflug und wurde zur Jahreswende 1940/41 an die Luftwaffe ausgeliefert – wo sie dringend gebraucht wurde, um den Blitzkrieg zu vollenden und Hitlers »Kampf gegen Kontinente« zu führen –, doch die Maschinen blieben ein tödliches Risiko für die Testpiloten. Generalluftzeugmeister Udet nahm sich daher Ende 1941 das Leben. Erst zur Versorgung von Stalingrad wurden einige Maschinen als behelfsmäßige Transporter eingesetzt. Im Oktober 1944 stellte man die Produktion gänzlich ein. Mehr als 1400 Maschinen waren produziert worden. Die Masse der Flugzeuge, abgestellt auf norwegischen Flugplätzen, fiel im Mai 1945 in britische Hände.

Mit diesem Aufwand hätte Hitler seinen Rivalen Churchill 1942 eigentlich mit einer eigenen Bomberflotte in die Schranken weisen können. Der deutsche Diktator konnte vor Kriegsbeginn noch eine andere weitreichende Waffe ins Kalkül ziehen. Bei der Entwicklung von Fernraketen hatten seine Techniker und Ingenieure einen wichtigen Vorsprung erreicht. Mit dieser revolutionären Neuheit ließ sich der Fernbomber auf lange Sicht sogar noch übertreffen. Auf dem Reißbrett konstruierte man eine Interkontinentalrakete, die New York treffen sollte, ein Ziel, das die deutschen Konstrukteure 1918 noch mit auf-

Die He 177, technisch eine Fehlkonstruktion und tödliches Risiko für die Piloten.

Nur zwei »Uralbomber« Ju 89 wurden gebaut. Er ging niemals in Serie.

wändigen Großflugzeugen erreichen wollten. Chemische Kampfstoffe, die für einen wirksamen Sprengkopf gebraucht wurden, waren verfügbar. Auch der Bau einer Atombombe schien denkbar und blieb 1939 nicht länger im Reich der Utopie. Das Heereswaffenamt »bastelte« bereits in Konkurrenz zur Luftwaffe daran, der man die Option auf den Besitz einer strategischen Fernwaffe nicht überlassen wollte. Nicht untypisch für die Verhältnisse im »Dritten Reich« arbeiteten beide Wehrmachtteile in dieser Hinsicht mehr gegen- als miteinander.[31]

In einer Zwischenbilanz lässt sich feststellen, dass die Großmächte im Hinblick auf einen möglichen strategischen Bombenkrieg bei Beginn des Zweiten Weltkrieges 1939 konzeptionell und rüstungsmäßig keine wesentlichen Unterschiede aufwiesen. Eine geheime Vorführung neuester waffentechnischer Entwicklungen und Flugzeugmodelle durch die Luftwaffe im Juli 1939 vermittelte der NS-Führung freilich ein trügerisches Bild. Viele Projekte befanden sich erst noch im Entwicklungsstadium. Manche gelangten später gar nicht zum Einsatz wie der Fernbomber He 177; andere wie der revolutionäre Düsenjäger konnten den Kriegsverlauf nicht mehr beeinflussen. Dass ein ganzes Geschwader Ju 87 beim Sturzflug in den Boden raste, kann im Rückblick durchaus als Menetekel angesehen werden.

Hitler will den Krieg

Weil Hitler 1938/39 darauf drängte, endlich loszuschlagen, mussten die langfristigen Projekte angesichts der überhitzten Rüstungskonjunktur zurückgestellt werden. Sie ließen sich kaum noch in die Planung der Wehrmachtteile integrieren. Das Fehlen einer Gesamtstrategie war ein typisches Merkmal deutscher Militärpolitik. Es hatte zur Niederlage im Ersten Weltkrieg beigetragen und konnte auch im »Dritten Reich« nicht überwunden werden.[32] Bei der Kontinentalmacht Deutschland genoss das Heer nun einmal traditionell erste Priorität. Das Oberkommando des Heeres beanspruchte deshalb die Kompetenz für die Gesamtkriegführung. Der Marine und Luftwaffe kamen aus diesem Blickwinkel lediglich Hilfsfunktionen zu. Dieser Anspruch wurde allerdings durch die Tatsache relativiert, dass Hitler als Oberster Befehlshaber der Wehrmacht den anderen Teilstreitkräften eine größere Selbstständigkeit beließ. So konnten sich Göring für die Luftwaffe und Admiral Raeder für die Kriegsmarine direkt beim »Führer« Projekte und Ressourcen bewilligen lassen, ohne sich vorher mit dem Heer abzustimmen.

Hitler ordnete – oft überraschend – einzelne Feldzüge und Unternehmungen an, die neue Eingriffe in die Rüstungsplanung notwendig machten. Im Ergebnis stagnierte die Rüstungsproduktion in den ersten beiden Kriegsjahren, was Hitler inkaufnahm, weil diese »friedensähnliche« Kriegswirtschaft der eigenen Bevölkerung größere Belastungen ersparte. Solange die Wehrmacht mit den vorhandenen Kräften alle Aufträge zu erfüllen vermochte und Görings Piloten die Luftherrschaft auf dem Kontinent behaupteten, schien der Besitz einer weitreichenden strategischen Bomberflotte entbehrlich zu sein.

Für den mittel- und westeuropäischen Raum waren die Reichweiten der deutschen Kampfflieger ausreichend, um den Hauptstädten und Territorien der Nachbarländer gefährlich werden zu können. Deshalb stellt sich die entscheidende Frage, ob ein möglicher Terrorbombenkrieg überhaupt in deutschem Interesse lag bzw. von der deutschen Führung gewollt wurde oder zumindest ins Kalkül gezogen worden war. Die neuere militärhistorische Forschung hat die weit verbreitete Auffassung längst widerlegt, die deutsche Führung habe von Anfang an auf den Blitzkrieg gesetzt, der dann bis Ende 1941 erfolgreich praktiziert worden sei.[33]

Tatsächlich zeichnete sich erst während des Frankreich-Feldzuges im Mai 1940 ein solches Konzept ab – und niemand war darüber mehr überrascht als Hitler und die Wehrmachtführung. Zum ersten geplanten Blitzkrieg wurde der Überfall auf die UdSSR – und er scheiterte prompt. Zum Blitzkrieg als strategischem Konzept passt natürlich die Vorstellung eines überraschenden Luftschlages, mit dem die Luftherrschaft errungen und die Bevölkerung terrorisiert wird, um dann die feindlichen Landstreitkräfte durch den schnellen Vorstoß von gepanzerten Kräften zu überwältigen. Das wäre theoretisch die

Göring und Hitler inspizieren Schießübungen in der größten deutschen Flak-Artillerieschule bei Rerik auf Wustrow 1936.

Verbindung von Douhet und Guderian gewesen, den Vordenkern des Nur-Luftkrieges bzw. des modernen Panzerkrieges.

Doch Heinz Guderian entwickelte im Feldzug gegen Frankreich als Panzer-kommandeur lediglich ein erfolgreiches taktisches Konzept für einen Blitz-krieg, das die Luftherrschaft über dem Schlachtfeld zur ersten Voraussetzung erhob. Sodann aber kam es darauf an, im engen Zusammenwirken von Panzern und Kampffliegern rasch die feindliche Front zu durchbrechen und rücksichtslos in die Tiefe vorzustoßen, den Gegner einzukesseln und zu vernichten und damit eine rasche militärische Entscheidung zu erzwingen. Um diese Taktik erfolgreich durchzusetzen, mussten die eigenen Luftstreitkräfte ganz auf die Heeresunterstützung konzentriert werden. Systematische Bombenangriffe auf die Rüstungsindustrie und Zivilbevölkerung des Gegners würden sich niemals so schnell auf den Kriegsverlauf auswirken wie eine erfolgreiche Kesselschlacht und hätten eine Verzettelung der Kräfte zur Folge mit der Gefahr, dass die entscheidungssuchende Landoffensive am Ende im Stellungskrieg stecken bleiben würde. Gezielte Angriffe auf das gegnerische Hinterland, auf militärische Anlagen und Führungszentralen versprachen dagegen eine rasche Wirkung auch auf dem Schlachtfeld.

Am Vorabend des Zweiten Weltkrieges war die überraschend erfolgreiche Blitzkriegstaktik Guderians noch Zukunftsmusik. Der deutsche Generalstab konnte zwar hoffen, Polen in einer Art Polizeiaktion militärisch niederzuwerfen, musste sich aber darauf einstellen, dass die anderen Großmächte nicht beiseite stehen und der »Große Krieg« ausbrechen würde. Im Sommer 1939 schien sich die Gefahr abzuzeichnen, dass Deutschland durch die britisch-französisch-sowjetischen Militärverhandlungen in einen Mehrfrontenkrieg geraten würde, der im Westen, wo sich Deutsche und Franzosen in ausgedehnten Bunkeranlagen gegenüberstanden, wie 1914 zu einem langwierigen Blockade- und Stellungskrieg ausweiten konnte.

Die Westmächte, entschlossen, dem Expansionsdrang Hitlers endlich Paroli zu bieten, trafen entsprechende Vorbereitungen. England wähnte sich durch den Kanal und Frankreich durch die Maginotlinie in Sicherheit. Beide Mächte scheuten das Risiko einer blutigen Offensive gegen Hitlers Armee. Die Erinnerung an den Ersten Weltkrieg war auch in Paris und London noch frisch. Gleichsam aus der Deckung heraus einen längeren Abnutzungskrieg zu führen – zu dem Luftschläge gegen das deutsche Hinterland gehören konnten, um den erwünschten deutschen Zusammenbruch nach dem Vorbild von 1918 zu erreichen –, das schien eine Strategie zu sein, die der eigenen Bevölkerung noch am ehesten zu vermitteln war.

In diesem Sinne bereitete man sich in Berlin im Sommer 1939 intensiv auf den Ausbruch eines – zum damaligen Zeitpunkt – unerwünschten Weltkrieges vor. Dazu gehörte die totale Mobilmachung des Reiches, um im Gegensatz zu 1914 von Anfang an für die stärksten Belastungen gerüstet zu sein. 1935 hatte General Erich Ludendorff, der heimliche Militärdiktator des Kaiserreiches im Ersten Weltkrieg, sein berühmtes Buch über den »Totalen Krieg« veröffentlicht. Darin deutete er die zeitgenössische Diskussion über den Krieg der Zukunft so, dass nur ein Staat, der sich schon in Friedenszeiten mit letzter Konsequenz auf den Krieg vorbereitet, imstande sein würde, die nötige Kraft und Hemmungslosigkeit zu entwickeln, um den totalen Krieg der Zukunft durchzustehen. Es war ein militaristischer Albtraum, wie ihn Hitler 1939 schon deshalb nicht herbeiführen wollte, weil er nicht bereit war, den Militärs die Zügel zu überlassen. Im schlimmsten Falle wäre er natürlich auch zu einem solchen Krieg bereit gewesen, damit sich der »November 1918« nicht wiederholte.

Aber zunächst setzte er auf die Schlagkraft seiner fieberhaft aufgerüsteten Wehrmacht, die sich am 20. April 1939 bei der Parade zu seinem 50. Geburtstag in scheinbar glänzender Form präsentiert hatte. Entgegen öffentlichen Bekundungen war sich der Diktator seiner Bevölkerung keineswegs sicher; das Volk stöhnte unter den Belastungen der Aufrüstung und musste auf künftige Wohltaten vertröstet werden. Eine Welle verdeckter Streiks und interne Warnungen von Experten, den Bogen nicht zu überspannen, signalisierten, dass die Belastungsgrenze erreicht war.[34] Jede weitere Verschärfung der Lebensverhältnisse, sei es durch die vorbereitete totale Mobilmachung oder durch einen

Ottomar Kruse
Jagdflieger bei der deutschen Luftwaffe. Schon als
Kind träumte er von einer Karriere als Pilot.

»Jeder wusste von Richthofen. Und jeder wusste von Udet. Ich habe als kleiner Junge Udet in Hamburg-Fuhlsbüttel fliegen sehen und war natürlich begeistert. Was er da machte mit seinem Flugzeug – unwahrscheinlich! Ich würde sagen, Udet war der Bekannteste. Mit Hochachtung hörte man die Geschichten von unseren Experten: Hartmann war natürlich jedem bekannt, Marseille ganz besonders, und man hoffte, so was ähnliches zu erreichen.

Es war Abenteuerlust. Ich wollte Berufsflugzeugführer werden seit dem zwölften Lebensjahr. Es gab damals in Deutschland ein Flugzeug, das nannte sich die ›Kindermöwe‹. Ich glaube, das war eine F 13 gewesen, eine Junkers. Ich kann mich genau erinnern, es war aus Wellblech. Ich machte einen Flug damit, und dann stand es fest: Ottomar will Flugzeugführer werden.

Dass wir den Krieg gewinnen würden, das war ja eine Selbstverständlichkeit. Wir waren doch jung, voller Enthusiasmus. Ich hatte mir vorgenommen, als Erstes wirst du Jagdflieger, und später wirst du dich schulen lassen auf die größeren Maschinen, die man für den Flugdienst in der Lufthansa oder irgendwo anders gebraucht.«

feindlichen Bombenkrieg, barg die Gefahr des inneren Zusammenbruchs. Erst wenige Monate zuvor war der Generalstabschef des Heeres, Ludwig Beck, aus Protest gegen den riskanten Kriegskurs Hitlers zurückgetreten, und auf die Generalität, die im Hinblick auf einen möglichen Weltkrieg äußerst besorgt war, konnte sich der Diktator keineswegs voll verlassen. Ob Hitler damals ahnte, dass er sich am Rande eines Staatsstreiches bewegte, kann nur vermutet werden.

Gleichwohl lassen sich natürlich auch in dieser Phase militärische und zivile Experten zitieren, die davon überzeugt waren, dass Douhet Recht behalten würde, und sich deshalb hinter den Kulissen immer wieder mit entsprechenden Vorschlägen zu Wort meldeten. Dazu gehörte z. B. Hermann Ochsner, der für die Vorbereitung des Gaskampfes verantwortlich war. Er konnte triftige politische, ökonomische und militärische Gründe dafür anführen, weshalb Deutschland ganz auf den Gaskrieg setzen sollte, der in einem künftigen Weltkrieg – wie er glaubte – ohnehin noch größere Bedeutung haben würde als im letzten. Wenn das Reich wieder zu einem Existenzkampf gezwungen wäre, könnten zwei Einsatzmöglichkeiten den Sieg herbeiführen: Erstens die Schaffung einer chemischen Sperrzone im Westen bzw. im Osten und zweitens die Aufnahme einer Gas-Luftoffensive gegen den Hauptgegner.

Auszüge aus der Denkschrift von Oberst Ochsner für die 1. Abteilung des Generalstabs des Heeres vom 28. Juli 1939:

»Wichtige feindliche Industrie-Mittelpunkte, vor allem aber politisch wichtige Großstädte, wie z. B. London, werden planmäßig täglich immer wieder von Fliegern angegriffen, und zwar auch mit Kampfstoffen jeder Art (Schwelkerzen mit Weißkreuz- oder Blaukreuz-Kampfstoffen, Behältern mit Gelbkreuz, Druckflaschen mit Grünkreuz, z. B. Phosgen). Es ist außer jedem Zweifel, dass eine Stadt wie London so in eine unerträgliche Aufregung versetzt werden könnte und dadurch einen gewaltigen Druck auf die feindliche Regierung ausüben würde.«[35]

Ochsner schätzte die Folgen eines Gegenschlages als gering ein, da die psychische Belastbarkeit des deutschen Volkes als Ergebnis des Nationalsozialismus höher anzusetzen sei als bei den westlichen Demokratien. Unterstützung erhielt er von Carl Krauch, Vorstandsvorsitzender des mächtigen IG-Farben-Konzerns, der von Göring als eine Art Chemieminister eingesetzt worden und u. a. für die Treibstoff- und Sprengstofferzeugung zuständig war. Krauch plädierte mehrfach mit ausführlichen Denkschriften und Berechnungen für seine Erkenntnis, dass nur die massive Umstellung der deutschen Rüstung auf den Gas-Luftkrieg Deutschland bei einem längeren Krieg zum Sieg verhelfen würde.[36]

Hitler hielt für alle Fälle an der chemischen Rüstung fest, Priorität erhielt sie nicht. Das Szenario der Gaskrieger und Douhet-Anhänger blieb ein »Glücksspiel mit vielen Nieten« und allzu sehr den Erfahrungen des Ersten Weltkrieges verhaftet. Damals hatten aber weder der Bombenkrieg gegen London und Paris noch der Gaskrieg an der Front zum Sieg geführt. Warum sollte die Verbindung beider Kampfmittel im nächsten Krieg erfolgreicher sein? Der Generalstab der Luftwaffe legte jedenfalls im Mai 1939 noch einmal fest, dass bei einem operativen Luftkrieg gegen Großbritannien unter den damaligen Bedingungen Terrorbombenkrieg nicht zur Regel werden sollte.[37] Eine Vergeltungsmöglichkeit musste natürlich immer ins Kalkül gezogen werden. Die vorhandenen mittleren Kampfbomber reichten jederzeit bis nach London, während die Briten schlimmstenfalls das Ruhrgebiet treffen würden.

So verfügte Hitler über ein ausreichendes Drohpotential, das gleichzeitig dem Heer konzentrierte Unterstützung bei den Landoperationen bieten konnte. Kam es zu dem erhofften Ausgleich mit England, würde der zusätzliche Einsatz weitreichender strategischer Bomber entbehrlich sein. Notfalls würde mit der He 177 dann ab 1941 auch diese Option zur Verfügung stehen. Bezeichnend bleibt die Absage des Generalstabs der Luftwaffe an die Entwicklung von flächendeckenden Waffen durch ferngelenkte Flugkörper. Auch der Einsatz von Brandbomben sollte beschränkt bleiben, obwohl sich ihre verheerende Wirkung gerade in Guernica gezeigt hatte.[38] Umso intensiver trieb die Luftwaffenführung die Entwicklung eines Funknavigationsverfahrens zur genauen Zielfindung der Bomber voran; darin hatte Deutschland bereits einen

Vorsprung gegenüber den Briten. Hauptaufgabe deutscher Kampfflieger blieb es, militärisch wichtige Ziele des Gegners präzise zu treffen.

Bei Beginn des Zweiten Weltkrieges besaß die deutsche Luftwaffe also, wie die Luftstreitkräfte der anderen Großmächte auch, weder Mittel noch Entschlossenheit, einen strategischen Bombenkrieg gegen die Zivilbevölkerung zu entfesseln. Das Konzept von Douhet spukte weiter in den Köpfen, faszinierte manchen Experten, schreckte die meisten jedoch eher ab. Die politische und militärische Führung in allen beteiligten Ländern sah darin kein Erfolg versprechendes Konzept für eine schnelle Kriegsentscheidung, wobei die Sorge vor Vergeltungsschlägen des Gegners eine wichtige Rolle spielte. Ausschließen konnte die Eskalation des Bombenkrieges aber niemand, und so blieb die Frage: Wer war bereit, die unsichtbare Grenze des Zweifels und der Humanität zu überschreiten, um herauszufinden, ob der strategische Bombenkrieg nicht doch eine kriegsentscheidende Waffe darstellte? Hitler brauchte daran keinen Gedanken zu verschwenden, nachdem sich gezeigt hatte, dass Stalin für die Westmächte nicht »die Kastanien aus dem Feuer holen« würde. Sein Kooperationsangebot an Berlin ermutigte den deutschen Diktator, seine Panzerrudel von der Kette zu lassen.

Der Bombenkrieg beginnt

Im Vergleich zum Bombenkrieg im Ersten Weltkrieg und zur hitzigen Diskussion während der Zwischenkriegszeit nimmt sich die Situation im September 1939 nach Ausbruch des Zweiten Weltkrieges im Grunde harmlos aus. Das britische Bomber Command hatte sich bisher am intensivsten mit einem möglichen strategischen Angriff auf Deutschland beschäftigt. Doch mit seinen 488 leichten Bombern konnte es von den Flugplätzen der Insel gerade einmal das Ruhrgebiet erreichen und wegen der geringen Zuladungskapazität auch keine nennenswerten Schäden anrichten. Größere Luftangriffe auf das Reich wären selbstmörderisch gewesen, nicht nur wegen der Mängel an eigener Ausrüstung und Technik, sondern auch wegen der gut organisierten deutschen Luftabwehr. So beschränkten sich die Briten – ganz wie die Franzosen und die Deutschen – vorerst darauf, die Bomber bei der Unterstützung der Bodentruppen einzusetzen.

Als der britische Premierminister Chamberlain am 3. September 1939 die Kriegserklärung verlas, begannen in London die Luftschutzsirenen zu heulen. Wie 20 Jahre zuvor suchte die Bevölkerung Schutz in Gräben und U-Bahn-Stationen, jetzt auch mit Gasmasken in der Hand. Zwei einsame britische Flieger hatten versehentlich einen Fehlalarm ausgelöst. Das dokumentierte die Schwäche der britischen Luftverteidigung, die in den folgenden Monaten fieberhaft ausgebaut wurde. Dabei setzte die Royal Air Force auch auf die Anwendung des neuartigen Radarprinzips, an dem man zwar auch in Deutschland arbeitete, das aber durch den Bau von Überwachungstürmen im Südosten Englands zum ersten Mal praktisch genutzt wurde. So konnten dann später die deutschen Angreifer rechtzeitig erkannt und bekämpft werden.

Der Vorfall in London am 3. September schürte die Angst, die sich angesichts der massiven Aufrüstung Deutschlands ausgebreitet hatte. Der NS-Propaganda war es gelungen, Görings Luftwaffe größer und bedrohlicher erscheinen zu lassen, als sie zu diesem Zeitpunkt tatsächlich war. Angesichts der Brutalität der Nazis traute man ihnen alles zu, vom Einsatz chemisch-biologischer Kampfstoffe bis zum Terrorangriff auf die Zivilbevölkerung. So hätte es nicht überrascht, wenn die Deutschen konsequent im Sinne Douhets sofort mit Eintritt des Kriegszustandes einen gewaltigen Luftschlag gegen London geführt hätten.

Doch das genau geschah nicht. Auch ein Vernichtungsschlag gegen Paris blieb aus. Dafür fehlten der Luftwaffe die Mittel – die Kampfflieger waren im Osten konzentriert, um gegen Polen eine schnelle Kriegsentscheidung herbeizuführen. Hitler bestimmte nun einmal die Strategie und ließ sich von den modernen Kriegstheoretikern nicht sonderlich beeinflussen. Die »Klassiker« Clausewitz, Moltke und Schlieffen hatte er dagegen ausführlich studiert und suchte deshalb die schnelle Entscheidung in der Bewegung gegen die feindliche Armee. Eine rasche Überwältigung Polens, die durch die Rückendeckung Stalins möglich wurde, hätte nach seinem Kalkül dazu führen können, dass die Westmächte passiv blieben und sich noch einmal mit der deutschen Expansionspolitik abfänden. Würden sie den Krieg nach einer polnischen Niederlage weiterführen, dann müsste die Offensive gegen Frankreich gerichtet werden, um den Rücken wieder frei zu bekommen – frei für den eigentlichen Krieg: Hitlers Überfall auf die UdSSR.

Wie sich die Dinge auch entwickeln würden, der Diktator musste darauf bedacht sein, gegen Großbritannien jede Eskalation zu vermeiden. Eine Verständigung mit den Briten entsprach seinem alten politischen Konzept, das er bereits in »Mein Kampf« entworfen hatte. Durch Terrorangriffe die britische Arbeiterschaft zum Aufstand gegen den amtierenden konservativen Premierminister Chamberlain anzustacheln, das wäre aus politischer Sicht geradezu absurd gewesen; schließlich hatten der Premier und Hitler noch ein Jahr zuvor das Münchner Abkommen unterzeichnet. Chamberlain war zwar inzwischen von seiner Appeasement-Politik abgerückt, doch blieb er der geeignete Partner für Hitler, wenn dieser sich mit England arrangieren wollte. Nur allzu gern hätte der deutsche Diktator seinen überraschenden Pakt mit dem Todfeind Stalin gegen eine Verständigung mit Chamberlain getauscht. Hitler wollte England lediglich vom Kontinent verdrängen, vernichten wollte er die Weltmacht mit ihrem Empire nicht.

Nicht ungehört blieb schließlich US-Präsident Franklin D. Roosevelt, der

am 1. September 1939 an die Konfliktparteien appelliert hatte, die Zivilbevöl-

Stuka-Geschwader mit Ju 87-Maschinen im Anflug auf Warschau, September 1939.

kerung zu schonen. Zu Beginn seiner kriegerischen Expansion hatte Hitler allen Grund, Rücksicht auf die Weltöffentlichkeit zu nehmen und vor allem die USA in ihrer Neutralität zu unterstützen. Durch die Eröffnung eines Gas-Luftkrieges, wie einige seiner Experten vorschlugen, die Welt zu schockieren, wäre für seinen Kriegsplan kontraproduktiv gewesen. Nicht zu vergessen: Er besaß überhaupt nicht die Mittel für einen solchen Paukenschlag.

Für einen Luftüberfall auf Polen reichten dagegen seine Mittel völlig aus; die feindliche Hauptstadt lag in der Reichweite von Görings Kampffliegern. Ohne Schwierigkeiten errangen sie bereits am ersten Tag die Luftherrschaft und bombten dann den Panzern den Weg frei. Für einen strategischen Bombenkrieg gegen das Hinterland, sei es zur Vernichtung der feindlichen Rüstungsindustrie oder zur Terrorisierung der Bevölkerung, bestand keine Veranlassung. Man wollte das Land okkupieren und ausbeuten, da wäre die Zerstörung von Industrieanlagen und wichtiger Infrastruktur wenig sinnvoll gewesen. Außerdem setzte man auf einen schnellen Zusammenbruch der polnischen Armee, um im Anschluss die gefährlich entblößte Westfront zu verstärken. Daher konzentrierte man sich auf militärische Ziele, deren Ausschaltung sich unmittelbar auf dem Schlachtfeld auswirkte.

Schon am ersten Tag bombardierte die Luftwaffe eine Reihe solcher Ziele dicht hinter der Grenze. Dazu gehörten eine polnische Division sowie eine Kavalleriebrigade, die man am Vorabend in dem Städtchen Wieluń ausgemacht hatte. Den Ort trafen am 1. September 1939 zwei schwere Angriffe,

53

Warschaus Vorstadt Praga am rechten Weichselufer im Feuer deutscher Fliegerangriffe.

die wegen Bodennebels ihre eigentlichen Ziele verfehlten. Wie Guernica fiel Wieluń nicht einem geplanten Terrorangriff zum Opfer, auch wenn eine verheerende Wirkung erzielt wurde.[39] Das war aber nicht der geplante Beginn eines strategischen Bombenkrieges.

Einen Anlass zur Eskalation hätten die Deutschen gehabt, als polnische Truppen bei ihrem Rückzug am 9. September in der Nähe von Jasło bei der Sprengung einer wichtigen Brücke auch Senfgasgranaten benutzten, denen einige deutsche Soldaten zum Opfer fielen. Dennoch verzichtete das deutsche Oberkommando wohlweislich darauf, zum Gaskrieg überzugehen.

Ursprünglich sollte die Luftwaffe auch die Hauptstadt bereits am ersten Tag angreifen, um militärisch-industrielle Ziele im Vorort Praga zu treffen. Doch Göring blies den Angriff ab,[40] weil sich die Ziele innerhalb von Wohngebieten befanden. Bei dieser Linie blieb es in den nächsten zwei Wochen. Der französische Luftattaché in Warschau berichtete am 14. September nach Paris, dass sich die deutschen Luftangriffe bis dahin gegen militärisch wichtige Ziele gerichtet hatten. Am 17. September marschierte die Rote Armee in Ostpolen ein und beteiligte sich an den Kämpfen, um für Stalin den versprochenen Anteil an der polnischen Beute zu sichern. Damit war das Schicksal der teilweise eingeschlossenen polnischen Truppen besiegelt, die in größerer Zahl kapitulierten. Die weit vorgestoßenen deutschen Verbände zogen sich am 23. September auf die mit den Russen vereinbarte Demarkationslinie an der Weichsel zurück. Nur in der Festung Modlin und in Warschau leistete die polnische Armee noch Widerstand.

Die Hauptstadt war zu einem letzten Verzweiflungskampf gerüstet, im vergeblichen Vertrauen auf eine Entlastungsoffensive der verbündeten Westmächte. Warschau lag in der Frontlinie und wurde fünfmal zur Kapitulation aufgefordert. Um Straßenkämpfe zu verhindern und den Artilleriebeschuss zu unterstützen, flog die deutsche Luftwaffe am 24. und 25. September 1939 schwere Angriffe gegen Kommandozentralen und andere militärische Ziele. Diese Einsätze hatten stellenweise den Charakter von Unterschiedslosigkeit, weil die Luftwaffe einen großen Teil ihrer Bomberverbände bereits nach Westen verlegt hatte und beim Angriff auf Warschau vereinzelt wieder Transportflugzeuge des Typs Ju 52 als Behelfsbomber benutzte. Präzisionsangriffe waren damit nicht möglich, man schaufelte Brandbomben mit Kohlenschaufeln aus den Seitentüren der Maschinen hinaus, was eine größere Zahl von Bränden verursachte. Infolge der Streuung traf es auch deutsche Truppen. Insgesamt wurden 486 t Sprengbomben und 72 t Brandbomben abgeworfen. Mit 120 000 Mann kapitulierten einen Tag später die polnischen Verteidiger.

Ein Einwohner Warschaus vor seinem zerstörten Haus nach dem deutschen Luftangriff.

Ebenso wie Guernica und Wieluń stützen auch die Ereignisse in Warschau nicht die alte These der britischen Kriegspropaganda, die Deutschen hätten den Terrorbombenkrieg eröffnet und die Briten nur zurückgeschlagen. Vielmehr ging es in Polen deutlicher noch als in Spanien um den kombinierten Einsatz von Luftwaffen- und Heeresverbänden – ein höchst wirksames Verfahren, den Bewegungskrieg in Gang zu halten und damit eine schnelle militärische Entscheidung herbeizuführen.

Während der ersten acht Monate des Zweiten Weltkrieges blieb die britische Insel nahezu unbehelligt. Deutsche und englische Kampfflugzeuge attackierten wiederholt die jeweils feindlichen Flottenkräfte in der Nordsee sowie in den Stützpunkten oder verminten die Küstengewässer. Dabei gerieten vereinzelte deutsche Flugzeuge in die britische Luftverteidigungszone. Auf der anderen Seite wurde kurz vor Weihnachten ein britischer Bomberverband mit 24 Maschinen, der bewaffnete Aufklärung gegen den deutschen Marinestützpunkt Wilhelmshaven flog, von deutschen Jägern um die Hälfte dezimiert. Das widersprach allen Prophezeiungen vom totalen Luftkrieg, die von einer Überlegenheit des Bombers ausgegangen waren. Die ungünstigen Wetterbedingungen ermutigten im Winter 1939/40 zu keinen größeren Vorstößen dieser Art. Beide Seiten marschierten unterdessen entlang des Rheins zur bevorstehenden Entscheidungsschlacht auf und konzentrierten hier ihre Fliegerkräfte. Das Bomber Command war angewiesen, nichts zu unternehmen, was einen deutschen Vergeltungsschlag provozieren könnte.[41] Allzu tief saß die Angst davor, Hitler würde seine Hemmungen ablegen und die Zivilbevölkerung attackieren lassen.

An der Front sprach man von einem »Sitzkrieg«, von einem »Drôle de guerre« mit gelegentlichen Schusswechseln, und im deutschen Hinterland schlug die so genannte Munitionskrise große Wellen. Unter den winterlichen Verhältnissen traten erhebliche Schwierigkeiten im Transportwesen und bei der Kohleversorgung auf: Fast 6000 Wehrmachtbetriebe standen zeitweilig still, und viele zivile Firmen mussten ganz geschlossen werden. Die Generalität misstraute Hitlers Optimismus und stellte sich darauf ein, nach ersten Geländegewinnen doch wieder zum Stellungskrieg überzugehen. Mit Beginn der erwarteten »Massenschlachten« sollte dann auch die totale Mobilmachung endlich vollzogen werden. Die Rüstungsfabriken wurden auf einen Hochlauf bis zum Frühjahr 1941 eingestellt. Für die Munition zum Stellungs- und Festungskampf wurde mehr Material beschafft als für den Bau von Panzerkampfwagen. Mit Hochdruck wurden auch die Kapazitäten zur Produktion von Giftgas erweitert. Sie sollten bis zum Herbst 1941 um das Vierfache gegenüber dem Ersten Weltkrieg steigen.

Dieser kurze Blick ins deutsche Hinterland zeigt, dass Hitlers Wehrmacht im Frühjahr 1940 die Offensive gegen die Westmächte keinesfalls als Blitzkrieg geplant hatte, wie es die ältere historische Forschung angenommen hat.

Stanisław Lewandowski
Flakschütze der in Warschau eingeschlossenen polnischen Armee.
Im September 1939 erlebte er die schweren Angriffe der Luftwaffe.

»Ich habe vor dem Krieg Studien gelesen, die besagten, dass Warschau als Groß-stadt im Kriegsfalle nicht zu halten sei. Der Verlust an Menschenleben würde zu hoch sein. Doch schon der Panzervorstoß der Deutschen am 8. und 9. September bis in die westlichen Vororte von Warschau hinein zwang uns dazu, die Stadt zu ver-teidigen. Ich erinnere mich gut daran, wie wir die deutschen Panzer mit 40-mm-Flak aufhielten.

Als unsere Front mehr und mehr zusammenbrach, wurde Warschau zum Sammel-becken von über 100 000 Soldaten. Ich selber lag am Stadtrand und bediente eines unserer wenigen modernen Flakgeschütze. Ganze 30 Stück davon hatten wir für die Verteidigung Warschaus zur Verfügung – ein Witz und ein Fehler der Armeeführung. Denn statt moderne Waffen zu kaufen, hielt die sich lieber 14 Kavallerie-Regimenter! Vom Fleisch Hunderter toter Pferde konnten die Warschauer wenigstens überleben – das war aber auch alles, wozu sie gut waren.

Die Deutschen warfen über unseren Stellungen Flugblätter ab, auf denen stand, wir sollten aufgeben. Aber Mitte September glaubten wir doch immer noch, unsere Alliierten im Westen, Frankreich und Großbritannien, würden uns helfen. Weit gefehlt, die fühlten sich hinter ihrer Maginotlinie und dem Kanal sicher, Polen stand allein.

Am schlimmsten habe ich den 25. September 1939 in Erinnerung; rund um die Uhr regnete es Bomben: Luftminen, Sprengbomben, Brandbomben – das ganze Arsenal einer modernen Luftwaffe. Unsere Jagdflieger waren entweder seit drei Wochen tot oder im Ausland. Unterstützt vom Dauerfeuer der schweren Artillerie konnten die deutschen Bomber machen, was sie wollten. Unsere wenigen Geschütze haben kaum noch etwas ausgerichtet. Ohnmächtig musste ich mit ansehen, wie deutsche Jäger jenseits der Reichweite unserer Flak aus Warschau fliehende Zivilisten zu Hunderten im Tiefflug niedermetzelten.«

Hitler kam es darauf an, die zahlenmäßig überlegenen Luftstreitkräfte des Gegners überfallartig auszuschalten und dann, ähnlich wie in Polen, auch in Nordfrankreich den Panzern den Weg freizubomben. Das Scheitern einer sol-chen Offensive, womöglich durch den Einsatz chemischer Geländesperren, konnte er nicht ausschließen. Für das britische Expeditionskorps waren aus-reichende Vorräte an Gasbomben angelegt worden, um 25 Prozent der ge-samten britischen Bomberwaffe für den Gaskrieg einzusetzen. Beide Seiten schlossen zwar einen Ersteinsatz aus, wollten dem anderen aber nicht ver-trauen und mussten daher für diesen Fall gerüstet sein. Entwickelte sich die Offensive für die Deutschen vorteilhaft, konnte man auf solche Kriegsmittel, die den eigenen Vormarsch eher behinderten, durchaus verzichten. Aber was würde passieren, wenn sich der Kampf im Westen doch in die Länge ziehen würde, wenn die Briten die Blockade verschärften und Stalin den Preis für seine Neutralität in die Höhe schrauben würde?

Weder Hitler noch sein Generalstab konnten das ausschließen; deshalb die Hochrüstung bis zum Frühjahr 1941, um ausreichend strategische Bomber He 177 und Munitionskapazitäten in der Hinterhand zu haben. Die Westmächte hofften natürlich, dass sich die Deutschen an der Maginotlinie verbluten würden. Große Lieferaufträge an amerikanische Flugzeugfirmen sollten den Ausbau der französischen Luftstreitkräfte sichern und auf den Einsatz von Gegenschlägen vorbereiten.

Beide Seiten stellten sich also auf alle Eventualitäten ein. Der strategische Bombenkrieg, unter Umständen sogar mit Gasbomben, wie von Douhet gefordert, war in dieser Phase trotz unzureichender Mittel jederzeit möglich. Sicher, die Grenze zum Terrorbombardement gegen die Zivilbevölkerung blieb fließend, aber außer Harris sowie manchen anderen Experten, die darin ein kriegsentscheidendes Konzept sehen wollten, zeigten sich Regierungen und Generalstäbe skeptisch. Der konventionelle Kriegsverlauf konnte sich natürlich jederzeit so entwickeln, dass man zum Bombenkrieg als letztem Ausweg greifen müsste, doch wer würde das Experiment wagen?

Hitler jedenfalls tat es nicht. Als er am 10. Mai 1940 den Frankreich-Feldzug eröffnete, kam es allerdings zu einem Zwischenfall, der durchaus zur Eskalation hätte führen können. Als Tausende Flugzeuge beider Seiten um die Luftherrschaft kämpften, verirrten sich drei deutsche Kampfflieger über dem Schwarzwald. In der Annahme, es würde sich um das französische Städtchen Dôle-Tavaux handeln, warfen sie in Freiburg sechs 50-kg-Bomben über dem Flugplatz und der Eisenbahnlinie ab. 57 Einwohner kamen ums Lebens, davon elf Soldaten. Um den peinlichen Zwischenfall zu vertuschen, erklärte die deutsche Propaganda sofort, französische Flugzeuge hätten deutsche Kinder getötet und damit den Bombenkrieg gegen Deutschland eröffnet. Hitler ließ erklären, dass jeder künftige Angriff fünffach mit Angriffen auf britische oder französische Städte vergolten werden würde.

Die Nazis begnügten sich mit der schrillen Anklage in der Weltöffentlichkeit. Die Alliierten mochten annehmen, der deutsche Diktator hätte sich offenbar nicht gescheut, die eigene Bevölkerung zu bombardieren, um die Wirkung zu testen und einen Vorwand für Bombenangriffe gegen die Westmächte zu schaffen. So absurd das auch klingt, es passte doch in das Erklärungsschema von der deutschen Urheberschaft des Bombenkrieges: Die Reihe erweiterte sich von Guernica und Wieluń nach Freiburg. Obwohl auch der Fall Freiburg schon vor Jahren wissenschaftlich aufgeklärt wurde,[42] ist die These nicht verstummt.

Die Reihe wurde länger, weil vier Tage nach dem Zwischenfall von Freiburg die deutsche Luftwaffe Rotterdam angriff und verheerende Verluste unter der Zivilbevölkerung verursachte. Aus strategischer Sicht kam dem deutschen Vorstoß durch Holland eine wichtige Bedeutung zu. Obwohl der Widerstand der holländischen Armee nur schwach war, hatte die Wehrmacht bei der Überwindung der »Festung Holland«, dem inneren Verteidigungsgürtel, einige

Titelseite eines Sonderbandes der Luftwaffen-Illustrierten »Adler«.

Zeitungsartikel aus »Der Alemanne« vom 10. Mai 1940.

Schwierigkeiten. Die Hafenstadt Rotterdam wurde als Teil dieser Linie verteidigt. Mehrfache Übergabeforderungen blieben erfolglos, so dass sich die deutschen Befehlshaber dazu entschlossen, ihrer Forderung durch einen Luftschlag gegen die Altstadt Nachdruck zu verleihen.

Durch die Haager Landkriegsordnung war ein solches Vorgehen völkerrechtlich legitimiert. Kurz bevor die ersten Bomben fielen, willigte der niederländische Kommandant in eine Kapitulation ein. Es gelang den vorderen deutschen Truppen aber nicht, alle anfliegenden Bomber zu stoppen. 43 Maschinen vom Typ He 111 konnten kurz vor dem Ziel durch Leuchtsignale zum Abdrehen veranlasst werden. Die 57 anderen aber warfen 97t Sprengbomben auf die Stadt. Wegen der hohen Bevölkerungsdichte in der engen mittelalterlichen Stadt kamen trotz der vergleichsweise geringen Zahl von Bomben fast 1000 Menschen ums Leben.[43]

In der britischen Propaganda wurden daraus 30 000 angebliche Opfer eines deutschen Terrorangriffs. In London hatte man auf einen solchen Vorfall geradezu gewartet. In Norwegen standen die Alliierten im April 1940 kurz vor einem Sieg in Narvik, als der Angriff der Wehrmacht im Westen am 10. Mai Paris und London dazu veranlasste, die Truppen aus Norwegen zu evakuieren. Am selben Tage hatte mit Winston Churchill ein Mann das Ruder in die Hand genommen, der entschlossen war, Hitler mit allen Mitteln Widerstand zu leisten. Als Erster Lord der Admiralität hatte Churchill bereits im Ersten Weltkrieg Erfahrungen mit der Wirksamkeit von Luftattacken gegen Deutschland gesammelt. Den Terrorbombenkrieg gegen die Zivilbevölkerung hatte er 1917 als unwirksam abgelehnt. Die Niederwerfung der feindlichen Armee sei

Der leichte britische Bomber Bristol »Blenheim«, schnell und mit großer Reichweite.

Die zerstörte Altstadt von Rotterdam nach dem Bombenangriff vom 14. Mai 1940.

das erste Ziel eines Krieges, wobei Verluste unter der Zivilbevölkerung unvermeidbar seien.[44] Jetzt sollte mit der zögerlichen Haltung des Kabinetts Schluss sein. Am 11. Mai, als sich die deutsche Propaganda über den Fall Freiburg erregte, wurde beschlossen, dem Bomber Command Angriffe auf das deutsche Hinterland freizugeben.

Aber man wartete einige Tage, bis man losschlug. Rotterdam bot den geeigneten Anlass. Am 16. Mai 1940 eröffneten die Briten den strategischen Luftkrieg gegen Deutschland. Die Offensive richtete sich gegen die deutsche »Rüstungsschmiede« im Ruhrgebiet und den norddeutschen Raum. Durch solche »Nadelstiche« konnte sicher keine Kriegsentscheidung herbeigeführt werden. Vielleicht aber, so spekulierten die Briten, ließ sich die Wehrmacht wie im Ersten Weltkrieg dazu verleiten, Jagdflieger von der Front abzuziehen, was den Kampf um die Luftherrschaft über Frankreich aus alliierter Sicht erleichtert hätte. Man beließ es bei militärischen und industriellen Zielen, um den Deutschen keinen Vorwand für Vergeltungsschläge gegen London zu liefern, beorderte aber vorsichtshalber alle Flugzeuge aus Frankreich zurück, die zur Verteidigung der britischen Inseln gebraucht wurden.

Die britische Luftkriegsstrategie war also keineswegs in sich schlüssig. Schon der erste Einsatz gegen das Ruhrgebiet in der Nacht zum 16. Mai konnte kaum als verheißungsvoll interpretiert werden. 96 zweimotorige Bomber hatten sich auf den Weg zum smogverhüllten und von starker Flugabwehr geschützten Industrierevier gemacht. Die anvisierten Raffinerien und Kraftwerke wurden nur von 24 Besatzungen überhaupt ausfindig gemacht. Sechs Maschinen gingen verloren. Die deutsche Luftwaffe hatte die Kanalhäfen mit Minen zu sperren versucht und geriet erst bei den Kämpfen um Dünkirchen stärker in den britischen Luftraum.

Zweifellos liegt die Verantwortung für den Beginn des strategischen Bombenkrieges bei Churchill. Ohne die militärische Katastrophe im Mai/Juni 1940 wären dem Bomber Command aber vermutlich die Hände gebunden geblieben. So waren die verlustreichen und wenig wirksamen Bombenangriffe für den britischen Premier auch nach dem Rückzug aus Frankreich das einzige Mittel, Deutschland direkt anzugreifen und so seinen Willen zu unterstreichen, den Krieg unter allen Umständen fortzusetzen. Nur »ein absolut verheerender Ausrottungsangriff mit überschweren Bombern«, so Churchill, würde die Deutschen »zur Vernunft« bringen.[45] Seine Hoffnung ruhte auf den zögerlichen Amerikanern, die ja nicht den Eindruck gewinnen durften, dass Europa für die Demokratie verloren sei. Trotzig telegrafierte Churchill daher Ende Juli 1940 an Roosevelt, dass er Hitler »schwere Schläge« versetze.[46]

Davon konnte überhaupt nicht die Rede sein. Hitler war auf dem Höhepunkt seiner Macht und Popularität. Er war zum Herren des Kontinentes aufgestiegen, um dessen Gunst Verbündete und Neutrale buhlten und dessen Autorität die Besiegten fürchteten. Der Zuwachs an wirtschaftlichen Ressourcen war so gewaltig, dass er befahl, die gedrosselte Konsumgüterproduktion in Deutschland wieder anlaufen zu lassen, um seinen »Volksgenossen« die Früchte des Sieges zu offerieren. Er hatte die Initiative in der Hand und konnte jederzeit und in jede Richtung zuschlagen. Die Angriffe des Bomber Commands blieben »Nadelstiche«, die wegen der völlig unzureichenden Zielausrüstung allerdings in den betroffenen Städten und Dörfern wie Terrorangriffe wirkten.

Nach der Siegesparade in Berlin versuchte Hitler mit einem »Friedensappell« Großbritannien für sich zu gewinnen, denn er richtete seinen Blick bereits nach Osten. Es waren für die Briten die schwierigsten und einsamsten Stunden. Mit ihrer schlecht bewaffneten Heimwehr hätten sie einen möglichen deutschen Landungsversuch, auf den sich die Wehrmacht bereits vorbereitete, wohl kaum abwehren können. Churchill war entschlossen, zur Verteidigung der Strände notfalls sogar Giftgas einzusetzen. Die Royal Navy blieb natürlich eine mächtige Waffe, deren Einsatz im Blockadekrieg jedoch nur noch mäßige Wirkungen zeigte. Die Deutschen waren nach den Eroberungen auf dem Kontinent in der Lage, eine Gegenblockade zu errichten. Andererseits wagte die Kriegsmarine mit ihren geringen Kräften nicht den Sprung über den Kanal. Die Luftherrschaft über Südostengland und den Kanal war aus der Sicht der Seekriegsleitung unbedingt erforderlich, um das »Unternehmen Seelöwe« starten zu können.

Am 1. August 1940 befahl Hitler den verschärften See- und Luftkrieg gegen England.[47] Weil er noch immer auf ein Einlenken der Briten hoffte, verbot er

Churchill beobachtet einen Luftangriff der Deutschen während der »Battle of Britain«, 1940.

ausdrücklich jeden Angriff auf London und auf zivile Ziele. Verstießen Besatzungen – absichtlich oder nicht – gegen diesen Befehl, wurden sie bestraft. Vorrang für Görings Geschwader hatte der neue Auftrag, die Luftherrschaft über dem Kanal zu erringen. Schon das erforderte alle verfügbaren Kräfte, da sich die Royal Air Force verbissen zur Wehr setzte. Kampfflieger attackierten Flugplätze, Radarstellungen und andere Einrichtungen der feindlichen Luftstreitkräfte vornehmlich in Südostengland. Dabei stellte sich heraus, dass die mittleren Bomber He 111 und die Stuka nicht ohne Jagdschutz eingesetzt werden konnten, die Jäger des Typs Me 109 der britischen Spitfire aber unterlegen waren. Besonders schmerzlich für die deutsche Luftwaffenführung wurde das Versagen der Me 110. Die zweimotorige Maschine war Mitte der 30er Jahre als Flugzeugzerstörer konzipiert und Anfang 1939 in die Luftwaffe eingeführt worden. Insgesamt wurden während des Zweiten Weltkrieges 6150 dieser Maschinen produziert. Bei den Luftkämpfen über England erlitten die Zerstörerverbände schwere Verluste. Der Typ konnte später nur noch als Aufklärungs- und Nachtjagdflugzeug eingesetzt werden.

Die mittleren Kampfverbände der Luftwaffe waren also bei ihren Bombenangriffen auf Ziele in England an die geringe Reichweite der Begleitjäger gebunden, die ihnen aber ohnehin keinen ausreichenden Schutz gegen die Spitfire bieten konnten. Ob in kleinen Gruppen oder bei Massenangriffen stießen die deutschen Bomber stets auf eine gut vorbereitete Flugabwehr. Der Abnutzungskrieg gegen die britischen Jäger blieb ebenso erfolglos wie die Ausdehnung der deutschen Angriffsfront durch den Einsatz von Norwegen aus. Die geringe Reichweite und die massive Gefährdung der deutschen Kampfflieger machten es unmöglich, alle strategisch wichtigen Ziele in Großbritannien zu treffen. Die Briten nutzten das verbliebene Hinterland sowie ihr weltweites Empire, um ihre Kriegswirtschaft und Rüstung aufrechtzuerhalten und zu stärken. Hier machte sich für die Deutschen das Fehlen einer strategischen Bomberflotte mit stark bewaffneten Langstreckenbombern bemerkbar. Aber der Generalluftzeugmeister arbeitete ja bereits fieberhaft an der Serienreife der He 177.

Der 13. August 1940 war von Göring zum »Adlertag« bestimmt worden, dem Beginn des verschärften Luftkrieges, um das »Unternehmen Seelöwe« vorzubereiten. Dafür waren u. a. 702 Jäger, 227 Zerstörer sowie 875 Bomber und 316 Stukas an der Kanalfront zusammengezogen worden. Bereits am ersten Tag gingen 55 Flugzeuge verloren. Selbst bei einem Gleichstand der Verluste in den folgenden Tagen zogen die Verteidiger einen Vorteil aus der Situation, dass die Besatzungen notfalls über eigenem Territorium abspringen konnten, während jeder Absturz einer deutschen Maschine zwangsläufig auch zum Verlust und zu Gefangennahme des Piloten führte. Zur Überraschung der Deutschen erwies sich die britische Industrie in der Lage, die laufenden Verluste auszugleichen und mehr Flugzeuge zu produzieren als die deutsche Seite. Bald fehlten der Royal Air Force vor allem erfahrene Piloten, die man teilweise durch Freiwillige aus anderen Ländern ersetzte.

Am 16. August griffen britische Bomber im Gegenzug sogar die italienischen Flugzeugfabriken in Turin und Mailand an – eine Warnung an den »Duce«, der eine Parallelkriegführung betrieb, um die Briten aus dem Mittelmeerraum zu vertreiben. Die Kämpfe um die Luftherrschaft über Südostengland brachten hohe Verluste für beide Seiten, zudem intensivierten deutsche Kampfflieger die Verminung der Kanalhäfen und der Themse, um die britische Wirtschaft zu schädigen – im Hinblick auf das geplante Landungsunternehmen ein pro-

Die St.-Pauls-Kathedrale in London nach einem Luftangriff im Jahre 1940.

blematisches Vorgehen. Doch der Einsatz der Bomber im Rahmen einer See-blockade der britischen Inseln erhöhte zweifellos den Druck auf die britische Regierung, ohne direkt die Zivilbevölkerung zu treffen.

Im Zuge solcher Angriffe fielen am 24./25. August 1940 weit verstreut einzelne deutsche Bomben auf das Stadtgebiet von London – erstmals seit Beginn des Zweiten Weltkrieges. Nach zeitgenössischen Berichten traten dabei nur geringfügige Schäden auf, und die britische Geschichtsschreibung hat später bestätigt, dass es sich um Fehlschläge deutscher Flieger gehandelt hat.[48] Für Churchill bot das aber den willkommenen Anlass, mit einem direkten Angriff des Bomber Commands auf Berlin zu antworten. 81 mittlere Bomber machten sich sofort auf die lange und gefährliche Flugstrecke. Nur wenige fanden bei schlechtem Wetter das Ziel; sie richteten ebenfalls nur geringe Schäden an.

Die Briten setzten ihre Luftoffensive gegen die Reichshauptstadt dennoch fort. Ein zweiter Angriff traf ein Wohnviertel am Görlitzer Bahnhof und tötete zehn Bewohner, 28 wurden verletzt. Eine dritte Attacke am 30. August galt der Siemensstadt mit ihren Rüstungsbetrieben. Bislang hatte die deutsche Luftwaffe bei der Luftschlacht über England mit dem Verlust von 252 Jägern und 215 Bombern fast ein Viertel ihrer eingesetzten Kräfte eingebüßt. Die briti-

George Wheeler
Feuerwehrmann während des »Blitz«-Angriffes auf London im September 1940.

»Als ich Ende 1938 zur Londoner Feuerwehr ging, erfüllte sich mein Jugendtraum; seit ich denken kann, bin ich von Feuer fasziniert. Ich habe die Feuerwehrleute immer beneidet – noch wusste ich ja nicht, was auf uns zukommen sollte.

1940 war noch nicht viel passiert, obwohl wir seit einem Jahr Krieg gegen Deutschland führten. Am 7. September 1940 änderte sich alles mit einem Schlag. Ich war bei meinen Eltern in Greenwich, oberhalb des Parks. Am Nachmittag erklangen wie so oft zuvor die Sirenen. Doch diesmal war es kein falscher Alarm. Lilly, meine spätere Frau, rief mich von der Feuerwache in Whitechapel im East End an. Sie war dort Telefonistin. ›George, du musst sofort zum Dienst kommen. Wir haben Großalarm‹, rief sie aufgeregt durch den Hörer. ›Große Bomberverbände der Deutschen sollen sich im Anflug auf London befinden.‹ Ich machte mich sofort auf die Socken. Unterwegs sah ich Leute, die zum Himmel emporschauten. Ich folgte ihren Blicken. Da sahen wir sie kommen: Hunderte kleiner, schwarzer Punkte, sie flogen von der Themse-Mündung heran. Ich war schon über die Tower Bridge gefahren, als die ersten Bomben fielen. Zunächst traf es die Docks: 250-kg-Bomben, 500-kg-Bomben und Luftminen, die die Größe eines Telefonhäuschens hatten und lautlos an einem Fallschirm niederschwebten. Es war ein unbeschreibliches Donnern und Krachen. Ich schmiss mich immer wieder lang hin und hoffte, dass keine der Bomben meinen Namen trug. Als ich endlich die Feuerwache erreichte, war mein Erschrecken riesengroß; eine schwere Bombe war direkt davor explodiert und hatte die ganze Straße in die Luft gejagt. Alle Türen der Wache hatte es herausgerissen, ebenso die Fenster. Ich eilte zu Lillys Büro. Sie saß auf dem Boden und weinte, einen Kollegen in den Armen, der im Sterben lag. In seinem Rücken steckten mehrere lange Glasscherben. Er hatte vor dem Fenster gestanden, als sich die Explosion ereignete.

Ich wurde dann gleich weitergeschickt, um Nachrichten bei verschiedenen Einheiten draußen im Bezirk einzusammeln.

Jetzt hatten wir also unseren Großbrand, einen, den ich gar nicht mehr faszinierend fand. Auf dem Weg sah ich die ersten Toten in meinem Leben. In den Straßen und Parks waren zu Kriegsbeginn Schutzräume gebaut worden, die aus Backsteinmauern bestanden und eine rund 20 cm dicke Decke aus Beton hatten. Die Explosion einer Luftmine hatte die Mauern weggefegt, und die Betonplatte war auf die armen Menschen im Innern gefallen. Wir konnten die Toten nicht zählen, denn sie waren alle zu einer unkenntlichen Masse zerquetscht worden. An diesem Tag schwor ich mir: Du wirst niemals einen Bunker betreten! Und – ich lebe noch!«

Ulrich Steinhilper
Jagdflieger und Pilot einer Me 109 während
der »Battle of Britain« 1940.

»Unsere Hauptaufgabe während der Luftschlacht um England war der Geleitschutz für unsere Bomber. Doch scheinbar hatte sich vor dem Krieg keiner in der Führung der Luftwaffe darüber Gedanken gemacht, wie das in der Praxis aussehen sollte. Die waren ja alle noch aus dem Ersten Weltkrieg. Für die war der Jagdflieger ein heroischer Einzelkämpfer.

Wir hatten zwei gravierende Probleme: Es gab zwischen den Bomberpiloten und den Jagdfliegern keine Funkverbindung! Das heißt, wir konnten uns nicht miteinander absprechen, was koordinierte Aktionen sehr schwierig machte und oft sogar im Tod endete. Denn dadurch, dass wir keinen Funk hatten, mussten wir Jäger auf Gedeih und Verderb den Bombern folgen. Und da trat Problem Nummer zwei auf: Die Reichweite unserer Maschinen, der Me 109, war viel geringer als die der Bomber. Unser Sprit reichte gerade mal bis London und zurück. Luftkämpfe mit den schnellen Spitfire-Jägern der Royal Air Force konnten wir uns gar nicht leisten. Ich selbst habe einmal fast meine ganze Gruppe verloren, als ein Verband von Ju 88-Bombern weit über sein Ziel hinaus flog und wir an ihm dran bleiben mussten. Auf dem Rückflug musste ich mit ansehen, wie einer nach dem anderen von uns ins Wasser fiel. Es war kalt und stürmisch. Deshalb konnten nur zwei Piloten von der Seenotrettung aus dem Meer gefischt werden, 19 Piloten starben – nur weil ihre Tanks leer geflogen waren.«

schen Verluste lagen mit 359 Maschinen geringfügig darunter. Interessant ist das Mengenverhältnis der eingesetzten Bombenarten auf deutscher Seite; im August wurden 4447 t Sprengbomben, aber nur 191 t Brandbomben auf England abgeworfen. Seit Guernica wusste man, dass nur ein hoher Anteil an Brandbomben zu großflächigen Verwüstungen führte. Görings Luftwaffe hatte also die Befehle Hitlers eingehalten und sich auf Präzisionsangriffe gegen militärisch relevante Ziele beschränkt.

Die geringen Bombenlasten und wenigen Treffer konnten das Bomber Command nicht ernsthaft glauben machen, damit die militärische Kraft und die »Lebenszentren« Deutschlands zu zerstören oder gar den Widerstand der deutschen Bevölkerung derartig zu mobilisieren, dass ein Aufstand das NS-Regime hinwegfegen würde. Die britische Regierung stand unter einer sehr viel stärkeren Belastung, auch wenn die unmittelbaren Verluste der eigenen Zivilbevölkerung kaum zu Buche schlugen: Die bisherigen Angriffe gegen militärisch-wirtschaftliche Ziele auf Reichsgebiet hatten keine messbare Wirkung erzielt und die deutsche Kriegswirtschaft nicht spürbar geschwächt. Allein die Anzahl verfügbarer Maschinen reichte dafür nicht aus, auch wenn

London nach heftigen Bombardements der Luftwaffe im April 1941.

im Einzelfall erhebliche Schäden erzielt wurden – bereits am 20. Mai 1940 traf es den größten Gasometer der Welt in Gelsenkirchen. Treffer in Kiel sorgten dafür, dass sich der Einsatz des Schweren Kreuzers »Prinz Eugen« um vier Wochen verzögerte. Treffer an der Kanalüberführung des Dortmund-Ems-Kanals bei Münster behinderten für Wochen den Schiffsverkehr. Insgesamt aber beurteilte der Zielplanungsstab im Londoner Air Ministry die Ergebnisse als enttäuschend. Nicht zu unterschätzen war allerdings die psychologische Wirkung, die jene »Nadelstiche« gegen die deutsche Hauptstadt erzielt hatten, weniger bei der deutschen Bevölkerung als bei Hitler selbst.

Die lästigen britischen Nachtangriffe auf Berlin widersprachen dem Bild, das die deutsche Propaganda von der scheinbar glänzenden politischen und militärischen Lage zeichnete. Sie zeigten, dass Görings Luftabwehr die Bomber nicht völlig aufhalten konnte und die frühere prahlerische Ankündigung des jetzt zum »Reichsmarschall« ernannten Luftwaffenchefs, er werde »Meier« heißen, wenn je eine feindliche Bombe auf das Ruhrgebiet fallen würde, allzu leichtsinnig gewesen war. Besonders empfindlich fühlte sich Hitler selbst in seinem Prestige getroffen, wie seine Reaktion nach insgesamt fünf britischen Attacken auf Berlin zeigte.

Bomben, die auf die Hauptstadt fielen, konnten unabsehbare außenpolitische Folgen haben. Wenn die Vertreter verbündeter oder neutraler Staaten darüber in die Heimat berichteten bzw. die Weltpresse entsprechende Informationen verbreitete, erinnerte jede dieser Meldungen daran, dass Großbritannien, obwohl es nun allein im Kampf gegen das »Dritte Reich« stand, sich nicht unterwerfen wollte. Mochte die Zahl der britischen Bomber am nächtlichen Himmel über Berlin auch klein sein, sie riefen in Erinnerung, dass die Deutschen bei der Luftschlacht über England keinen durchschlagenden Erfolg erzielten, während die Briten mit ihren Bombern die im Aufbau befindliche Invasionsflotte in den Kanalhäfen kurz und klein schlugen. Jede wild feuernde Flakbatterie am Stadtrand von Berlin machte deutlich, dass der Krieg weiterging, dass die Briten im Mittelmeer erfolgreich waren und sie die Italiener in die Schranken verwiesen.

Die wenigen Bomben auf Berlin waren ein psychologischer Störfaktor bei den Planungen für den Überfall auf die UdSSR. Sie erinnerten den Generalstab – bei aller Zuversicht und trotz überschäumendem Selbstvertrauen – an die Gefahr eines möglichen Zweifrontenkrieges, den Hitler bereits in »Mein Kampf« als den entscheidenden Fehler der Deutschen im Ersten Weltkrieg bezeichnet hatte. Bomben auf Berlin konnten Hitlers wichtigsten strategischen Partner Stalin ermutigen, den Preis für die Zusammenarbeit immer höher zu schrauben. Ohne einen Schuss war es ihm möglich, sein Terrain zu vergrößern und seine Rüstungen ungestört zu forcieren.

Kein Wunder, dass es Hitler plötzlich eilig hatte, die Vorbereitungen für den Überfall im Osten in Angriff zu nehmen. Damit konnte er zugleich Englands

»Festlandsdegen« zerbrechen, wie er gegenüber seinen Generalen den Angriffsplan rechtfertigte. Nur die Hoffnung auf ein Eingreifen Russlands treibe Churchill zur Fortsetzung seines Widerstandes. Mit der Zerschlagung dieser Hoffnung würde man zugleich ein riesiges Wirtschaftspotential erobern, das Deutschland für alle Zeiten unangreifbar mache. Gestützt auf den riesigen »Ostraum« könnte man dann auch den »Kampf gegen Kontinente« führen.[49]

Das Tagebuch von Joseph Goebbels, als Propagandaminister und als Gauleiter von Berlin doppelt von den lästigen Bombenangriffen tangiert, enthüllt die aufgeheizte Stimmung Hitlers und seiner Führungsclique. Sehnsüchtig wartete man auf die Kapitulation der Briten. Jeder Bombenkrater in Berlin nährte den Zweifel daran, dass wirklich schon alles durchgestanden war und man sich auf die Nachkriegsplanungen stürzen konnte, mit denen in vielen Büros von Industrie, Wehrmacht und nicht zuletzt der SS begonnen worden war. Nach fünf britischen Angriffen auf Berlin verlor Hitler die Geduld. Am 4. September 1940 geriet er bei einer Rede im Berliner Sportpalast außer sich und kündigte Vergeltung an. Man werde »diesen Nachtpiraten das Handwerk legen, so wahr uns Gott helfe«.

> Hitler in seiner Rede am 4. September 1940:
> »Und wenn die britische Luftwaffe zwei- oder drei- oder viertausend Kilogramm Bomben wirft, dann werfen wir jetzt in einer Nacht 150 000, 180 000, 230 000, 300 000, 400 000, eine Million Kilogramm. Wenn sie erklären, sie werden unsere Städte in großem Ausmaß angreifen – wir werden ihre Städte ausradieren!«[50]

Doch die Briten gaben keine Ruhe. Nachdem in der Nacht zum 7. September 1940 erneut britische Bomben auf die Hauptstadt gehagelt waren, ordnete der Diktator einen sofortigen massiven Vergeltungsschlag gegen London an. Churchills Lage war verzweifelt: Einerseits musste er darauf hoffen, dass die Bombenangriffe auf London wie im Ersten Weltkrieg den Widerstandswillen der Bevölkerung stärkten, sofern sich die eigene Regierung hart zeigte und die Luftverteidigung funktionierte, andererseits könnte eine geschickte Propaganda der britischen Bevölkerung und der Weltöffentlichkeit den Eindruck vermitteln, dass die Deutschen ihre Politik des Luftterrors nach Guernica und Warschau nun gegen London richteten – auch wenn ein Vergeltungsangriff völkerrechtlich abgesichert war, weil er die Briten zur Einstellung ihres Fernbombardements zwingen wollte.

Der deutsche »Blitz« gegen England

Noch am 7. September 1940 nahmen deutsche Kampfflugzeuge nicht nur Kurs auf britische Flugplätze, sondern griffen auch mit rund 300 Maschinen gezielt London an. Zunächst als Vergeltung gedacht, wurde wegen der massiven britischen Abwehr sofort eine neue Taktik nötig. Statt durch Angriffe auf die Stützpunkte der Royal Air Force die britischen Jäger herauszufordern und in harten Kämpfen zu dezimieren, erhoffte man sich das gleiche Ergebnis von Bombardements der britischen Hauptstadt. Mit der Entscheidung, die bereits stark angeschlagenen deutschen Kampfgeschwader nicht gegen Radarstellungen, Jägerflugplätze und Leitstellen zu richten, sondern gegen die stärksten Abwehrriegel zum Schutze Londons, beging Görings Luftwaffe wahrscheinlich ihren größten Fehler. Jeder deutsche Bombenangriff auf die riesige Zielfläche an der Themse stärkte letztlich die britische Luftverteidigung, während durch Brände im Hafengebiet und in den Docks, durch Treffer im Regierungs- und Geschäftsviertel, durch Zerstörungen an den Bahnanlagen und angrenzender Wohngebiete die Deutschen keinen Vorteil erringen konnten. Die Verwüstungen hielten sich in vergleichsweise engen Grenzen, und auch die Verluste unter der Bevölkerung ließen sich durch die gut organisierten Hilfsmaßnahmen eindämmen.

Der 15. September wurde zum »Battle of Britain«-Tag, der Entscheidung über die Luftherrschaft. Der Versuch deutscher Kampfgeschwader, in massiven Formationen nach London durchzubrechen, endete in heftigen Luftkämpfen, wobei doppelt so viele deutsche Maschinen (56) verloren gingen wie britische (26). Die Abwehr zeigte sich ungebrochen. Unter diesen Umständen blieb Hitler nichts anderes übrig, als das »Unternehmen Seelöwe« bis auf weiteres zu verschieben und sich zunächst auf den Überfall auf Russland für das kommende Frühjahr zu konzentrieren, um sich dann wieder – falls notwendig – gegen die britischen Inseln zu wenden.

Hitler suchte gegen Großbritannien keine militärische Entscheidung im Sinne einer vollständigen Vernichtung des Gegners. Für ihn war es kein Duell auf Leben und Tod – für Churchill schon. So blieb der deutsche Diktator in den folgenden Monaten militärisch in der Defensive und reagierte lediglich auf britische Vorstöße und punktuelle Angriffe an der Peripherie des deutschen Machtbereiches. Stattdessen ergriff er die politische Offensive, um durch den Abschluss des Dreimächtepaktes mit Japan Großbritannien vom Fernen Osten her unter Druck zu setzen. Verhandlungen mit Frankreich und Spanien sollten den deutschen Einfluss ebenso absichern wie das diplomatische Eingreifen auf dem Balkan. Auch die Verhandlungen um einen neuen Wirtschaftsvertrag mit der UdSSR und einen möglichen Beitritt der UdSSR zum Dreimächtepakt waren Teil dieser politischen Aktivitäten, die London entmutigen und vom Kontinent vertreiben sollten. Lediglich die eigensinnigen Aktionen

Sir Edward Fennessy
Mitarbeiter von Radar-Erfinder Watson-Watt.
Die Neuerung entschied die »Battle of Britain«.

»Ohne Radar hätten wir die ›Battle of Britain‹ verloren, da besteht für mich kein Zweifel. Denn wenn wir unsere Jagdflieger nicht ziemlich genau gegen die einfliegenden Bomberverbände und feindlichen Jagdflugzeuge in Stellung gebracht hätten, wären die Deutschen glatt durchmarschiert. Sechs Jahre vor dem Krieg hatten wir nur die großen Beton-Reflektoren bei Dover zur akustischen Fernortung von Flugzeugen. Die reichten gerade mal 20 Kilometer weit. Ein junger Wissenschaftler im Air Ministry schrieb einen Bericht mit der Schlussfolgerung, dass wir den nächsten Krieg verlieren würden, wenn uns nichts Besseres einfiele. Der Zufall wollte es, dass zur selben Zeit das Gerücht von den ›Todesstrahlen‹ umging, mit denen die Deutschen angeblich Flugzeuge zum Abschuss und sogar die Piloten zum Kochen bringen sollten. Watson-Watt, der in der Hochfrequenz-Technik forschte, bekam den Auftrag, dieses Gerücht zu überprüfen. Wir richteten Radiostrahlen auf einfliegende Flugzeuge. Dabei fiel uns auf, dass das Flugzeug den Strahl reflektierte und ein Signal auf dem Oszillograph erzeugte.
Nach dem Zweiten Weltkrieg lernte ich General Wolfgang Martini kennen, den ehemaligen Chef des Nachrichtenwesens bei der Luftwaffe. Wir wurden gute Freunde, und er erzählte mir zu meinem großen Erstaunen, dass sein Boss, Generalfeldmarschall Göring, bis 1942 die Bedeutung des Radars nicht erkannt habe oder erkennen wollte. Er war sogar dagegen, Bomber einzusetzen, um die Radarstationen unserer ›Home Chain‹ zu zerstören. Martini hatte Göring angefleht, der aber meinte, diese Radiomasten hätten keine Bedeutung. Ein Glück für uns 1940, dass Deutschland ein totalitärer Staat war, in dem die Führer glaubten, im Besitz aller Weisheit zu sein.«

seines italienischen Verbündeten zwangen Hitler dazu, in Nordafrika und gegen Griechenland militärische Unterstützung zu leisten, um eine Blamage für Mussolini zu verhindern.

Hitler hätte den Sieg gegen England wohl leicht erringen können, wenn er bereit gewesen wäre, gemäß der Maxime Douhets alles auf eine Karte zu setzen. An der Kanalfront kommandierte Luftwaffengeneral Grauert seine Geschwader, der 1925 den Luft-Gaskrieg in Marokko erprobt hatte. Er hätte den Briten einen tödlichen Schlag gegen Flugplätze, Rüstungsfabriken und zivile Wohnviertel versetzen können. Eine prompte Vergeltung Churchills mit Gasattacken gegen Berlin wäre zu verschmerzen gewesen. Hitler dürfte außer der Sorge um die Reaktion der Weltöffentlichkeit auch die Rücksicht auf die eigene Bevölkerung von einem solchen Vorgehen abgehalten haben. In ihrer Siegeseuphorie erhofften sich die Deutschen ein baldiges Kriegsende. Ein Übergang zum radikalen Bombenkrieg hätte mit Sicherheit zu einem schweren Stimmungseinbruch geführt und die laufende Planung für einen Feldzug im Osten behindert.

Eine Maschine vom Typ He 111 bei einem Tagesangriff auf London über der Themseschleife im Herbst 1940.

Hitler hatte also allen Grund, die Kriegführung gegen den einzig verbliebenen Gegner nicht überstürzt und hemmungslos zu intensivieren. So willkommen ein britisches Nachgeben gewesen wäre, eine katastrophale Niederlage Großbritanniens und eine zertrümmerte oder vergiftete Insel lagen nicht in seinem Interesse. Noch sah er in den Engländern potentielle Verbündete für den globalen Kampf. So gesehen war jede Versenkung eines britischen Schlachtschiffes oder Flugzeugträgers eigentlich ein unersetzbarer Verlust für eine mögliche Auseinandersetzung mit den USA. Die deutsche Marineführung erweiterte zwar bereits ihre Neubaupläne, doch bevor sie mit eigenen Großkampfverbänden auf allen Weltmeeren hätte präsent sein können, wären viele Jahre vergangen. Eine politische Verständigung mit London hätte Hitler den Weg zum »Endsieg« und damit zur Weltherrschaft freigemacht. Die Durchsetzung der deutschen Luftherrschaft über die britische Hauptstadt wäre dafür der Wendepunkt gewesen. Doch die Spitfire-Jäger behaupteten das Feld und machten jeden Anflug deutscher Kampfflieger zum Todesritt. Ein Nachlassen der deutschen Luftangriffe hätte freilich einen Prestigeverlust nach sich gezogen. So setzten beide Seiten ihre Angriffe auf gleichem Niveau fort, wobei die Bomber stärker auf Einsätze in der Nacht auswichen.

Als Hitler die Landung in England »bis auf weiteres« verschob, warfen in der Nacht dieses 17. September 1940 568 deutsche Kampfflieger 684 t Sprengbomben und 36,6 t Brandbomben (1019 »Brandschüttkästen« mit jeweils 36 Brandbomben von einem Kilogramm) auf London ab. Bei diesem Mischungsverhältnis blieben die Brandherde für die Feuerwehr beherrschbar. Der Angriff wurde in der nächsten Nacht wiederholt. Das Bomber Command antwortete sechs Tage später mit dem Einsatz von 119 mittleren Bombern gegen Berlin. Wegen des schlechten Wetters erreichten nur 48 Maschinen das Ziel. Die Bomben richteten nur geringe Schäden an und töteten 22 Einwohner der Millionenmetropole. Auch hier folgte in der nächsten Nacht ein zweiter Angriff, der sich mit einem deutschen Raid gegen London kreuzte. Mit 256 t Bomben übertrafen Görings Geschwader erneut die »Leistung« der Briten.

Insgesamt hatten die Deutschen im September 1940 auf dem Höhepunkt der Luftschlacht um England 20-mal so viele Sprengbomben auf London abgeworfen wie die Briten auf Berlin (7260 t zu 390 t). Die Toten unter der britischen Zivilbevölkerung hatten sich vom Juli (258) und August (1075) auf 6954 im September gewaltig erhöht.[51] Damit war Hitlers öffentliche Drohung zu Beginn dieses Monats, er werde die britischen Städte »ausradieren«, keinesfalls umgesetzt worden. Auf London waren zahlreiche Treffer niedergegangen, doch die lebenswichtigen Einrichtungen der Metropole wurden ebenso wenig nachhaltig zerstört wie die Moral der Bevölkerung. In Berlin empfand man die britischen Bombenabwürfe zwar als ärgerlich, doch die Bautrupps von Hitlers Lieblingsarchitekt Albert Speer rissen für die geplanten Neubauten mehr Häuser ein als zur gleichen Zeit nächtens von den Briten zerstört wurden. Baubataillone aus Kriegsgefangenen verrichteten die Aufräumungs-arbeiten. Sie waren hauptsächlich mit der Reparatur von zerbrochenen Fens-terscheiben und Hausdächern beschäftigt – bezeichnend für das geringe Aus-maß der Luftkriegsschäden in Deutschland in den Jahren 1940/41, bevor die Briten mit dem Flächenbombardement und der Feuerwalze Ernst machten.

Unmittelbar nach Hitlers Drohung, die von der gegnerischen Propaganda vermutlich als »Geschenk« betrachtet wurde, unterbreitete der Generalstabs-chef der Luftwaffe Jeschonnek den Vorschlag, gezielte Angriffe auf britische Wohnviertel zu fliegen, um eine Massenpanik unter der Zivilbevölkerung zu erzeugen. Doch Hitler hatte den Vorschlag intern verworfen. Solange es kriegs-wichtige Ziele gebe, sollten diese bombardiert werden; das sei »immer das Wichtigste«, weil so Werte zerstört würden, die nicht zu ersetzen seien. Das gelte auch für London, wo sich die Luftwaffe auf »kriegswichtige« Ziele und lebensnotwendige Einrichtungen der Stadt einschließlich der Bahnhöfe kon-zentrieren sollte. »Terrorangriffe gegen reine Wohnviertel« anzuordnen, so Hitler, behalte er sich weiterhin vor. Sie seien ein »letztes Druckmittel« und sollten »daher jetzt noch nicht zur Anwendung kommen«.[52]

Die Bereitschaft der Luftwaffenführung, Terrorangriffe zu fliegen, wenn er es befohlen würde, konnte der »Führer« voraussetzen. Jeschonnek hatte in

Eine deutsche Ju 87 auf dem Rückflug von England.

Gerald »Stapme« Stapleton
Spitfire-Pilot in der »Battle of Britain« bei
Luftkämpfen mit deutschen Jägern.

»Wir waren verdammt jung, und wir hatten eine Menge
Spaß. Ich hatte nie Angst, im Gegenteil. Meine Kameraden nervte ich damit, beim Fliegen mit dem Funkgerät
nach Radiofrequenzen im Äther zu suchen. Mir kam das
alles nicht wie Krieg vor, eher wie ein Spiel. Man muss
bedenken, dass diese Luftkämpfe mit den deutschen
Jägern eine unglaublich schnelle Sache waren. Das lief
ab im Bruchteil von Sekunden, und ob man traf oder getroffen wurde, hatte eine Menge mit Glück zu tun.

An den heißen Tagen im August und September 1940, dem Höhepunkt des Kamp-
fes, waren wir manchmal rund um die Uhr im Einsatz. Das ganze Land war ja aus
Furcht vor einer Invasion der Nazis mobilisiert. Doch alle wollten irgendwie ein Stück
Normalität bewahren. Ich werde nie vergessen, wie ich bei einem Luftkampf über
Kent angeschossen wurde und mit letzter Kraft auf einem Stoppelfeld landete. Das
Fahrwerk brach bei der Landung ab, und ich schlitterte in eine hohe Hecke, die über
und über mit wildem Wein bewuchert war. Mit Mühe hangelte ich mich aus dem
Cockpit, die Weinranken klammerten sich fest an meinen Overall. Den Fallschirm auf
der Schulter, mit Weinblättern an meiner Piloten-Kombi, torkelte ich übers Feld zu
einem kleinen Wäldchen. Da hörte ich Stimmen. Unter einem großen Baum stand
ein schwarzer Austin, daneben saß auf einer Decke eine Familie und picknickte. Der
kleine Sohn zeigte immer wieder nach oben. Mein Blick folgte seinem Finger, und ich
sah über uns ein wildes Muster von Kondensstreifen – meine Kameraden lieferten
sich immer noch harte Kämpfe mit den Me 109, und diese Familie machte einen
Ausflug mit Sightseeing. Die Frau bot mir höflich eine Tasse Tee an, und ich bedank-
te mich artig. Und dann saßen wir auf der Decke, beobachteten den Himmel und
warteten, bis mich ein Suchtrupp aufsammelte.«

Marokko, in Spanien und Polen sowie in den Niederlanden weder eine massive Abwehr vorgefunden, noch hätten die Gegner Vergeltungsangriffe gegen
Berlin fliegen können. Und offenbar war Jeschonnek auch wenig beeindruckt
von den letztlich unerheblichen Angriffen des RAF Bomber Commands auf
die Reichshauptstadt im Herbst 1940. Es lag allein bei Hitler, eine Entscheidung zu treffen – und er wollte zu diesem Zeitpunkt keine gezielten Terrorangriffe. Es spricht sehr dafür, dass er sich dieses »letzte Druckmittel« vorbe-
hielt für einen Zeitpunkt nach der Eroberung von »Lebensraum im Osten«
und der Auslieferung der He 177-Fernbomber, falls die Briten nicht einlenkten
und sich nicht die Welt mit ihm teilten.

Im Oktober 1940 setzten beide Seiten das Geplänkel mit ungleichen Kräften fort. Die Deutschen richteten die Hälfte ihrer Angriffe auf London und
warfen im Vergleich zum Vormonat etwa die gleiche Menge an Sprengbom-

ben ab, der Anteil der Brandmunition verringerte sich sogar um die Hälfte (7160 t Sprengbomben, 170 t Brandbomben). Nachdem die Briten in der Nacht zum 8. Oktober ihren bislang schwersten Angriff auf Berlin geflogen und mit 30 Maschinen 25 Zivilisten getötet hatten, traf die britische Hauptstadt eine Woche später wieder die mehr als zehnfache Wucht deutscher Vergeltung. Die Briten reagierten mit einzelnen Nachtangriffen gegen norddeutsche Städte.

Bis Ende Oktober lag die Zahl der getöteten Briten mit 15 000 bereits zehn Mal so hoch wie im gesamten Ersten Weltkrieg. In Deutschland waren es knapp 1000. Schrittweise entwickelte sich der Bombenkrieg zu jener Geißel, von der sich die einen den schnellen Sieg erhofft hatten und die anderen ahnten, dass dieses Experiment das Tor zur Hölle öffnen würde. Der neue Chief of the Air Staff, Sir Charles Portal, hatte seine ursprüngliche Auffassung, eine »Strategie des unterschiedslosen Schreckens, mit dem Ziel des Tötens von Zivilisten« sei »töricht und unwirtschaftlich«, inzwischen teilweise aufgegeben. Angriffe auf militärische Ziele sollten laut Kabinettsbeschluss vom 30. Oktober zwar die Regel sein, die deutsche Zivilbevölkerung in der Umgebung dieser Ziele wollte man den Krieg durchaus spüren lassen. Portal war entschlossen, mit einer neuen Offensive rund 30 Städte zu treffen, die in kurzen Abständen mit bis zu 100 Bombern attackiert werden sollten, um den »Widerstandswillen des deutschen Volkes« endgültig zu brechen.[53]

In der ersten Novemberhälfte herrschte relative Ruhe, und die Aufmerksamkeit verlagerte sich auf die politische Bühne. Besondere Sorgen bereiteten Hitler die kriegswichtigen rumänischen Ölquellen. Ein britischer Schlag auf Stützpunkte im östlichen Mittelmeer würde seinen geheimen Aufmarsch gegen die UdSSR empfindlich treffen. So wurden die deutschen Flak- und Fliegerverbände in diesem Raum verstärkt. Rumänien, das gerade erst durch Hitlers Wiener Schiedsspruch große Gebiete an Ungarn verloren hatte, geriet immer stärker in den Sog der deutschen Kriegführung.

Mit dem Besuch des sowjetischen Außenministers Molotow in Berlin am 12./13. November 1940 hatte Hitler den politischen Druck auf London verstärken wollen. Besonders peinlich war es für ihn, nach den prahlerisch optimistischen Beschreibungen der Kriegslage den Gast wegen eines Fliegeralarms in den Luftschutzkeller bitten zu müssen. Die Gespräche blieben ergebnislos, aber in der darauffolgenden Nacht unternahmen Görings Kampfflieger einen massiven Angriff gegen das mittelenglische Rüstungszentrum Coventry, das Herz der britischen Luftrüstung. Die 17 Fabriken im Zentrum der Stadt waren zweifellos ein wichtiges und legitimes Ziel, was später auch die britische Seite so sah.[54] Aber die außergewöhnlich enge Verflechtung von Rüstungsbetrieben und Wohngebieten ließ von vornherein eine größere Zahl von zivilen Opfern erwarten. Da Görings Geschwader den sicheren Nachtangriff bevorzugten, war nach dem damaligen Stand der Technik ohnehin kein Präzisionsbombardement möglich. Die neben den Fabriken wohnenden Arbeiter als Teil

Coventry nach schweren Luftangriffen im November 1940.

des kriegswichtigen Zielobjektes zu betrachten entsprach dem Geist der Zeit; es regierte kühle Zweckmäßigkeit. Wollte man einen schnellen Wiederaufbau bzw. eine Wiederinbetriebnahme zerstörter Anlagen verhindern oder zumindest so lange wie möglich erschweren, mussten auch die Arbeiter angegriffen werden. Für reinen Terror hätten andere, »leichtere« Ziele zur Auswahl gestanden.

Wenn Göring also die »Vernichtung der Stadt Coventry« befahl,[55] dann richtete sich der Angriff auf das Stadtzentrum als militärisch wichtigem Ziel, bei dem nun allerdings keinerlei Rücksicht auf die Zivilbevölkerung genommen werden sollte. Die Luftwaffe unternahm zum ersten Mal einen wohl durchdachten Flächenangriff, dessen Ablauf und Wirkungen auch vom Gegner sorgsam studiert wurden – als Anschauungsobjekt für künftige Angriffe auf deutsche Städte.

Der Angriff begann in den Abendstunden mit dem Anflug von 13 Maschinen des Typs He 111, die bündelweise kleine Brandbomben abwarfen, um das Ziel zu »beleuchten«. Die einzelnen Brände wurden dann von weiteren kleinen Gruppen genährt. Gegen Mitternacht schließlich erschienen die Hauptkräfte, die wechselweise mittlere und schwere Sprengbomben abwarfen, mit denen die Fabrikhallen und umliegenden Wohnhäuser zertrümmert wurden. Weitere Brandbomben sorgten dann dafür, dass die Schuttberge gründlich ausbrannten. Es folgten weitere kleine Fliegergruppen, die mit ihren Abwürfen bis zum Morgengrauen den Luftschutz niederhielten und Löscharbeiten verhinderten. Zum Abschluss inszenierte man ein furioses Inferno durch ein Bombardement mit schweren Luftminen und Flammölbomben sowie kleinen 50-kg-Sprengbomben mit Sirenen (»Jericho«), deren Lärm den Untergang der Stadt signalisieren sollte. Die letzten deutschen Flieger meldeten, dass in der Stadtmitte »ein einziges Flammenmeer« herrsche. Bomben mit Langzeitzündern sorgten noch Tage später für Verluste unter den Rettungskräften und der überlebenden Bevölkerung.

449 deutsche Maschinen warfen insgesamt 503 t Sprengbomben und 31 t Brandbomben ab. Das entsprach einem durchschnittlichen Großangriff auf London, wobei der Anteil an Brandbomben allerdings um das Fünffache erhöht worden war, insgesamt aber bei nicht einmal 20 Prozent lag. Es wurden 554 Zivilisten getötet und 865 verletzt. Von der Wirkung waren selbst die deutschen Bomberbesatzungen überrascht und entsetzt. Nach späteren Untersuchungen britischer Historiker hatten die Deutschen sehr genau auf die Fabriken gezielt und alle wichtigen erheblich getroffen.[56]

Militärisch gesehen war der Angriff auf Coventry also ein »voller Erfolg«, auch wenn sich die britische Luftrüstung schnell wieder von diesem Schlag erholen konnte. Coventry war entgegen der prahlerischen Rede von Göring keineswegs vernichtet. Betroffen war ein Zwölftel der bebauten Stadtfläche. Im Stadtzentrum waren ganze Straßenzüge abgebrannt. Politisch-propagandistisch erlitten die Deutschen aber eine Niederlage. Der britischen Presse ge-

Gerhard Baeker
Flugzeugführer von Bombern wie der
He 111 und der Ju 88 während
der Angriffe auf London und Coventry.

»Wir hatten damals dieselben Probleme wie die englischen Bomberpiloten, die deutsche Städte angriffen. Unsere Zielgeräte waren nachts kaum zu gebrauchen, und so waren wir auf die Beleuchter angewiesen, die die Städte mit Brandbomben markierten. Es gab die strikte Anweisung, keine Wohngebiete zu bombardieren. Allerdings war bei einer Reihe von fünf bis sechs Bomben oft das nicht zu vermeiden, was man heute ›colateral damage‹ nennt. So war es zum Beispiel in London, wenn wir die Docks entlang der Themse bombardierten und auch das East End trafen.

In Coventry waren die Rüstungsbetriebe so eng mit den Wohngebieten vermischt, dass es unmöglich war, zwischen militärischen und zivilen Zielen zu unterscheiden. Hitler und Goebbels haben den Mund so voll genommen und vom ›coventrieren‹ gesprochen – das war ja eine Steilvorlage für die britische Propaganda. Dabei habe ich Coventry schon Ende August und im Oktober bombardiert. Unser Befehl war nie die Vernichtung der Stadt. Als ich 1990 in Coventry zu Besuch war, sprach man von 500 Toten – das ist schlimm, aber wohl nicht mit den 35 000 Toten des Feuersturms in Hamburg vergleichbar.

lang es, das Bild eines verheerenden Terrorangriffes zu zeichnen. Dafür schien deutlich die Zerstörung der weltberühmten Kathedrale zu sprechen. Mit der Operation »Abigail Rachel« flog das Bomber Command als Vergeltung und mit Billigung des Kriegskabinetts zum ersten Mal einen konzentrierten Flächenangriff auf das Zentrum einer deutschen Großstadt. Nach der Zielliste kriegswichtiger Orte traf es am 16./17. Dezember 1940 Mannheim, wobei 34 Personen den Tod fanden.

Die Bilder aus Coventry beeindruckten besonders die Öffentlichkeit in den USA, wo Präsident Roosevelt gerade erst wiedergewählt worden war und eine stärkere Unterstützung Churchills vorbereitete. Auch für die Briten wurde Coventry zum Synonym für den deutschen »Blitz«, die Bombenangriffe im Herbst 1940. Dazu trug später selbst die NS-Propaganda bei, wenn sie trotzig vom »coventrieren« britischer Städte als Vergeltung sprach. Hitler glaubte es sich 1940/41 leisten zu können, dass seiner Luftwaffe der Schrecken vorauseilte, und ging davon aus, seine Position vermeintlicher Stärke und Überlegenheit mache es unnötig, den Terror mit voller Wucht anzuwenden. Die öffentliche Wirkung von Worten und Bildern konnte so an die Stelle detonierender Bomben treten.

In Kinos des In- und Auslandes lief bereits seit dem Frühjahr 1940 der Film »Feuertaufe«, eine im Auftrag des Reichsluftfahrtministeriums hergestellte Montage von Originalaufnahmen des Polenfeldzuges. Zu Bildern, die das brennende Warschau zeigen, singen deutsche Flieger in Siegerstimmung:

>» Wir flogen zur Weichsel und Warthe,
Wir flogen ins polnische Land!
Wir trafen es schwer, das feindliche Heer,
mit Blitzen und Bomben und Brand.
Wir stellen den britischen Löwen
Zum letzten entscheidenden Schlag!
Wir halten Gericht. Ein Weltreich zerbricht.
Das war unser stolzester Tag!

Kamerad! Kamerad! Alle Mädels müssen warten.
Kamerad! Kamerad! Die Losung ist bekannt
Ran an den Feind/Ran an den Feind! Bomben auf Engeland!
Hört ihr die Motoren singen: ran an den Feind!
Hört ihrs in den Ohren klingen: ran an den Feind!
Bomben! Bomben! Bomben auf Engeland!«

Die dramatischen deutschen Verluste in der Luftschlacht um England wurden in einem Spielfilm, der zu dieser Zeit entstand, verschwiegen. Am Himmel zogen wieder die Geschwader dahin, und die begeisterten Piloten klinkten lachend ihre todbringende Ladung aus und sangen:

>» Wir sind die Husaren der Luft.
Die Stukas, die Stukas, die Stukas.
Immer bereit, wenn der Einsatz ruft,
Die Stukas, die Stukas, die Stukas.
Wir stürzen vom Himmel und schlagen zu.
Wir fürchten die Hölle nicht und geben nicht Ruh',
Bis endlich der Feind am Boden liegt.
Bis Engeland, bis Engeland, bis Engeland besiegt,
Die Stukas, die Stukas, die Stukas!«

Für Hitler gab es 1940/41 keinen Anlass, in der Öffentlichkeit den Ehrenmann zu spielen und die unbedingte Eindämmung des Bombenkrieges zu predigen. Wenn er selbst später zu diesem »letzten Mittel« greifen würde, hätte das nur lästig sein können. Schon jetzt zeigte sich in aller Klarheit, dass – im Vergleich zum Ersten Weltkrieg – trotz erheblich gesteigerter Bombenangriffe keine messbare Wirkung auf die britische Kriegsmoral und Widerstandskraft eingetreten war. Was konnte von der Weiterführung der Nachtangriffe auf Großbritannien im Winter 1940/41 also erwartet werden? Hitler und die Luftwaffenführung glaubten jedenfalls nicht mehr an eine kriegsentscheidende

Wirkung der bisherigen Angriffe gegen die Rüstungsindustrie und »lebens-

Irene und Bob Chainey
Fabrikarbeiter, die die erste Generation
britischer Großbomber herstellten.

Bob: »Am Abend des ›Coventry-Blitzes‹ war ich auf dem Weg in die Stadt, um einen Brief an meinen Bruder im Postamt aufzugeben. Auf dem Rückweg zu Irene fing es an, Brandbomben zu regnen – es waren wirklich Hunderte, die direkt ins Zentrum der Stadt fielen. Zwar gab es in jedem Haus Luftschutzwarte, die die Brände löschen sollten, aber es waren einfach zu viele Brandherde. Ich trat in die Pedale und fuhr so schnell ich konnte an den Rand der Altstadt, wo Irene im Haus ihrer Tante auf mich wartete. Wir waren acht Leute im Haus und passten nicht alle unter die Treppe, wohin man sich verkroch, wenn kein Schutzraum vorhanden war. So ging ich mit Irene und ihrem Onkel vor das Haus. Wir schützten uns mit Stahlhelmen, die wir von der Firma bekommen hatten. Außerdem trugen wir alle unsere Gasmasken, denn es hieß, die Nazis würden auch Gasbomben werfen. Keine 20 Meter von uns entfernt stand eine 40-mm-Flak, deren Lärm uns nicht gerade beruhigte. Der Himmel über dem Zentrum war um Mitternacht glutrot, durch die Rauchschwaden sah man den Vollmond ab und zu durchscheinen – es war wirklich ›a bomber's moon‹, wie wir es nannten: die perfekte Nachtsicht für die deutschen Piloten. Gegen sechs oder sieben Uhr erklangen die Sirenen und gaben Entwarnung.«

Irene: »Ich kämpfte mich durch die rauchenden Trümmer zur Kathedrale durch. Als ich dort ankam, brach ich in Tränen aus. Nur die äußeren Mauern standen noch, der Rest war ein rauchender Haufen Schutt. Der Probst erzählte mir, er und drei Helfer hätten versucht, die Brandbomben vom Dach zu fegen. Aber die Dinger fielen teilweise auf die hölzerne Zwischendecke, und dort kamen sie nicht ran. So konnten sich die Brandherde zu dem verheerenden Feuer entwickeln.

Im Grunde kann man den deutschen Piloten keinen Vorwurf machen, denn direkt neben der Kathedrale stand ›Triumph‹, die allerlei Teile für Armeefahrzeuge herstellten. Überall im Zentrum lagen kleine Rüstungsbetriebe zwischen den Wohnhäusern. Die Bomben machten keinen Unterschied.«

wichtige« Einrichtungen. Aber man versprach sich zumindest indirekte Auswirkungen auf die Haltung der Zivilbevölkerung.

In Hitlers »Richtlinien für die Kriegführung gegen die englische Wehrwirtschaft« wurden am 6. Februar 1941 solche Bombenangriffe in ihrer Wirkung als schwer kalkulierbar eingestuft.[57] Die deutschen Verluste waren hoch, also kam es darauf an, die wertvollen Kräfte der Luftwaffe nicht schon vor dem Überfall auf die UdSSR gegen England zu verschleißen und mit gezielten Angriffen möglichst großen Schaden anzurichten. Die Bekämpfung der feindlichen Zufuhr wurde zum Schwerpunkt erklärt; das bedeutete Bombardierung von Häfen und Handelsschiffen, aber auch, wie schon vordem, der Luftfahrtin-

Deutsche Brandbomben fallen auf Belgrad, April 1941.

dustrie. Von »planmäßigen Terrorangriffen auf Wohnviertel« sei »kein kriegs-
entscheidender Erfolg zu erwarten«, hieß es in Hitlers Weisung, der mit seiner
erneuten Erklärung vermutlich Vorschlägen dieser Art vorbauen wollte.

Es bleibt also festzuhalten, dass Großbritannien im Juni 1940 den strategischen Bombenkrieg gegen Deutschland eröffnet hat und damit einen vorrangig politischen Zweck verfolgte. Das Bomber Command verfügte längst nicht
über ausreichende Mittel, um auf diese Weise eine Kriegsentscheidung herbeizuführen oder das deutsche Militär- und Rüstungspotential entscheidend zu
schwächen. Es waren provokative Terrorangriffe, gerechtfertigt allerdings
durch die extreme Notwehrsituation der Briten. Es gab keine andere Chance,
Hitler direkt anzugreifen, es blieb die einzige Möglichkeit, der Welt ihren
Widerstandswillen zu demonstrieren. Hätte Churchill in dieser verzweifelten
Situation über größere Kräfte verfügt, insbesondere über zahlreiche viermotorige Bomber, wären sie mit Sicherheit eingesetzt worden – vermutlich sogar
in der Hoffnung, den deutschen Diktator in die Knie zu zwingen und die Mo-

Das Belgrader Schloss nach den Angriffen der deutschen Luftwaffe am 6. April 1941.

ral der deutschen Bevölkerung zu brechen. Was das Vorgehen der Gegenseite betrifft, so hat auch die spätere Prüfung der deutschen Luftkriegsdokumente durch die Briten bestätigt, dass die deutsche Luftoffensive vom 7. September 1940 bis zum 16. Mai 1941 keineswegs als Terrorbombenkrieg gegen die Zivilbevölkerung gedacht war.[58] Arthur Harris hat in seinen Memoiren zu Recht darauf hingewiesen, dass die Deutschen 1940/41 nicht die Chance nutzten, britische Städte durch massive Brandbombenangriffe zu zerstören.[59] Auch der Chef der amerikanischen Heeresflieger Henry Arnold gewann bei seinem Besuch in London im April 1941 den Eindruck, dass die meisten deutschen Bomben militärisch und wirtschaftlich relevante Zielpunkte getroffen hatten, wie Bahnhöfe, Stellwerke, Kraftwerke, Brücken, Fabriken usw. Allerdings seien durch die weite Streuung der Bomben auch Wohngebiete erheblich betroffen gewesen.[60]

Die Angriffe der Luftwaffe nahmen auf diese Weise durchaus den Charakter systematischer Flächenbombardierungen an. Neben London wurde ein

Dutzend anderer Städte schwer beschädigt, wobei 21 000 Menschen ums Leben kamen – ein »klinisch sauberer« Bombenkrieg unter absoluter Schonung der Zivilbevölkerung war von deutscher Seite weder geboten noch einzuhalten, das befürchtete und mögliche Armageddon aber blieb aus. In einer Meinungsumfrage nannten die Bewohner Londons Anfang 1941 auf die Frage, was sie augenblicklich am meisten bedrücke, an erster Stelle das Wetter. Der Bombenhagel rangierte auf Platz zwei.[61]

Dass Hitlers restriktive Haltung nicht aus moralischen oder völkerrechtlichen Rücksichten herrührte und durch irrationale Einflüsse schnell umschlagen konnte, zeigte sich am 6. April 1941. Während des getarnten Aufmarsches gegen die UdSSR hatten sich überraschend politische Komplikationen im Verhältnis zu Jugoslawien entwickelt. Das neutrale Land war zu einem Beitritt zum Dreimächtepakt gedrängt worden, um das Hinterland der künftigen Ostfront zu sichern. Belgrad verweigerte aber den Durchmarsch deutscher Truppen, die abgezweigt werden sollten, um durch ein Eingreifen in den italienisch-griechischen Krieg dem wachsenden Einfluss der Briten zu begegnen. Diese reagierten mit der Unterstützung eines Staatsstreiches serbisch-nationalistischer Offiziere. Hitler passte seine Taktik sofort der Situation an und bereitete einen Blitzfeldzug vor, der den Balkan mit einem Schlag von Belgrad bis Athen unter seine Kontrolle bringen sollte.

Als die Junta in Belgrad am 6. April überraschend einen Freundschaftsvertrag mit Moskau unterzeichnete und ihm damit die Entwicklung aus der Hand zu gleiten drohte, geriet der deutsche Diktator außer sich. Alte Vorurteile gegen die Serben schürten seinen Hass, der sich in dem Befehl entlud, sofort gegen Jugoslawien loszuschlagen. Die Hauptstadt Belgrad sollte dem Erdboden gleichgemacht werden (»Unternehmen Strafgericht«). Beabsichtigt war eine Schockwirkung, um die dann führungslose jugoslawische Armee schnell zu überwältigen. Der Krieg begann mit dem Angriff von 484 Stukas und Bombern, die sich in mehreren Wellen bei Tag und Nacht auf die Stadt stürzten. Der Fall Belgrad gehört deshalb auf die Sündenliste der Luftwaffe, die mit Guernica eröffnet worden war.[62]

Trotzdem ist auch hier die These vom reinen Terrorangriff nicht haltbar. Der Angriffsbefehl für die eingesetzte Luftflotte 4 wurde nämlich in letzter Minute auf militärisch relevante Ziele im Stadtgebiet umgewandelt. Abgeworfen wurden 218,5 t Bomben, davon rund zehn Prozent Brandbomben. Sie trafen hauptsächlich die Regierungszentralen wie den Königspalast und militärisch wichtige Ziele wie das Kriegsministerium, das Telegrafenamt, wie Kraftwerke und Kasernen usw. Im Zentrum sowie im Nordwesten der Stadt traten freilich durch das deutsche Bombardement auch Flächenzerstörungen auf. Weshalb 17 Luftminen eingesetzt wurden, ist – wie auch im Fall Coventry – bis heute ungeklärt. Die Schätzungen über die Todeszahl schwanken zwischen 1500 und 30 000.

Der britische Bomber »Halifax«.

Es handelte sich keinesfalls um eine offene Stadt, wie manches Mal behauptet wird, und auch das »höhere Ziel«, nämlich die Kapitulation der jugoslawischen Streitkräfte, legitimierte den Angriff nach damaligem völkerrechtlichem Verständnis.[63] Nebenbei bemerkt bombardierten die Briten einen Tag später die bulgarische Hauptstadt Sofia, womit sie wohl kaum den deutschen Aufmarsch gegen Griechenland treffen, aber die Regierung des Landes beeindrucken konnten. Die Deutschen schlugen sofort mit elf Kampfflugzeugen gegen den Hafen von Piräus zurück, während britische Maschinen ungarische Städte attackierten.

Der im September 1940 aufgenommene Schlagabtausch gegen die Hauptstädte und wichtige Rüstungszentren beider Krieg führenden Seiten hielt im Frühjahr 1941 an, ohne eine wesentliche Steigerung zu erfahren. Die Luftwaffe hatte im Dezember 1940 acht größere Angriffe gegen britische Städte mit bis zu 500 Kampfflugzeugen geflogen. Die Briten revanchierten sich durch fünf Angriffe mit jeweils weniger als 100 Bombern. Im Januar reduzierten die Deutschen ihren Einsatz auf sieben Angriffe von jeweils 100–200 Bombern. Unter der britischen Zivilbevölkerung gab es 1550 Tote und 2021 Verletzte. Die Briten waren im Mittelmeer und Nordafrika stark gebunden und schlugen noch nicht zurück. Innerhalb der britischen Militärführung war der Einsatz der wertvollen Bomber für strategische Angriffe nach wie vor umstritten. Je nach Kriegslage wuchs die Forderung nach taktischer Luftunterstützung im Seekrieg oder bei den Bodenkämpfen. Das Bomber Command unternahm erst Mitte Februar wieder eine Serie größerer Attacken auf Rüstungsziele in Hannover, Bremen und Wilhelmshaven. Der Angriff auf Hannover mit 189 mittleren Bombern war der bislang größte der Royal Air Force. Die Deutschen konterten lediglich mit zwei schwächeren Angriffen auf Swansea.

Bei einem Angriff auf Rotterdam erprobten die Briten erstmalig die neuen viermotorigen Bomber vom Typ Short Stirling, deren Einführung eine wesentliche Steigerung der Bombenlast versprach. Der Typ Halifax wurde vier Wochen später gegen Le Havre erfolgreich eingesetzt, wieder im Nahbereich der britischen Luftverteidigung, so dass Verluste, wie sie bei Ferneinsätzen z. B. gegen Berlin zu erwarten gewesen wären, vermieden werden konnten. Dieser Nachtbomber bildete bald den Kern des Bomber Commands, während des Krieges sind mehr als 6000 Maschinen dieses Typs produziert worden. Bei einem Luftangriff auf Emden wurde am 31. März 1941 erstmalig eine Riesenbombe von 1,8 t abgeworfen. Jetzt rächte es sich bitter, dass die deutsche Luftwaffenführung die ursprünglich auch für diesen Zeitpunkt geplante Nutzung eines schweren Fernbombers aus technischen Gründen hinausgeschoben hatte.

Im April 1941 intensivierten die Deutschen noch einmal ihre Angriffe auf britische Städte mit fast einem Dutzend massiver Attacken. Dabei kamen 6131 Zivilisten ums Leben, fast ebenso viele wurden verletzt. Die Verluste unter der Zivilbevölkerung während der vorangegangenen Monate bewegten sich in derselben Größenordnung. Mitte des Monats trafen London zwei der schwersten deutschen Angriffe überhaupt mit jeweils rund 700 Maschinen, 1000 t Sprengbomben und 150 t Brandbomben. Weil die Deutschen bestimmte Angriffe als Vergeltungsmaßnahme deklarierten, ließ Churchill in einer Regierungserklärung am 18. April 1941 ausdrücklich hervorheben, dass die RAF die eigenen Angriffe nicht als Repressalie betrachte. Man würde auch künftig jederzeit deutsche Städte angreifen, selbst wenn die deutsche Luftwaffe England nicht mehr anflögen. Entscheidend für die Erklärung war die Erkenntnis, dass die Deutschen ihre militärischen Kräfte nach Südosten und Osten ausrichteten. Die Vorbereitungen für den Angriff gegen die UdSSR blieben den Briten nicht verborgen. Den letzten größeren Angriff auf London am 10./11. Mai 1941 deklarierten die Deutschen wiederum als Repressalie, nachdem die RAF zwei Nächte zuvor mit 359 Bombern ihren stärksten Einsatz gegen Deutschland – hauptsächlich gegen Hamburg und Bremen – geflogen war. Mit 507 Maschinen Richtung London hatte die Luftwaffe geantwortet. Dabei gab es 1212 Tote und 1769 Schwerverletzte.

Es war der letzte Großangriff auf die britische Hauptstadt für die folgenden drei Jahre. Die Deutschen waren wegen des bevorstehenden Russland-Abenteuers daran interessiert, im Westen »Ruhe« zu haben. Der »Stellvertreter des Führers« Rudolf Hess war auf eigene Faust nach Schottland geflogen, um einen Waffenstillstand zu vermitteln. Noch im März 1942 untersagte Hitler einen Terrorangriff auf London, weil er keinen Vorwand für britische Angriffe auf deutsche Städte liefern wollte, solange er seinerseits keine »vernichtenden Schläge im Westen führen« konnte.[64] Aufgeschoben war also nicht aufgehoben, und da sich die Herstellung deutscher Fernbomber verzögerte, war der Verzicht auf eine Eskalation im Bombenkrieg ohnehin naheliegend.

Gegenschlag
Die alliierten Bomberoffensiven 1941–1943

Die »Zweite Front« der Briten im Luftkrieg

Für die Briten brachte das Abklingen der deutschen Angriffe eine höchst willkommene Atempause, in der sie aber nicht darauf verzichteten, die wachsende Zahl ihrer Bomber für strategische Angriffe gegen das Reich einzusetzen. Die Schwächung der deutschen Kanalfront und der Reichsverteidigung verbesserte die Aussichten auf einen Durchbruch. Die Briten rechneten nicht mit längerem Widerstand der Roten Armee und stellten sich darauf ein, nach einem deutschen Sieg im Osten wieder allein gegen die Wehrmacht antreten zu müssen. Diese Aussicht war für Churchill noch finsterer als der Fall von Frankreich ein Jahr zuvor; denn gestützt auf die Ressourcen in den Weiten Osteuropas wäre die deutsche Rüstungsindustrie auch durch die neuen viermotorigen Fernbomber nicht mehr zu erschüttern gewesen. Deshalb ließ Churchill nichts unversucht, Stalins Widerstandsgeist zu stärken.

> Aus der persönlichen Mitteilung Churchills an Stalin vom 8. Juli 1941:
> »Wir werden alles tun, um Ihnen zu helfen (...) Unsere Luftstreitkräfte richten Tag und Nacht sehr schwere Angriffe gegen alle von Deutschland besetzten Gebiete und Deutschland selbst, soweit es uns erreichbar ist (...) Wir werden damit fortfahren und hoffen, Hitler auf diese Weise zu zwingen, einen Teil seiner Luftwaffe nach dem Westen zurückzuverlegen und so den auf Ihrem Land lastenden Druck allmählich zu vermindern.«[1]

Alles hing für Großbritannien von der Hilfe der USA ab, deren Reservoir schier unermesslich und unangreifbar schien. Hitlers massive Angriffe gegen London hatten dramatische Bilder produziert, die in den Kinos der amerikanischen Öffentlichkeit nicht nur die Bereitschaft auslösten, den bedrängten Briten zu helfen, sondern auch das Gefühl persönlicher Bedrohung vermittelten. Roosevelt ordnete am 4. Mai 1941 an, die Produktionskapazität auf monatlich 500 schwere Bomber zu erhöhen. Das entsprach der gesamten britischen Jahresproduktion von 1941! Obwohl der US-Präsident bisher öffentlich als Mann des Friedens eingetreten war und die internationale Ächtung der Luftbombardierungen unterstützte, schürte der Hass auf die Nazis seine Bereitschaft, notfalls auch dieses schreckliche Instrument einzusetzen.

Bereits 1938 hatte Roosevelt seine Minister bei einer internen Besprechung mit der Bemerkung entsetzt, Chamberlain hätte während der Münchener Konferenz Bomber über Deutschland kreisen lassen sollen, um Hitler zur Vernunft zu bringen.[2] Die Horrorszenarien eines künftigen Luftkrieges waren ihm offenbar stets präsent, und so fand Albert Einstein, der weltberühmte Physiker und Emigrant aus Deutschland, offene Ohren, als er 1939 den Präsidenten mahnend mit der Möglichkeit konfrontierte, dass Hitler schon bald im Besitz einer Atombombe sein könnte. Roosevelt war außerordentlich empfänglich für Gerüchte und fragwürdige Meldungen, die sein Vorurteil von den hochmütigen, groben »Teutonen«, ihrer wissenschaftlichen Tüchtigkeit und gleichzeitigen Skrupellosigkeit bestätigten. So erschreckte er im Oktober 1939 seine Minister mit der Einschätzung, dass die Deutschen einen stratosphärischen Bomber entwickeln würden, der in der Lage sei, drei Tage in der Luft zu bleiben und verschiedene amerikanische Städte anzugreifen.

Er gab als sicheres Wissen an, dass die Luftwaffe imstande sei, mit einer einzigen Bombe jedes Lebewesen in Manhattan zu vernichten. Man erkennt leicht den wahren Kern dieser Gerüchte: den tatsächlichen Vorsprung des deutschen Uranprojektes und die alten Ideen von Zeppelinen und Riesenflugzeugen, mit denen die USA angreifbar werden könnte. Da überschätzte Roosevelt die Deutschen, tat jedoch recht daran, die USA als Hort der Demokratie rechtzeitig in die Lage zu versetzen, potentiellen Gefahren wirkungsvoll zu begegnen.

Auch sein Nachrichtendienst irrte 1940 und 1941, als er der deutschen Flugzeugproduktion fast das Vierfache ihrer tatsächlichen Kapazität zuschrieb. Anders als die Amerikaner, die keine Schwierigkeiten hatten, riesige Produktionsanlagen rund um die Uhr zu betreiben, ließ der Mangel an Arbeitskräften, Maschinen und Rohstoffen in Deutschland nur einen Ein-Schicht-Betrieb zu. Und schon gar nicht reichte die Kapazität im Jahre 1941 dazu aus, 12 000 Langstreckenbomber zu produzieren, wie man in Washington vermutete. Hitler hätte zweifellos eine solche Flotte gebraucht, um die Briten in die Knie zu zwingen. Gleichzeitig hätte ein solches abschreckendes Instrument die USA von einem Kriegseintritt abhalten und den Blitzkrieg gegen die UdSSR zu einem sicheren Erfolg machen können. Die phantastischen Zahlen des US-Geheimdienstes sicherten zumindest das Geld für den Bau schwerer Bomber. Im August 1941, als die Wehrmacht vor dem »Endsieg« im Osten zu stehen schien, war Roosevelt sogar zeitweilig geneigt, hierin das einzige Mittel zum Sieg über den Tyrannen zu sehen.[3] Es war vor allem die arrogante Siegespropaganda der Nazis, die ihn offenbar zur Weißglut trieb und glauben ließ, man müsse »jede noch so kleine Stadt« bombardieren und »den Krieg in die Häuser der Deutschen« tragen, um deren Moral zu brechen.

Der britische Historiker Richard Overy vertritt deshalb die Meinung, ohne die Unterstützung Roosevelts und anderer führender Politiker wäre die Bomberwaffe niemals zu einem Schlüsselelement der westlichen Kriegführung geworden.[4] Dazu habe auch Churchill beigetragen, der in seinen Briefen an Roosevelt andauernd auf der »unaufhörlichen und ständig zunehmenden Bombardierung« Deutschlands insistierte. Beide hätten dem Drängen ihrer Militärs auf den Einsatz der Bomber zur Unterstützung von Heer und Marine

Roosevelt (v. l.) und Churchill (v. r.) nach der Unterzeichnung der Atlantik-Charta im August 1941.

wohl doch nachgegeben, wenn nicht Stalin die Errichtung einer Zweiten Front gefordert hätte. So sei die Entwicklung zum strategischen Bombenkrieg nicht durch militärische Erwägungen, sondern durch politische Gründe befördert worden. Zivilisten seien trotz starker Opposition der Militärs dafür eingetreten, die kostspielige, aber mächtige Waffe gegen die Zivilbevölkerung einzusetzen.

Hitler hatte als Zivilist und Politiker ebenfalls keine grundsätzlichen Hemmungen. Aber im Frühjahr 1941 nahm er auf die Skrupel seiner Militärs zumindest insoweit Rücksicht, als dass er zwar einen gnadenlosen Vernichtungskrieg gegen den Bolschewismus ankündigte, mit dem geplanten Massenmord an der jüdischen Bevölkerung aber Himmlers SS beauftragte. Diese Arbeitsteilung ließ sich zwar später nicht völlig einhalten, aber die Wehrmacht blieb im Wesentlichen auf die Führung des Waffenkrieges ausgerichtet, um die Voraussetzungen für den »Lebensraum im Osten« zu schaffen. Andere Einrichtungen sorgten dann für die Umsiedlung und Dezimierung der Bevölkerung.

Als Option war der Luftkrieg immer gegenwärtig, doch in seinen Strategien räumte Hitler den Panzerkorps größte Priorität ein; Stukas sollten ihnen den Weg freibomben, mittlere Kampfbomber vom Typ He 111 sie auf dem

Sowjetische Luftabwehr in Moskau, vermutlich im Oktober 1941.

Gefechtsfeld abschirmen. Die scheinbar unschlagbare »Wunderwaffe« der ersten Kriegsjahre waren die Panzerkorps des Diktators. Was sollte er da mit dem Phantom eines bis dahin noch nicht erprobten strategischen Luftkrieges? Das blieben Visionen vom Krieg der Zukunft, ebenso wie der Einsatz von Massenvernichtungswaffen, von Fernraketen und einer alles zerstörenden Superbombe, die er zwar nicht ignorieren konnte, deren Umsetzung er aber nur mit geringem Interesse verfolgte. Als »Feldherr« fühlte sich der ehemalige Gefreite des Ersten Weltkrieges offenbar wohler bei der Planung von Panzervorstößen und Kesselschlachten.

Zwei Wochen nach Beginn des Ostfeldzuges teilte er dem Generalstabschef des Heeres seinen »feststehenden Entschluss« mit, »Moskau und Leningrad dem Erdboden« gleichmachen zu wollen.[5] War das nun ein klares Umschwenken auf den Terrorbombenkrieg gegen die Zivilbevölkerung? – Jedenfalls nicht im Sinne bisheriger Luftkriegstheorien, die den unterschiedslosen Flächenangriff als Mittel zur Beendigung eines Krieges deklarierten, wie es auch die Briten und Amerikaner sahen. Hitler nahm an, dass nach den ersten erfolgreichen Grenzschlachten nun das Sowjetregime wie ein Kartenhaus zusammenbrechen würde, und glaubte, das Ende des regulären Krieges vor Augen zu haben. Leningrad und Moskau waren für ihn die Zentren des Bolschewismus, deshalb wollte er diese Städte dem Erdboden gleichmachen, »um zu verhindern, dass Menschen darin bleiben, die wir dann im Winter ernähren müssen«.

Genau genommen ging es nicht einmal primär um die Ermordung der Menschen, die als »überflüssige Esser« nach Osten hätten flüchten können, um dann in den östlichen Weiten zu verrecken. Die »Volkskatastrophe«, von der Hitler in diesem Zusammenhang sprach, sollte durch die symbolische Vernichtung der Zentren herbeigeführt werden. Görings Bomber hätten keinen militärischen Auftrag auszuführen, sondern würden zum Instrument des rassenideologischen Vernichtungskrieges werden. Es ging nicht um Terror, sondern um Vernichtung!

Doch zuvor musste die Rote Armee geschlagen werden. Sie verfügte immerhin über die größte Luftflotte der Welt sowie über zahlreiche, meist veraltete Fernbomber. Görings Luftwaffe konnte mit ihrem begrenzten Radius allenfalls Ziele in den Westgebieten der UdSSR angreifen. Damit blieb der Roten Luftflotte ein riesiges, unangreifbares Hinterland mit ausgedehnten Flugzeugfabriken, von deren Leistungsfähigkeit sich eine deutsche Delegation bei einem »Freundschaftsbesuch« noch im April 1941 hatte überzeugen können. Die Luftwaffenführung stellte alle nur greifbaren Geschwader für das »Unternehmen Barbarossa« bereit. Rund ein Drittel der Maschinen blieb an den anderen Fronten, vom Nordkap bis zur spanischen Grenze sowie im Mittelmeer, im Einsatz.

Durch die fortwährenden Kämpfe gegen die Briten in den vorausgegangenen zwölf Monaten war die Luftwaffe arg verschlissen worden. Die laufende

Theodor Plote
Bombenwart eines Stuka-Geschwaders beim Feldzug gegen Polen und bei der »Battle of Britain«.

»Für mich und meine Kameraden war das alles wie ein großes Abenteuer. Uns wurde immer gesagt: ›Der Soldat soll nicht denken, das können die Pferde besser, die haben größere Köpfe.‹ Daran habe ich mich gehalten und mich um meine Bomben gekümmert. Um die demoralisierende Wirkung der Stukas im Einsatz gegen Ziele in Polen zu erhöhen, haben wir nicht nur die Sirenen an den Fahrwerken gehabt. Auch an den Flügeln der Bomben waren kleine Pfeifen aus Pappe befestigt, die einen Höllenlärm machten. Aber nach unseren Blitzkriegen gegen Polen und Frankreich war es mit der Herrlichkeit der Stukas bald vorbei. Im Luftkampf über England verloren wir 85 Maschinen. Die Ju 87 war einfach zu langsam. Mit 300 km/h konnte sie gegen die schnellen Spitfire nichts mehr ausrichten. Unsere Flugzeugführer retteten sich zum Schluss mit Tiefflügen in zehn Meter Höhe über dem Wasser, denn da konnten die Jäger sie nicht mehr erwischen. Diesen Aderlass an erfahrenen Piloten haben wir nicht verkraftet. Die fehlten uns später im Krieg an allen Fronten.«

Produktion an Flugzeugen reichte gerade dazu aus, die Verluste zu ergänzen. Um die Geschwader kurz vor Beginn des Überfalls auf die UdSSR wieder auf eine hohe Einsatzstärke zu bringen, mussten auch die zahlreichen beschädigten Maschinen in Tag- und Nachtarbeit repariert werden. Nur durch diese gebündelte, einmalige Aktion verfügte die Luftwaffe bei Beginn des Ostkrieges über eine beinahe gleich hohe Zahl einsatzbereiter Maschinen wie am 2. September 1939 (3687 bzw. 3572). Die Flugzeugproduktion von zwei Jahren war praktisch im Kampf gegen die Briten verbraucht worden.

Allein die Totalverluste summierten sich im Zeitraum von Juni 1940 bis Mai 1941 auf insgesamt 4153 Maschinen. Der fortgesetzte Luftkrieg gegen Großbritannien hatte die deutsche Luftwaffe also einen hohen Preis gekostet und einen Aufwand erfordert, der durch die Schäden beim Feind nicht gerechtfertigt wurde. Der deutsche »Blitz« gegen England hinterließ in der Hauptsache politische Wirkungen, weil er Stalin über Hitlers Absichten täuschte. Der deutsch-britische Luftkrieg verhinderte freilich, dass Görings Luftwaffe am 22. Juni 1941 in doppelter Stärke gegen die UdSSR antreten konnte, mehr noch: Durch Churchills unbeugsame Haltung wurde die Luftwaffe nicht nur um die Hälfte reduziert, vom verbliebenen Rest mussten zudem über 1800 Maschinen zurückgehalten werden. Man kann also schlussfolgern: Hätte sich Großbritannien im Sommer 1940 mit Hitler arrangiert, dann wäre Görings Luftwaffe am 22. Juni 1941 im Osten nicht mit 3687 Maschinen aufmarschiert, sondern mit 9640. Das hätte mit absoluter Sicherheit das schnelle Ende der UdSSR bedeutet.

Die deutsche Luftherrschaft im Osten

Ihrer verminderten Stärke entsprechend musste die Luftwaffe versuchen, durch einen Überraschungsangriff möglichst am ersten Tag die Luftherrschaft über die Sowjetunion zu erringen und die in den Westgebieten stationierten Geschwader der Roten Luftflotte auf dem Boden zu zerstören. Die als Bomber eingesetzten zweimotorigen Maschinen der Typen Do 17, Do 217 und Ju 88 verfügten über eine Eindringtiefe von maximal 500–600 km, der Standardbomber He 111 von maximal 870 km. Das reichte, um das sowjetische Hinterland bis knapp vor Moskau abzudecken. Nach der Sicherung der Luftherrschaft hatte die Luftwaffe dem Heer und vor allem den Panzergruppen den Weg freizukämpfen. Die Rudel der Stuka und Schlachtflugzeuge sollten sich an wichtigen Punkten massenhaft auf den Feind stürzen. Mit ihrer Reichweite von maximal 250 km mussten sie über dem Gefechtsfeld bleiben, ebenso wie die Jäger Me 109, die höchstens 180 km weit vordringen konnten. Jenseits dieser engen Reichweite würden sich die Bomber ohne Begleitschutz bewegen müssen. Verblieb dem Feind ein wesentlicher Teil seiner Luftstreitmacht oder konnte er die Anfangsverluste ausgleichen, dann würden die deutschen Bomber noch nicht einmal strategische Ziele im mittleren Bereich angreifen können.

Die deutsche Blitzkriegstaktik zeitigte in den ersten vier Wochen des Feldzuges erneut grandiose Erfolge. Das war ein Jahr zuvor gegen Frankreich nicht anders gewesen. Die Leistungsgrenze wurde Ende Juli 1941 erreicht. Weil der Gegner im Osten aber nicht aufgab, sondern aus der Tiefe seines Raumes immer neue Reserven heranführte, zog sich der Feldzug in die Länge und wurde auch für die Deutschen stetig verlustreicher. Die Wehrmacht war dabei, sich »zu Tode zu siegen«. Nur mit Hilfe der Luftwaffe gelang ein weiterer Vormarsch, der sich aber durch überdehnte Nachschubwege und zunehmend schlechte Witterungsbedingungen allmählich verlangsamte. Immer häufiger mussten die Kampfflieger zur unmittelbaren Unterstützung der Truppe eingesetzt werden. Damit fehlte es allerorts an Kräften: für die weiträumige Abriegelung des Schlachtfeldes, für die Bombardierung militärischer Ziele und Rüstungsanlagen sowie für das Abfangen feindlicher Gegenbewegungen an Brücken und Eisenbahnlinien. Vor allem war es unmöglich, die groß angelegte Evakuierung der sowjetischen Rüstungsindustrie zu verhindern.

Stalin verschaffte dieser Umstand die Chance, sein lebenswichtiges Potential zu retten. Dafür opferte er ganze Armeen durch teilweise sinnlose Haltebefehle, wurden zurückweichende Truppen gnadenlos vom Volkskommissariat für Innere Angelegenheiten (NKWD) zusammengeschossen. Und dennoch ergaben sich die Rotarmisten zu Hunderttausenden. Durch ihren verbrecherischen Umgang mit Kriegsgefangenen, durch die Massenmorde und die harte Haltung gegenüber der Zivilbevölkerung verspielten die Deutschen rasch den

Kredit, den das vom Stalinismus drangsalierte Volk ihnen in Teilen entgegenbrachte. Moderate Stimmen, die darauf verwiesen, dass der Zusammenbruch des Feindes gerade durch eine schonende Behandlung der Zivilbevölkerung herbeigeführt werden könnte, fanden kein Gehör beim deutschen Diktator. Er setzte auf die Terrorisierung der Zivilbevölkerung, wollte seine Herrschaft mit der Verbreitung von Furcht und Schrecken etablieren.

Das »Unternehmen Barbarossa« trat Anfang August 1941 in seine entscheidende Phase. Für einen Blitzkrieg wurde die Zeit knapp. Hitler entschied gegen den Rat seiner Generale, den Vormarsch auf Moskau vorübergehend zu stoppen und seine stärksten Kräfte gegen die Ukraine einzusetzen. Er gab damit der Eroberung »wirtschaftlicher Kraftquellen« des Gegners den Vorrang und nicht einer »klassischen« militärischen Variante, die mit der Einnahme der feindlichen Hauptstadt den Krieg beendet. Die Besetzung Moskaus interessierte den »Führer« weniger. Mit dieser Entscheidung hatte er sich bereits auf einen längeren Krieg eingestellt und seinen begehrlichen Blick auf die Weizenfelder und Bergwerke der Ukraine sowie auf die Ölquellen im Kaukasus gerichtet. Die Stadt sei nur »ein geographischer Begriff«, argumentierte er in völliger Fehleinschätzung der bedeutenden Rolle, die Moskau als politisches, militärisches und wirtschaftliches Zentrum des Riesenreiches spielte. Die Hauptstadt war gleichsam »die Spinne« eines Eisenbahnnetzes, über das alle Bewegungen gelenkt werden konnten. Dass die sowjetische Hauptstadt ähnlich wie London und Berlin über eine massive Luftverteidigung verfügte, die kaum zu durchdringen war, versteht sich von selbst.

Białystok während eines deutschen Luftangriffes.

Zerstörte Befestigungen in der Stalin-Linie, aus einem deutschen Kampfflugzeug aufgenommen.

Bezeichnend für den Erwartungshorizont der NS-Führung ist eine Äußerung von Außenminister Joachim v. Ribbentrop, der am 17. Juli 1941 intern erklärte, man brauche nach der Niederringung Russlands eine mögliche britisch-amerikanische Front nicht zu fürchten. »Wir greifen an mit U-Boot und Flugzeug und verteidigen uns mit einem gigantischen Flakeinsatz, wie ihn die Welt noch nicht gesehen hat. Allerdings werden wir Haare lassen müssen.«[6]

Hitler zeigte sich deshalb plötzlich an der Entwicklung einer Raketenwaffe interessiert, wie sie ihm Wernher v. Braun am 20. August 1941 im Führerhauptquartier vorstellte. Die Militärs hatten die Mittel in Erwartung eines nahen Endsieges zusammengestrichen. Aber der Diktator erkannte die revolutionäre Bedeutung einer solchen Waffe und hielt es für unklug, lediglich einige Tausend Exemplare herzustellen. »Wenn es zum Einsatz komme, dann müssten Hunderttausende von Geräten pro Jahr gefertigt und verschossen werden können.«[7] Für Visionen dieser Art brachte der »Führer« schnell Begeisterung auf, sie verflüchtigten sich allerdings ebenso rasch, wie sie gekommen waren.

Die sowjetische Luftwaffe hatte sich von den ersten Vernichtungsschlägen im frontnahen Bereich bald wieder erholt. Mit einer Fernfliegerflotte von über

1500 Maschinen verfügte sie über ein beträchtliches Potential, das ausgereicht hätte, einen massiven Bombenkrieg gegen deutsche Städte zu entfesseln. Die größtenteils veralteten Maschinen wurden jedoch für militärische Ziele im Hinterland der deutschen Front verzettelt und so schematisch eingesetzt, dass sie zur leichten Beute für die deutschen Jäger gerieten.

Kaum mehr als symbolische Bedeutung hatten spektakuläre Einzelaktionen sowjetischer Fernfliegerkräfte gegen Berlin. Über die Ostsee einfliegend, gelang es ihnen, die deutsche Luftverteidigung zu umgehen und die deutsche Hauptstadt zu erreichen. Am 8. August 1941 griffen 13 Maschinen den Norden der Stadt an. Sie warfen Bomben auf Industriebetriebe und Flugblätter über den Arbeitervierteln ab – im Prinzip ein strategisches Bombardement, wie es auch die Briten zu Beginn des Zweiten Weltkrieges praktiziert hatten. Die deutschen Arbeiter waren durch Flugblätter nicht zum Aufstand gegen das Naziregime zu bewegen. Die wenigen sowjetischen Bomber im Sommer 1941 verbreiteten in Deutschland keine Angst vor einem vernichtenden Schlag.

Bis Anfang September wiederholten sich Angriffe dieser Art; sie hatten weder auf die Stimmung der deutschen Bevölkerung noch auf die Rüstungsproduktion irgendeinen Einfluss. Dabei kamen einige wenige viermotorige Bomber des sowjetischen Typs Pe 8 zum Einsatz, eine Maschine, wie sie auch von den anderen Großmächten Mitte der 30er Jahre entwickelt worden war. Wie in Deutschland hatte man zunächst Probleme mit der Beschaffung geeigneter Motoren, zudem entschied man sich in Moskau, nur eine kleine Serie zu produzieren – Stalin und die Rote Armee waren in dieser Frage sehr auf das Vorbild der Wehrmacht fixiert. 1941 hatten sie alle Mühe, die geballten Vorstöße von Panzern und Stukas aufzuhalten – es fehlte an Kampfflugzeugen. Mit dem Vormarsch der Wehrmacht nach Osten erhöhte sich die Distanz, die sowjetische Fernflieger für Angriffe auf strategische Ziele und insbesondere gegen deutsche Rüstungsfabriken oder die Zivilbevölkerung hätten überwinden müssen.

Dieser Vormarsch erleichterte zugleich Bombenangriffe der mittleren Kampfflugzeuge Görings gegen sowjetische Städte und strategische Ziele. Vier Wochen nach Beginn des Ostfeldzuges war die Wehrmacht weit genug vorgedrungen, um Luftangriffe auf die stark verteidigte sowjetische Hauptstadt zu unternehmen. In der Nacht zum 22. Juli 1941 flogen zum ersten Mal 195 deutsche Bomber Moskau an. Es gelang ihnen aber nicht, gegen rund 1000 Flakgeschütze und 600 feindliche Jäger bis zum Stadtzentrum durchzudringen. Wie in Belgrad oder London war die Regierungszentrale, hier also der Kreml, wichtigstes Zielobjekt. Die Moskauer Luftverteidigung hatte zwar die Fähigkeit, massive Angriffe abzuwehren, bei überraschenden Einzel- und Gruppenvorstößen aber war sie überfordert und verzettelte ihre Kräfte. Der Durchbruch einzelner deutscher Fliegergruppen war im Übrigen nicht geeignet, größere Schäden oder gar Flächenzerstörungen anzurichten. So blieben die deutschen Angriffe fast wirkungslos.

Wernher v. Braun (Vierter v. l.) und Oberst Walter Dornberger (M.), verantwortlich für die Entwicklung von Raketenwaffen ab 1941, nach dem ersten erfolgreichen Start einer A 4-Rakete 1942 in Peenemünde.

Das änderte sich nicht, als Anfang Oktober die Wehrmacht ihre Bodenoffensive auf Moskau eröffnete und die Luftwaffe in den folgenden acht Wochen 35 größere Angriffe gegen die Stadt flog. Wenn Mitte Oktober zeitweilig Panik in der Stadt ausbrach, dann war das weniger auf die deutschen Bomber zurückzuführen als auf den Geschützdonner von der Front. Nachdem sich Stalin zum Bleiben entschieden hatte, organisierte er die Verteidigung der Stadt und traf Vorbereitungen für eine strategische Gegenoffensive. Die deutschen Kräfte hatten sich längst erschöpft und kamen unter den widrigen Witterungsbedingungen nur noch mühsam voran. Der letzte Angriffsversuch zielte auch gar nicht darauf, in die Stadt einzudringen, obwohl einzelne vordere deutsche

Einheiten bereits die Stadtgrenze erreicht hatten. Im November 1941 versuchten die Deutschen vielmehr, das wichtige Rüstungszentrum Tula südlich von Moskau einzunehmen und die sowjetische Hauptstadt großräumig zu umfassen. Tula erwies sich aber als uneinnehmbare Bastion, und die erschöpften deutschen Angriffsverbände blieben nördlich und südlich von Moskau in Schneeverwehungen stecken.

Nichts lag in dieser Situation näher, als mit dem Einsatz der Kampfflieger das Vernichtungswerk zu vollenden und die Bedrohung der ohnehin sehr wackligen deutschen Winterstellung zu beseitigen. Doch als die schwer angeschlagenen Heeresverbände den weiteren Angriff einstellten, hatte die Luftwaffe bereits begonnen, ihre stärksten Kräfte von der Front abzuziehen. Man wollte die Geschwader auffrischen und gegen die Briten im Mittelmeer einsetzen, die Rommels Vorstoß in Nordafrika zurückgeworfen hatten und die deutsch-italienische Kriegführung im Süden in größte Schwierigkeiten brachten.

Auch bei der Belagerung Leningrads hatte die Wehrmacht versagt. Das Aushungern und die systematische Beschießung der Festung brachte zwar Brände, Zerstörungen und Tote unter der Zivilbevölkerung, doch die Stadt kapitulierte nicht, auch nicht durch einzelne Bombenangriffe der Luftwaffe. Es war noch nicht einmal möglich, Leningrad vollständig abzuschließen. So blieben Versorgungswege offen, und die Rüstungsbetriebe produzierten selbst unter Beschuss Waffen und Munition. Deshalb erhielt der Generalquartiermeister des Heeres den Auftrag, den massiven Einsatz von Gasbomben (wie von Douhet angeregt) als allerletzte Möglichkeit zu prüfen, um die Stadt mit einem Schlag zu vernichten. Das Ergebnis war deprimierend: Mindestens sechs Monate hätte es gedauert, genügend Gasmunition heranzuschaffen.[8] Ein Stillstand der konventionellen Kriegführung wäre erforderlich gewesen, den niemand vertreten wollte, erst recht nicht Hitler. Es bleibt ohnehin fraglich, ob die Luftwaffe in der Lage gewesen wäre, einen solchen Schlag überhaupt auszuführen.

Die Luftwaffenverbände hatten im Ostfeldzug nicht nur durch Kampfhandlungen, sondern auch durch technische und logistische Probleme enorme Verluste erlitten. Ende 1941 waren im Vergleich zum September 1939 nur noch knapp 50 Prozent der Kräfte einsatzbereit (2107). Seit Juni 1941 hatte man fast 3000 Maschinen als Totalverlust abbuchen müssen, während der Ausstoß neuer Flugzeuge aus den Fabriken praktisch stagnierte, obwohl sich Göring seit Beginn des Ostkrieges darum bemühte, alle Ressourcen auf die Luftrüstung zu konzentrieren und die Luftwaffe zu verdoppeln, ja zu vervierfachen. Die deutsche Kriegswirtschaft war inzwischen mit Aufträgen völlig verblockt. Im dritten Kriegswinter und bei zunehmend schlechter Versorgungslage wurde die Stimmung in der Bevölkerung gedrückt und sorgenvoll. Die Flut von Todesanzeigen gefallener Soldaten in deutschen Zeitungen stieg unaufhörlich an, die Weltlage erschien unübersichtlich und düster. An die voreiligen Sieges-

Brand- und Sprengbomben zerstörten Leningrad und töteten 1941/42 Zigtausende.

meldungen der deutschen Propaganda konnte man sich nicht mehr klammern. Wann und wie würde dieser Krieg zu Ende gebracht werden? Nicht nur das Volk, auch Hitler und seine Umgebung mussten sich das fragen. Mit dem Kriegseintritt der USA war jeden Tag zu rechnen. Die Erinnerung an 1918 rückte näher, als es dem Diktator lieb war.

Da eröffnete Stalin seine überraschende Gegenoffensive vor Moskau, mit der er im Dezember 1941 die Wehrmacht ins Wanken brachte. Ein weiträumiger Rückzug unter extremen Bedingungen und enormen Opfern war unausweichlich. In diesen Tagen dachte wohl mancher an die Szenen des Napoleonischen Rückzuges aus dem Land. Die Luftwaffe mit ihren geschwächten Kräften musste als »Feuerwehr« an allen Brennpunkten in die Kämpfe eingreifen, Verstärkungen und Winterausrüstung aus der Heimat heranbringen. Wieder wurde das Fehlen einer strategischen Bomberflotte schmerzlich bewusst, die auch über große Entfernungen hinweg als Schwerpunktwaffe in der Hand der obersten Führung massive Schläge gegen die feindlichen Versammlungen und Versorgungslinien hätte führen können. Der Gegner hatte inzwischen unbemerkt und von der deutschen Luftwaffe ungestört Verstärkungen aus dem Fernen Osten und dem Kaukasus herangeführt.

Dass in dieser brenzligen Situation die verbündeten Japaner mit dem Überfall auf Pearl Harbor den Krieg gegen die USA eröffneten, hat Hitler in fataler

Sowjetische Pe-8-Fernbomber flogen Kriegseinsätze gegen Berlin und Königsberg.

Fehleinschätzung der strategischen Kräfte als Entlastung für sich empfunden. Die japanische Armee und Marine zeigten mit Operationen über Tausende Kilometer hinweg eine bemerkenswerte militärische Leistung. Hier im Pazifik entwickelte sich bald ein zeitraubendes Kräfteringen, bei dem die Kombination von See- und Luftmacht über den Ausgang von Schlachten entschied. Eine Schlüsselrolle übernahmen Kampfgruppen von Flugzeugträgern, die über große Entfernungen hinweg Hunderte von Flugzeugen zum Einsatz bringen konnten. Für den Einsatz der amerikanischen Fernbomber gegen das japanische Mutterland, gegen die Rüstungsindustrie und die feindliche Hauptstadt reichten die Positionen in den folgenden drei Jahren nicht aus. Eher symbolische Bedeutung hatte ein Angriff auf Tokio von 16 mittleren B-25-Bombern am 18. April 1942. Sie waren von einem weit vorgestoßenen Flugzeugträger aus gestartet. Für eine Rückkehr war ihre Reichweite zu gering. Elf Besatzungen sprangen über feindlichem Gebiet ab, vier machten eine Bruchlandung, und nur einer erreichte sicheres russisches Gebiet. Umgekehrt hatten auch die Japaner keine Chance, wenigstens die Westküste der USA zu erreichen. Sie ließen lediglich einige Ballons mit Flugblättern aufsteigen, um die amerikanische Zivilbevölkerung zu beeindrucken. Die japanischen Bomber vermochten immerhin am 9. Mai 1942 einen Angriff auf das ostindische Chittagong gegen die Briten zu fliegen. Im Pazifik musste der strategische Bombenkrieg also warten, bis sich die Amerikaner an den Kernbereich der japanischen Verteidigungszone herangearbeitet hatten. Er konnte allenfalls den Schlussakkord des Krieges bilden, den Krieg als solchen aber nicht entscheiden.

Mit seiner Kriegserklärung an die USA wollte Hitler die Japaner ermutigen; er wird gehofft haben, dass sie die Amerikaner möglichst lange und intensiv im Pazifik beschäftigen würden. Doch in Washington hatte man andere Pläne. Den Alliierten war durchaus bewusst, dass ein weiter und mühsamer Weg vor ihnen lag. Die Achsenmächte waren noch längst nicht geschlagen oder wenigstens gebremst. Sie hatten die Fähigkeit, selbst die Initiative zu ergreifen und ihre keineswegs voll ausgeschöpften Kräfte stärker für den Krieg zu mobilisieren. Die deutschen, italienischen und japanischen Rüstungskapazitäten waren praktisch noch unangetastet und größtenteils außerhalb der Reichweite alliierter Waffen. Ihre kriegserfahrenen Armeen waren voller Stolz auf ihre Leistungsfähigkeit und siegesbewusst. Trotz Verschleiß und Abnutzung galt das auch für Görings Luftwaffe.

Bei genauer Betrachtung wird erkennbar, dass die Rote Armee trotz ihrer überraschenden Gegenoffensive noch keinesfalls ein ebenbürtiger Gegner für Hitlers Wehrmacht war. Ihr verbliebenes Rüstungspotential lag zwar weitgehend außerhalb der Reichweite deutscher Bomber, bedurfte aber der massiven Unterstützung durch alliierte Hilfslieferungen. Auch wenn die Deutschen zeitweilig Erfolge gegen alliierte Konvois nach Murmansk erzielten, die umfangreichen Materiallieferungen über Teheran und im Fernen Osten konnten sie nicht unterbinden. Da die Japaner an der sowjetischen Neutralität im Pazifikkrieg interessiert waren, floss der Strom alliierter Rohstoffe und Rüstungsgüter auch ungehindert in Richtung Wladiwostok. Die Rote Armee hatte aber noch nicht den Beweis dafür erbracht, dass sie der deutschen »Wunderwaffe«, dem kombinierten Einsatz von Stukas und Panzern, zu widerstehen vermochte. Vor den sowjetischen Soldaten lag ein langer und blutiger Weg.

Hitler begann, sich in seiner »Festung Europa« einzurichten, und war zuversichtlich, was mögliche Erweiterungen betraf. Sein stärkstes Interesse galt den kaukasischen Ölfeldern, die jetzt noch die gefürchteten T 34-Panzer seines Gegners mit Kraftstoff versorgten. Nur die Eroberung dieser Quellen bot Hitler eine Chance, den Krieg gegen die angelsächsische Übermacht durchzuhalten. Jenes weit gesteckte Operationsziel zu erreichen wurde 1942 zum wichtigsten Anliegen des Diktators. Ohne das kaukasische Öl konnten weder Kriegswirtschaft noch Wehrmacht ausreichend und lange genug in Bewegung gehalten werden. Im Sommer 1941 hatte man in Berlin sogar zeitweilig daran gedacht, mit einer weitreichenden Luftoperation über die in der Ukraine kämpfenden deutschen Truppen hinweg Fallschirmjäger einzusetzen und so eine mögliche Zerstörung der Fördertürme durch die Russen zu verhindern. Dafür hatte es aber nicht zuletzt an Fernkampfflugzeugen und Transportern gemangelt, umso mehr, als man die »Festung Europa« gegen die Anti-Hitler-Koalition verteidigen musste. Noch immer verfügte die Luftwaffe nicht über einen »Ural-Bomber«. Es brauchte dringend Mittel, um strategische Ziele wie die Industriegebiete im Südural und des Kusbas mit wuchtigen Schlägen

Göring (l.) mit Generalluftzeugmeister Ernst Udet, 1938.

anzugreifen und zu vernichten, Schlüsselpositionen wie den Suezkanal und Nordwestafrika zu beherrschen, den Atlantik zu kontrollieren und eine gemeinsame Kriegführung mit den Japanern gegen die Briten zu organisieren. In der Luftrüstungsindustrie mussten die Weichen gestellt werden, um durch den Übergang zur Massenproduktion mit den Feindmächten gleichzuziehen. Der Generalluftzeugmeister Ernst Udet sah sich massiven Vorwürfen und Anforderungen ausgesetzt. Die unerwartet verlustreichen und langwierigen Kämpfe im Osten zwangen außerdem dazu, der Fertigung von Kampf- und Schlachtflugzeugen zur Unterstützung der Bodentruppen weiterhin Priorität einzuräumen.

Für die geplante Serienproduktion eines leistungsstarken schweren Bombers gab es kaum Spielräume. Vor allem aber hatte man noch immer keine zuverlässig funktionierende technische Lösung für die He 177 gefunden. Als Udet am 17. November 1941 Selbstmord beging, zog er damit auch die Konsequenzen aus dem Scheitern eines kühnen Projekts, das im Fernbomber immer auch den Stuka hatte sehen wollen. Dahinter verbarg sich mehr als nur eine verbohrte Idee. Es war Ausdruck eines Konzeptes, das mit möglichst wenig Aufwand eine möglichst hohe Treffsicherheit bei Punktzielen erreichen wollte. Ein solches militärisches Konzept schloss Terror gegen die Zivilbevölkerung nicht völlig aus. Doch zielte es stärker auf die psychologische Wirkung wiederholter Störangriffe; man wollte Angst und Schrecken verbreiten, die Bevölkerung zwar zermürben, aber nicht völlig auslöschen.

Zum Jahreswechsel 1941/42, als der europäische Krieg zum Weltkrieg eskalierte, wartete die Luftwaffe vergeblich auf eine Strategie, die ein neues Angriffselement versprach. Weder in der Luftwaffenführung noch bei den anderen Wehrmachtteilen formierte sich eine starke Bomberlobby, und auch Hitler selbst schien sich damit abzufinden, dass sich die Einführung der He 177 weiter verzögerte. Wichtiger war ihm die rasche Steigerung des Ausstoßes von bewährten Kampfmaschinen, mit denen er die Front stützen und Schwerpunkte für neue Offensiven bilden konnte. Die Fernkampfaufgaben schienen nicht dringlich zu sein, weil man in Berlin davon ausging, dass im Jahr 1942 das strategische Fenster für die Deutschen noch offen stehen würde, um die »Festung Europa« zu vergrößern, bevor man 1943 mit einem Eingreifen der Amerikaner rechnen müsste.

Die eigene Luftverteidigung konzentrierte sich also hauptsächlich darauf, den Feind im Osten mit Bodentruppen, im Westen durch den U-Boot-Krieg im Atlantik so weit auf Abstand zu halten, dass seine Bomber keine kriegswichtigen Ziele in Deutschland erreichten. Den »Flugzeugträger« Großbritannien mussten starke Verteidigungsriegel durch Jäger und Flak in Schach halten. Und im Süden war es die Aufgabe von Rommel, durch einen neuen Vorstoß in Richtung Suez und den Nahen Osten den britischen Bombern keine gefährlichen Absprunghäfen zu lassen, von denen aus sie die stark verteidigten rumänischen Ölfelder angreifen oder den schwachen deutschen Verbündeten Italien erschüttern konnten.

Das Flächenbombardement
des britischen Bomber Commands

Im Unterschied zur deutschen Luftwaffe zeichnete sich auf Feindesseite ein Umschwung der Luftkriegspolitik ab. Im Dezember 1941 begann die Auslieferung der viermotorigen Avro Lancaster an das Bomber Command – ein Flugzeug, das zunehmend als Standard-Nachtbomber eingesetzt wurde. Insgesamt bauten die Briten im Zweiten Weltkrieg 7366 Stück dieses Typs und steigerten ihre Bombenzuladung auf über fünf Tonnen. Damit verfügte das Command über einen weiteren leistungsfähigen Fernbomber neben den schon vorhandenen Typen Wellington, Stirling und Halifax. Die Amerikaner hatten parallel dazu seit Juni 1941 mit der Einführung der Consolidated B-24 »Liberator« begonnen. Die B-24 wurde mit mehr als 18 000 Exemplaren der meist-

Die »Fliegenden Festungen« der US-Army: die Fernbomber B 17.

gebaute viermotorige Bomber des Zweiten Weltkrieges. Zusammen mit der
B-17 bildeten sie die strategische Schlagkraft der USA.

Während in den ersten Januartagen des Jahres 1942 die Japaner mit tägli-
chen Bombenangriffen auf Singapore, der britischen Hauptfestung im Fernen
Osten, ihre Offensive im Pazifik eröffneten, verständigten sich Churchill und
Roosevelt auf eine gemeinsame Strategie – man wollte sich auf eine Defensive
einstellen. »Germany first« hieß die Devise, d. h., alle Kriegsanstrengungen
der Alliierten sollten zunächst auf die »Zerschmetterung des deutschen Mili-
tarismus« konzentriert werden. Das neu gebildete Combined Chiefs of Staff
Committee in Washington begann mit den Planungen für eine Operation in
Französisch-Nordwestafrika, weil hier eine Landung an der Peripherie des
deutschen Machtbereiches am leichtesten erschien. Da es Hitler nicht gelungen war, den spanischen Diktator Franco auf seine Seite zu ziehen, und den
besiegten Franzosen eine Teilsouveränität in Nordwestafrika belassen worden
war, hatte sich am Eingang des Mittelmeeres eine gefährdete Lücke in der
»Festung Europa« gebildet.

Weder die Kriegsmarine noch Görings Luftwaffe verfügten über ortsnahe
Stützpunkte zur Abwehr einer starken Landungsflotte. Die wenigen deutschen
U-Boote, die zeitweilig vor der amerikanischen Küste operierten, konnten der
überlegenen angloamerikanischen Seemacht nur wenig Schaden zufügen, und

Massenfertigung von B-24-Bombern, 1944.

die U-Boot-Rudel des Admirals Dönitz sorgten zwar vorübergehend für hohe Verluste bei den alliierten Konvois, wurden aber mit der Verbesserung der alliierten Sicherung und Überwachung bald von Jägern zu Gejagten. So musste sich Hitler auf den Plan beschränken, im Fall einer alliierten Landung in Nordwestafrika deutsche Truppen über die Pyrenäen und durch Spanien marschieren zu lassen. Pläne zur Eroberung von Gibraltar gab es schon seit 1940, doch blieben sie wegen der mangelnden Kooperationsbereitschaft der Spanier in der Schublade. Die USA hingegen konnten sich bereits im März 1942 im westafrikanischen Liberia eigene Luftstützpunkte jenseits des Atlantiks einrichten.

Die Alliierten standen vor dem Problem, dass es mehr Zeit brauchte, um gegen die Deutschen in die Offensive gehen zu können. Amerikas Rüstungsindustrie lief bereits auf Hochtouren, aber Army und Navy mussten die Millionenmassen von Wehrpflichtigen erst noch zu schlagkräftigen Einsatzverbänden ausbilden.

Da Hitlers Wehrmacht wider Erwarten im Osten gebunden blieb, war Großbritannien selbst relativ ungefährdet und konnte seine Kriegsanstrengungen optimieren. Es bot sich als Sprungbrett für den amerikanischen Aufmarsch an. Die Schlacht im Atlantik gegen die deutschen U-Boote war zwar noch längst nicht beendet, aber der Strom amerikanischer Lieferungen schwoll kontinuierlich an. Ein Plan, an der schwer verteidigten Küste in Nordfrankreich zu landen (vorgesehen war der 1. April 1943), wurde vom amerikanischen Kriegsminister Stimpson bereits Ende März 1942 vorgelegt.

Am schnellsten ließen sich weit reichende Kampfflugzeuge nach Europa bringen, indem sie die Möglichkeit von Zwischenlandungen auf Grönland und Island nutzten. Es blieb ein gefahrvoller Flugweg, bei dem 15 Prozent der Maschinen verloren gingen bzw. durch Bruchlandungen beschädigt wurden. Aber keine Frage: Nichts lag näher, als die Bomberoffensive der RAF massiv zu verstärken und so Hitler bereits während der Vorbereitungsphase einer alliierten Landung empfindlich zu treffen – für die Politiker eine willkommene Demonstration alliierter Stärke, für die Militärs ein Beweis für die Machbarkeit des Unternehmens.

Weder in London noch in Washington dachte jemand ernsthaft daran, den Krieg allein aus der Luft entscheiden zu wollen. An die Bomber knüpften sich die unterschiedlichsten Erwartungen, und niemand konnte sagen, ob sie überhaupt zu erfüllen waren. Army- und Navykommandeure vertraten natürlich die Überzeugung, dass die Bomber hauptsächlich die Fronten unterstützen und militärische Ziele attackieren müssten. Sie unterschieden sich hierin nicht von den Generalen Hitlers, der politische Handlungsbedarf setzte allerdings einen Planungsprozess in Gang, der den Bombern die Chance gab, ihre Fähigkeiten unter Beweis zu stellen.

Die Eigenständigkeit des Bomber Commands bot eine günstige Voraussetzung, die neue Strategie gegen alle Widerstände zu realisieren. Trotz blumiger Erfolgsmeldungen sah die graue Wirklichkeit eher düster aus. Obwohl die Luftwaffe im Osten gebunden war, gelang es dem Bomber Command nicht, mit regelmäßigen Nachtangriffen im Sommer und Herbst 1941 einen greifbaren militärischen Erfolg zu erzielen. Nach einer internen Untersuchung über die Treffsicherheit der britischen Bombenabwürfe war nur jeder dritte, über dem schwer verteidigten Ruhrgebiet jeder zehnte Bomber näher als 8 km an das Zielobjekt herangekommen. Lediglich 20 Prozent aller Flugzeuge schafften es, ihre Bombenlast auf einer Fläche von 120 km² im Umkreis des Zieles abzuwerfen.[9]

Die Verluste des Bomber Commands hatten sich im Vergleich zum Vorjahr sogar mehr als verdoppelt (1940 = 492, 1941 = 1034). Die deutschen Abwehrriegel konnten nur von einzelnen Fliegergruppen durchbrochen werden, und in nebligen Nächten sowie bei abnehmendem Mond schwand die Aussicht vollends, das Ziel zu orten. Selten befanden sich mehr als 100 Maschinen gleichzeitig im Einsatz. Auch auf dem Rückflug waren die Maschinen extrem gefährdet. Nicht alle schafften eine sichere Landung auf dem Heimatflugplatz; die Verlustquote hatte Ende 1941 eine solche Höhe erreicht, dass es schwierig

Der Chef des britischen Bomberkommandos der RAF Arthur Harris (r.), berüchtigt als »Bomber-Harris«. Neben ihm Luftmarschall Saundby.

wurde, die Maschinen zu ersetzen. Churchill war deshalb skeptisch geworden, ob der Bombenkrieg tatsächlich ausreichen würde, um den deutschen Widerstandswillen zu brechen – der Air Staff neige zu Übertreibungen, wahrscheinlich sei eine Landoffensive unvermeidlich, ebenso der Aufstand in den besetzten Gebieten. Entscheidend werde aber der Kriegseintritt der USA sein.[10]

Die Bomberoffensive saß praktisch fest, und es brauchte schon sehr viel Zuversicht, um auf einen Umschwung zu hoffen. Bezeichnend für die Situation war ein Angriff in der Nacht zum 29. Januar 1942, als von 84 gestarteten Bombern nur 39 das Ziel erreichten und bei einem Verlust von fünf Maschinen 34 t Bomben auf Münster abwarfen.

Die Übernahme des Kommandos durch Luftmarschall Arthur Harris am 23. Februar 1942 brachte die Wende. Er war im Verlauf des Ersten Weltkrieges zur Fliegerei gekommen und hatte in der Zwischenkriegszeit Karriere in der RAF gemacht. Seine Erfahrung verband sich mit der festen Überzeugung, dass die Zerstörung des feindlichen Kriegspotentials durch Bombardierungen die sicherste Methode sei, einen Krieg zu gewinnen. Dieses Ziel erforderte seiner Auffassung nach den Einsatz großer Bomberflotten. Deshalb hatte er sich intensiv darum bemüht, die erste Generation schwerer Bomber zur Einsatzreife zu bringen. Harris war sich der Grenzen seiner Bomberwaffe durchaus bewusst. Aber er strahlte eine unerschütterliche Gewissheit aus, was die durchschlagende Wirkung strategischer Bombardierungen betraf. Der verschlossene und eigensinnige Offizier machte sich zielstrebig ans Werk und ließ sich durch keinen Kritiker oder Zweifler beirren. Er brachte außerdem genügend Geduld und Akribie mit, um den systematischen Aufbau einer leistungsfähigen Bomberwaffe zu organisieren und ihre Fähigkeiten Schritt für Schritt zu perfektionieren. Harris war fest entschlossen, die deutschen Industriegebiete zu vernichten und so einen entscheidenden Beitrag zum Sieg der Alliierten zu leisten. Die politische Rückendeckung war schwankend, aber ausreichend und bedurfte zu ihrer Rechtfertigung überzeugender Erfolge.

Die Flächenbombardierung hatte sich im Verlauf der ersten beiden Kriegsjahre als erfolgreiche Kampftechnik erwiesen, wenn es darum ging, kriegswichtige Ziele zu zerstören. Einzelne Angriffe auf Fabriken, Eisenbahnknotenpunkte usw. blieben ungenau und konnten das filigrane System der feindlichen Kriegswirtschaft nicht nachhaltig schädigen. Auch die Arbeiter ließen sich auf diese Weise nicht ausreichend demoralisieren. Eines mit dem andern zu verbinden war auf allen Seiten mittlerweile zur Gewohnheit geworden. Nach dem deutschen Überfall auf die UdSSR hatte das Bomber Command den Auftrag erhalten, gleichermaßen das deutsche Transportsystem und die »deutsche Moral« zu zerstören.[11] Das war beileibe kein Mordbefehl, wie ihn zur gleichen Zeit Hitler hinsichtlich der europäischen Juden erteilte.

Im Winter 1941 hatten wie im Jahr zuvor die witterungsbedingten Ausfälle im überlasteten System der Deutschen Reichsbahn erheblich an den Nerven

Peter Twinn
**Heckschütze in einem Lancaster-Bomber der RAF, flog
Einsätze auf Hamburg, Düsseldorf, Berlin und Dresden.**

»Bei der Luftwaffe hat man ja nie direkte Feindberüh-
rung. Wir sahen den Feind nicht, konnten ihn nicht be-
rühren. Es hat eher was von einer abstrakten Aufgabe.
Kann sein, dass es einen dabei erwischt, aber daran
dachten wir nicht. Man kämpft in einer Art Vakuum.

Wir absolvierten es wie eine Schulaufgabe, flogen hin,
warfen unsere Bomben, flogen wieder nach Hause. Immer das gleiche Muster. Erst, wenn einer aus unserer
Einheit nicht wiederkam, fingen wir an nachzudenken.
Aber auch dann hieß es: ›Die werden runterkommen und gerettet werden.‹ Diese
Seite des Unternehmens mussten wir irgendwie verdrängen. Wenn eine Besatzung
verloren ging – Pech! Wir hatten damals diese distanzierte, nüchterne Haltung. Wir
sprachen nie über das, was passierte. Dem einen machte das mehr zu schaffen,
dem andern weniger. Aber man musste seinen Job erledigen. Für Gefühle war keine
Zeit. Außerdem wollten wir heimzahlen, was wir selbst erleben mussten. Auge um
Auge ... Das war unsere Einstellung.

Nein, moralische Zweifel hatten wir gar keine! Wir hatten ja nicht angefangen und
uns nur gewehrt. Wir waren sehr froh, dass wir etwas tun konnten. Wir wollten so
schnell wie möglich fertig werden und zurück ins normale Leben.«

der Rüstungsverantwortlichen in Berlin gezerrt. Die zunehmenden Engpässe
bei der Versorgung der Bevölkerung drückten im Sommer und Herbst 1941
auf die Stimmung und dämpften die Kriegsbegeisterung der Deutschen. Hitlers Siege im Osten hatten die allgemeine Besorgnis über einen bevorstehenden dritten Kriegswinter nicht verdrängt.

Trotz der Nervosität über die Ausweitung des Krieges war die innere Stabili-
tät des NS-Regimes freilich ungeschmälert. Hier irrte der alte Lord Trenchard,
bis 1930 Chef des Luftstabes bei der RAF, der im Mai 1941 in einem geheimen Memorandum seine These wiederholte, dass sich durch die Bombardierung eine niederschmetternde moralische Wirkung erzielen lasse und die
Deutschen für Hysterie und Panik durchaus anfällig seien.[12] Der Erste Weltkrieg steckte, wie man sieht, noch immer in den Köpfen, nicht nur bei Hitler,
der sich seiner »Volksgemeinschaft« keineswegs so sicher war, wie er nach
außen zur Schau stellte. Die Oberbefehlshaber der britischen Streitkräfte lasen
die Thesen Trenchards mit Wohlwollen, doch allein, ihnen fehlte der Glaube.
Deshalb setzten sie Angriffe auf das deutsche Transportsystem mit auf die
Agenda.

Detaillierte Analysen von Aufklärungsfotos zeigten bald, dass in den Indus-
triegebieten keine nachhaltigen Schäden erzielt wurden. So wählte das Bom-

113

ber Command 19 Mittel- und Großstädte aus, die als besonders brandempfindlich galten. Sie sollten konzentrierten Brandbombenangriffen unterzogen werden. Man hoffte, dann würden die bislang auf deutscher Seite eingesetzten Dachdecker- und Glaserbataillone von Kriegsgefangenen nicht mehr ausreichen, um die Schäden rasch zu beseitigen.

Anfang 1942 war die militärische Führungsspitze in London bereit, die Strategie zu verändern. Wenige Tage bevor Harris sein Amt antrat, erteilte der Air Staff die förmliche Direktive, alle Anstrengungen »auf die Moral der feindlichen Zivilbevölkerung« zu konzentrieren. Die vom britischen Verteidigungsausschuss genehmigte »Area Bombing Directive« vom 14. Februar 1942 zog die Konsequenz aus dem mangelnden Erfolg der bisherigen Luftkriegführung. Präzisionsangriffe auf kriegswichtig eingestufte Rüstungsziele wie etwa die Chemischen Werke in Marl-Hüls sollten durch Flächenangriffe auf Industriestädte wie Köln, Düsseldorf, Duisburg und Essen ergänzt werden. Das »dehousing«-Konzept sah vor, planmäßig den Wohnraum in diesen Städten zu zerstören. Dazu sollten schwere Luftminen und Sprengbomben in den dicht bebauten Stadtzentren nicht nur die Kommunikationsstränge und Versorgungsleitungen zerstören, sondern auch die Häuser aufbrechen, so dass mit dem Massenabwurf von Brandbomben das Zerstörungswerk vollendet werden konnte.[13]

Man wusste, zivile Opfer würden vermutlich in größerer Zahl unvermeidbar sein. Aber nur um diesen Preis ließ sich das eigentliche Ziel erreichen; mitten in einem totalen Krieg zählten auch in London nur die Aussichten auf den Sieg. Skrupel im Kampf gegen einen Menschheitsfeind glaubte man sich nicht leisten zu können. Am 8. Februar 1942 hatte Hitler nach dem geheimnisvollen Unfalltod von Rüstungsminister Todt seinen Lieblingsarchitekten Albert Speer an dessen Stelle gesetzt und ihm umfassende Kompetenzen zur Mobilisierung der deutschen Rüstung erteilt. Speer gelang es, den Rüstungsausstoß binnen Jahresfrist beinahe zu verdoppeln. Das mit großem propagandistischem Aufwand angekündigte »Rüstungswunder« wollten die Alliierten um jeden Preis verhindern oder zumindest bremsen.

Harris setzte also auf einen Abnutzungskrieg gegen die deutsche Wirtschaft, und damit gerieten vor allem die Arbeiterviertel deutscher Städte ins Visier. Seine Ausgangsposition für diesen Bombenkrieg war immer noch besser als die seines Vorgängers. Die neuen schweren Bomber gingen bereits in die Serienproduktion. Im Februar 1942 verfügte Harris zwar nur über 69 Maschinen, doch bis zum Jahresende wurden insgesamt 2000 neue Bomber produziert. Mit ihnen konnten erheblich größere Bombenmengen über weite Strecken zum Ziel transportiert werden. Ein neues Navigationssystem reichte zwar nur bis zum Ruhrgebiet und erwies sich als störanfällig, aber es verschaffte Harris immerhin die Möglichkeit, seine Geschwader zusammenzuhalten und konzentriert durch die deutschen Luftabwehrlinien zu führen. Um die Ziele sicherer zu orten, wurden die Besatzungen besser ausgebildet. Elitepiloten flogen den Bomberstaffeln in Gruppen von »Pfadfindern« voraus und leiteten sie zum Ziel, das zuvor von ihnen ausgeleuchtet worden war.

Trotz solcher Verbesserungen befand sich das Bomber Command 1942 noch in der Experimentierphase. In ihr wurden wichtige Erfahrungen gesammelt, bis mit der Zuführung einer größeren Zahl schwerer Bomber und der weiteren Leistungssteigerung der Technik die angestrebte gewaltige Streitmacht zur Verfügung stand. Mit der Erprobung massiver Vernichtungsschläge gaben die Briten zugleich das politisch gewünschte Signal für die Bildung einer »Zweiten Front«. Insofern überzeugt die These des Luftkriegshistorikers Horst Boog, dass die »Wende zum Terrorbombenkrieg als Regel und nicht nur als Ausnahme« im Frühjahr 1942 von den Briten vollzogen worden ist.[14]

Das betrifft aber nicht den ersten großen Schlag von Harris, der in der Nacht zum 4. März 1942 die kriegswichtigen Renault-Werke bei Paris angreifen ließ. Bei dieser relativ kurzen Distanz wirkten sich die technischen Verbesserungen und leistungsfähigeren neuen Maschinen eindrucksvoll aus. Von 235 gestarteten Flugzeugen erreichten 223 das Ziel. Bei nur einem Verlust warfen sie 419 t Bomben ins Ziel und zerstörten zwei Drittel der Anlage. Auch der nächste große Raid zielte auf das deutsche Rüstungspotential. Am 8. März kamen 389 von 524 gestarteten Maschinen bis zur Krupp-Metropole Essen und warfen

Operationsraum im Bunker des Bomber Commands.

Nach einem Luftangriff der Briten auf Lübeck in der Nacht zum 29. März 1942
steht der Dom in Flammen.

Die alte englische Stadt Exeter nach dem » Vergeltungsangriff« der deutschen Luftwaffe am 24. April 1942.

innerhalb von drei Nächten insgesamt 610 t Bomben ab. Wegen der massiven deutschen Verteidigung des Ruhrgebietes gingen allerdings 13 Bomber verloren.

Nach weiteren kleineren Angriffen auf Kiel, Köln und Essen, die dem üblichen Muster folgten, kam jener erste Vernichtungsschlag gegen die deutsche Zivilbevölkerung, den die Führung gefordert hatte. Lübeck war militärisch und rüstungswirtschaftlich völlig uninteressant. Seine kompakte mittelalterliche Altstadt aber war das geeignete Angriffsziel, um die bisher vereinzelten Erfahrungen beim Einsatz von Brandbomben zu optimieren. 234 Wellington und Stirling führten das erste »Area Bombing« durch und setzten mit 276 t die Innenstadt fast vollständig in Schutt und Asche. Mehr als 3000 Gebäude wurden schwer beschädigt oder völlig zerstört. Die Verluste unter der Zivilbevölkerung waren mit 320 Toten und 785 Verletzten weniger dramatisch, als man erwartet hätte. Die verbrannte Altstadt schien ein Menetekel zu sein. Lübeck war vorerst nicht mehr als ein Test, aber auch ein Signal an die Nazis, das nicht so eindrucksvoll ausgefallen wäre, wenn die Staffeln die üblichen Ziele angeflogen hätten. Das zeigten die folgenden Angriffe in gleicher Stärke auf Köln, Hamburg, Essen und Dortmund.

Hitler hatte verstanden. Wieder ordnete er eine Vergeltung an, die freilich begrenzt sein sollte, um von seiner Seite aus keine Eskalation des Bombenkrieges zu provozieren. Die Luftwaffe erhielt den Befehl, »neben der Bekämpfung von Hafen- und Industrieanlagen« auch »im Rahmen der Vergeltung Terrorangriffe gegen Städte außer London« durchzuführen. Ausdrücklich als »Nebenaufgabe« und nur als »Vergeltung« wurden von ihm also »Terrorangriffe« freigegeben.[15] Anders als 1940 konnte die Luftwaffe aber die Schläge der Briten nicht mehr überbieten. Als Vergeltung für Lübeck starteten in der Nacht zum 25. April 1942 lediglich 25 deutsche Kampfflieger. Auch sie suchten sich ein Ziel, das nicht verteidigt war und mit geringen Kräften, vor allem durch den Einsatz von Brandbomben, schwer geschädigt werden konnte. Es traf das idyllische Städtchen Exeter, wo 80 Menschen dem Angriff zum Opfer fielen und 55 verletzt wurden.

Die Briten behielten bei dieser Runde die Initiative in der Hand. Sie stürzten sich sofort auf Wohnviertel in Rostock und auf den Ostseehafen, der bisher uninteressant gewesen war. Die Altstadt jedoch ließ sich ebenso rasch entzünden wie in Lübeck. 60 Prozent der Innenstadt brannten aus. Bei insgesamt vier Angriffen warfen 468 britische Bomber 401 t Sprengbomben und 277 t Brandbomben über Rostock ab. 204 Tote und 89 Schwerverletzte waren die Opfer. Wieder schlug die Luftwaffe unmittelbar zurück. Bei zwei Nachtangriffen wurde die südenglische Hafenstadt Bath Ende April schwer geschädigt. Mit der vergleichsweise hohen Zahl von 400 Toten und der gleichen Anzahl an Schwerverletzten demonstrierte die Luftwaffe ihre Bereitschaft, notfalls mit gleicher Münze heimzuzahlen.

Harris konzentrierte sich nun wieder auf rüstungswirtschaftlich wichtige Ziele, ohne den Produktionsaufschwung unter Speer verhindern zu können. Mit einem Angriff der neuen Stirling-Bomber auf die Škoda-Werke in Pilsen am 26. April 1942 erweiterte er zumindest die Reichweite seiner Angriffe. Rückschläge gegen die starke deutsche Luftverteidigung und wegen der anhaltenden technischen Schwierigkeiten blieben nicht aus. In der Nacht zum 5. Mai etwa starteten 120 Maschinen. Nur 34 von ihnen erreichten das Ziel Stuttgart und warfen 49 t Bomben ab. Vier Tage griff das Bomber Command die Heinkel-Flugzeugwerke in Warnemünde mit 193 Maschinen an. Doch nur wenige Bomben trafen das Ziel, die meisten fielen auf das Stadtgebiet.

Durch »Baedeker«-Angriffe gegen unverteidigte britische Landstädte »empfindliche Rückwirkungen für das öffentliche Leben« in England zu erzielen, das ließ sich bis zum Sommer 1942 mit den geringen deutschen Kräften nicht erreichen. Bei Tage standen höchsten 30 Jagdbomber für Einsätze zur Verfügung, bei Nacht 130. Damit konnte man auch die britische Rüstungsindustrie nicht ernsthaft treffen. Insgesamt warfen die Deutschen im Jahr 1942 auf Großbritannien rund 6600 t Bomben ab, davon waren 11 Prozent Brandbomben. Zum Vergleich: Diese Menge fiel 1944 innerhalb von zwei bis drei Nächten auf eine einzige deutsche Stadt. Es war auch nur ein Bruchteil der Menge, die von der Luftwaffe während der ersten Offensive 1940/41 gegen England verwendet worden war.

Die Briten dagegen steigerten ihren Einsatz. Der Übergang zum Flächenbombardement mit einer höheren Beimengung von Brandbomben, verstärkt durch die höhere Bombenlast der neuen Fernbomber, ermöglichte Massenangriffe, die auch die Auslöschung deutscher Großstädte nicht mehr ausschlossen. Wenn Angriffe mit 100 bis 400 Bombern keinen durchschlagenden Erfolg

Der Kölner Dom nach einem britischen Luftangriff, vermutlich Ende Mai 1942. 119

erzielten, dann lag es nahe, alle verfügbaren Maschinen auf einen Schlag einzusetzen und die magische Grenze zu 1000 Bombern zu überschreiten.

Der Test wurde in der Nacht zum 31. Mai 1942 gegen das britische »Lieblingsziel« Köln gestartet. 1047 Bomber machten sich auf den Weg, 868 von ihnen gelangten ans Ziel und warfen 1323 t Bomben ab. Das war die dreifache der sonst üblichen Menge. Die Zahl von 474 Toten mochte die Techniker des strategischen Bombenkrieges nicht sonderlich beeindrucken, aber es waren auch rund 13 000 Gebäude schwer beschädigt oder vernichtet und damit 45 000 Menschen obdachlos geworden. Das Bomber Command bezahlte allerdings mit dem Verlust von etwa 10 Prozent seiner Maschinen einen hohen Preis.

Der spektakuläre Angriff auf Köln stellte die Schlagkraft der britischen Bomberwaffe unter Beweis. Wollte man das NS-Regime in seiner Moral nachhaltig erschüttern, hätte man die 1000-Bomber-Angriffe Nacht für Nacht fortsetzen müssen. Dafür reichten die Kräfte noch längst nicht aus, wie weitere Versuche bewiesen. Bereits zwei Tage nach dem Angriff auf Köln starteten noch einmal 957 Maschinen, 347 davon rekrutierten sich aus Trainingseinheiten. Ihr Ziel war die Rüstungsschmiede Essen, aber der Massenangriff wurde zersprengt, so dass sich 1120 t Bomben auf Essen, Duisburg und Oberhausen verteilten. Ein dritter Test wurde Ende des Monats unternommen, als 1002 Maschinen in die Luft gebracht werden konnten. Dafür hatte Harris 272 Schulungsmaschinen und 102 Bomber des Coastal Commands zusammenraffen

Das zerstörte Essener Zentrum mit dem Rathausturm, vermutlich im Frühjahr 1942.

Heinz Humbach (l.)
Als Junge erlebte er den ersten 1000-Bomber-Angriff der Geschichte in Köln am 30. April 1942.

»Als in der Nacht der Fliegeralarm kam, sind wir nicht davon ausgegangen, dass jetzt was Besonderes passieren würde. Das ist uns erst im Laufe der nächsten zwei Stunden bewusst geworden. Die Leute im Luftschutzkeller waren total verängstigt. Jeder hat gedacht, mein Gott, was kommt denn da, und was wird das?

Zwischendurch bin ich mit meinem Bruder auf die Straße gelaufen, denn schräg gegenüber wohnten meine Großmutter und meine Tante mit ihren Kindern. Mehrere Häuser brannten. Meine Tante und meine Großmutter haben wir rübergeholt. Wir haben sogar versucht, von ihrem Hausstand etwas zu retten. Wir sind nur einmal bis zur zweiten Etage gekommen, haben das Bettzeug zusammengerafft und nach Hause gebracht. Dann brannte schon auf der Höhe der zweiten Etage das Treppenhaus. Damals hatten ja viele der alten Häuser Holztreppenhäuser. Das brannte wie Zunder. Wir haben das Haus schnell verlassen. Das ist anschließend total ausgebrannt bis auf die Grundmauern.

Es war ein totaler Einschnitt. Hier ein paar Bomben, da ein paar Bomben – das hatte uns bisher nicht groß gejuckt. Aber das war eine Geschichte, die große Teile der Stadt betroffen hat. Ich weiß nicht, wie viel Zigtausend Leute obdachlos geworden, wie viel Häuser verbrannt sind. Meine Verwandten wohnten in unserer Nähe, die konnten wir zu uns nehmen, aber viele Leute wussten nicht, wohin. Die sind aus ihren Häusern geflüchtet, aus den brennenden oder den zerstörten oder aus dem Luftschutzkeller, und sind ziellos in der Gegend rumgelaufen.«

müssen. Ingesamt erreichten 713 das Ziel und warfen 1315 t Bomben auf Bremen. Für weitere Großangriffe hätte man Schulungskapazitäten opfern müssen, und dieser Preis erschien dem Bomber Command zu hoch. Deshalb testete man mit geringeren Kräften alternative Taktiken zur Auslöschung deutscher Städte. Neben Doppelschlägen auf Stuttgart, Mainz und Dortmund unternahm das Command Serien von jeweils vier Angriffen in einer Woche auf Essen, Bremen, Duisburg und Oberhausen. Essen wurde zwischen März und Juni 1942 insgesamt von etwa 3100 Maschinen 13 nächtlichen Flächenangriffen ausgesetzt. Doch die Ruhrmetropole blieb im Wesentlichen intakt. Neben den materiellen Schäden stieg die Beunruhigung in der Bevölkerung, vor allem die Angst, dass dies erst der Anfang sein könnte.

Die Nazis vertrauten darauf, dass – nach britischem Vorbild – auch die Deutschen unter dem Druck der Bombenangriffe in ihrer »Kriegsmoral« eher gestärkt werden würden. Goebbels unternahm Anfang August 1942 eine Rundreise durch das Rheinland und veranstaltete Massenkundgebungen. Er gab sich überzeugt, dass Churchills Annahme fehlgehen würde, gerade in der katholischen Bevölkerung des Rheinlandes und bei den Arbeitern des Ruhrgebietes mit ihrer größeren Distanz zum Regime eine Abwendung vom Nationalsozialismus herbeibomben zu können. Doch Churchill blieb zuversichtlich und gab im September 1942 in einem Brief an Stalin voller Stolz eine Übersicht über die Bombenangriffe und die Abwurftonnage.[16]

Luftmarschall Arthur Harris wandte sich persönlich an die deutsche Bevölkerung. In einem Flugblatt, das seine Bomber millionenfach über Deutschland abwarfen, verwies er darauf, dass die britische Bevölkerung als erste unter massiven Angriffen gelitten habe. Jetzt seien die Rollen vertauscht. Die Briten würden aber nicht aus Rachsucht deutsche Städte bombardieren: »Wir bomben Deutschland, eine Stadt nach der anderen, immer schwerer, um euch die Fortführung des Krieges unmöglich zu machen. Das ist unser Ziel: Lübeck, Rostock, Köln, Emden, Bremen, Wilhelmshaven, Duisburg, Hamburg – und die Liste wird immer länger. Lasst euch von den Nazis mit ins Verderben reißen, wenn ihr wollt. Das ist eure Sache.«

Er habe die Fähigkeit bewiesen, mit 1000 Bombern eine Stadt wie Köln anzufliegen und innerhalb einer Stunde ein Drittel der Fläche zu zerstören. Aber das sei erst der Anfang. Die britische Bomberproduktion werde immer größer und vereinige sich mit der amerikanischen. »Bald werden wir jeden Tag und jede Nacht erscheinen bei Regen, Sturm und Schnee – wir und die Amerikaner.« Man scheue auch nicht die Verluste durch die deutsche Abwehr. Eine Verlustrate von 5 Prozent könne den Zuwachs nur verzögern. In den USA werde alle zwei Stunden ein neuer viermotoriger Bomber ausgeliefert, und der fliege über den Atlantik nach England, könne also von den U-Booten nicht aufgehalten werden.

Harris in einem Flugblatt an die deutsche Bevölkerung im Herbst 1942:
»Ich möchte ganz offen darüber sprechen, ob wir einzelne militärische Ziele angreifen oder ganze Städte. Selbstverständlich bomben wir lieber eure Fabriken, Docks und Eisenbahnen: Das trifft Hitlers Kriegsmaschine am schwersten. Aber die Arbeiter, die in diesen Werken beschäftigt sind, wohnen dicht um sie herum. Deshalb fallen unsere Bomben auf eure Wohnhäuser und – auf euch.
Wir bedauern, dass das notwendig ist. Die Arbeiter des Dieselmotorenwerks Humboldt-Deutz in Köln z.B., von denen eine Anzahl in der Nacht des 30. Mai umkam, mussten die Gefahren des totalen Kriegs auf sich nehmen, genau wie die Seeleute unserer Handelsflotte, gegen welche die (mit Motoren von Humboldt-Deutz ausgerüsteten) U-Boote ihre Torpedos abgefeuert hätten. Waren die Arbeiter der Flugzeugwerke von Coventry, ihre Frauen, ihre Kinder, nicht auch ›Zivilbevölkerung‹ ganz wie die Arbeiter der Rostocker Flugzeugwerke und deren Familien? Aber Hitler hat es so gewollt.«[17]

In seiner nüchternen Argumentation verwies Harris darauf, dass Deutschland keine Chance habe, den Krieg zu gewinnen, so weit auch die Wehrmacht marschieren werde. Sie habe es 1940 nicht geschafft, nach England zu kommen, als das Land waffenlos gewesen sei. »Eure Führer waren dann so verrückt, auch noch Russland und Amerika anzugreifen«, stand zu lesen. Die Wehrmacht könne siegen, soviel sie wolle – »den Luftkrieg müsst ihr dann immer noch mit uns und den Amerikanern ausfechten. Den könnt ihr nie gewinnen – aber wir gewinnen ihn bereits«. Man werde notfalls das »Dritte Reich von einem Ende zum andern heimsuchen«. In einem letzten Wort appellierte Harris an die Deutschen: »Es steht bei euch, mit Krieg und Bomberei Schluss zu machen. Stürzt die Nazis, und ihr habt Frieden!«

Insgesamt flog die RAF bis Ende 1942 rund 100 größere Angriffe, bei denen aber nur in 17 Fällen mehr als 500 t Bomben abgeworfen werden konnten. Trotzdem hatte das Bomber Command seine Zerstörungsleistung gegenüber dem Vorjahr erheblich gesteigert, wenn eine kriegsentscheidende Wirkung auch nicht zu erkennen war. Doch die NS-Führung gewann den Eindruck, dass die Großangriffe allmählich zu einer »starken seelischen Belastung« für die Bevölkerung führten. Goebbels richtete einen »Luftkriegsschädenausschuss« ein, der sich darum kümmern sollte, dass die materiellen Schäden so rasch wie möglich beseitigt wurden – nicht zuletzt auch als ein sichtbares Zeichen, das die Bevölkerung zum Durchhalten ermuntern konnte.

In diesem Zusammenhang erlangten die Konzentrationslager, in denen z. B. Dachziegel, Fenster und Türen produziert wurden, wachsende Bedeutung. Durch die Aufstellung spezieller SS-Baubrigaden aus Häftlingen schuf man sich Einsatzreserven von Zwangsarbeitern, die in den betroffenen Städten die gefährlichsten und schwierigsten Aufräumarbeiten leisteten, oft ohne jedes Werkzeug. Sie mussten die Leichen bergen und einsargen. Bei der Entschärfung von Blindgängern kamen unzählige Häftlinge ums Leben. Mit den Arbeitskommandos aus Kriegsgefangenen und KZ-Sklaven breitete sich die mörderische Lagerwelt der SS in allen vom Luftkrieg betroffenen Großstädten aus. Während sich die Partei alle Mühe machte, die deutschen Bombenopfer so schnell wie möglich zu versorgen, wurden arbeitsunfähige und kranke Häftlinge ermordet.

Bericht eines Häftlings des KZ Buchenwald über ein Arbeitskommando in Duisburg im Sommer 1943:
»Das Lager war in einem durch Bombenabwurf ausgebrannten Krankenhaus, einem ehemaligen Nonnenkloster des Zisterzienserordens mit äußerst stabilem Mauerwerk untergebracht. Völlig ausgebrannt stand es inmitten von Ruinen im Stadtkern. Die Häftlingsunterkunft war nur notdürftig mit Pappmaché und Brettern zugedeckt. Der Dachstuhl war restlos verbrannt. Die Häftlinge, unter ihnen einige deutsche Funktionshäftlinge, in Zebra und zum größten Teil schon in Zivillumpen gekleidet, bestanden vor allem aus sowjetischen und polnischen SS-Sklaven (...) Verlaust, verdreckt und halb verhungert lernten wir sie beim Abendappell kennen. Vielen guckte der Nackte, den meisten nur die Knie aus den zerrissenen Hosen. Sie kamen vom Arbeitseinsatz-, Enttrümmerungs-, Aufräumungs- und Bombenentschärfungskommando.«[18]

Nach Hochrechnungen des Stabschefs der RAF, Charles Portal, vom Oktober 1942 sollte es möglich sein, in den nächsten zwei Jahren bis zu einer Million Deutsche durch Bombenangriffe zu töten und 25 Millionen obdachlos zu machen. Die Streitkräfte kritisierten diesen Entwurf als ziellos und warfen den RAF-Strategen vor, sich nicht um die Gesamtstrategie zu kümmern. Sie waren nicht damit einverstanden, die Entscheidung allein den Bombern zu überlassen, und sahen in der Offensive nur das Vorspiel für eine Invasion – eine Auffassung, der sich auch Churchill anschloss und der damit die »Gigantomanie« des Bomber Commands zurückwies.[19]

Harris wusste, dass sich seine Bomberwaffe noch in den »Kinderschuhen« befand. Um den lädierten Ruf wiederherzustellen, waren vor allem effizientere Navigationshilfen erforderlich. Was die Zahl einsatzbereiter Bomber betraf, so konnte er zuversichtlich sein. Angesichts dringlicher Erfordernisse im Pazifik und in Nordafrika musste zwar das Ziel, rasch eine große Flotte schwerer Fernbomber aufzubauen, immer wieder modifiziert werden. Aber nun kämpften die Briten nicht mehr allein. Im Juni 1942 traf General Carl Spaatz in London ein. Seine Aufgabe war es, die 8. Luftflotte der US Army Air Force aufzubauen, die von Großbritannien aus Deutschland attackieren sollte, um so die Bedingungen für einen Sprung über den Kanal im Frühjahr 1943 zu verbessern. Die Amerikaner brauchten einige Zeit, um sich mit den Verhältnissen vertraut zu machen und ihre Ausrüstung zu ergänzen. Sie waren selbstbewusst und zuversichtlich, mit ihren »Fliegenden Festungen« das deutsche Potential angreifen und vernichten zu können. Die B-17 verfügte über ein verbessertes Zielgerät, das eine höhere Trefferquote versprach. So trauten sich die Amerikaner auch bei Tage ein präzises Bombardement von Treibstofflagern, Bahnhöfen und Fabrikanlagen zu. In ihrem Glauben an Technik und Zahlen waren sie fest davon überzeugt, dass es nur darauf ankam, genügend Bomber mit einer genau berechneten Bombenmenge ins Ziel zu bringen, um erfolgreich zu sein.

Arbeitsteilig mit den Briten, die weiterhin nächtliche Flächenangriffe auf Industriegebiete flogen, konzentrierte sich die 8. US-Luftflotte bei Tagesangriffen auf ausgewählte militärisch-wirtschaftliche Ziele. Ihren ersten Angriff führten die Amerikaner bereits am 17. August 1942 durch. Zwölf B-17-Bomber wurden vorsichtshalber von vier Jagdstaffeln der RAF begleitet und bombardierten einen großen Verschiebebahnhof bei Rouen. Etwa die Hälfte der Bomben traf immerhin das Ziel, und die »Fliegenden Festungen« kehrten ohne Verluste zurück. Drei Tage später griffen sie in größerer Zahl, begleitet von rund 500 alliierten Jagdflugzeugen, erneut Eisenbahnziele in Nordfrankreich an.

Die Amerikaner brannten darauf, endlich Ziele in Deutschland zu attackieren. Vorerst wurden die Bomber gebraucht, um im Herbst und Winter 1942/43 in die Atlantikschlacht einzugreifen, in der sie die wichtigen deutschen U-Boot-Stützpunkte Lorient und Brest vernichteten. Die wellenförmigen Angriffe

KZ-Häftlinge bei Räumarbeiten in Bremen, 13. Juni 1943.

führten zwar zur Zerstörung von Stadt und Hafen, ließen aber die meterdicken U-Boot-Bunker nahezu unbeschädigt. Die Deutschen verloren den Kampf, weil sie gegen die lückenlose Luftherrschaft über dem Atlantik kein Mittel fanden. Die deutschen U-Boote mussten praktisch blind operieren.

Auch im Mittelmeer wirkte sich die wachsende alliierte Luftüberlegenheit immer stärker nachteilig für die Achsenmächte aus. Um die festgefahrene Offensive Rommels zu entlasten, entschlossen sich Deutsche und Italiener zu dem Versuch, Malta als wichtigsten britischen Stützpunkt auszuschalten. Die Pläne lagen längst vor, doch weil man inzwischen weder über Fallschirmjäger noch starke Marinestreitkräfte verfügte, mussten die Bomber den Auftrag allein erledigen. Bei der zehntägigen Luftoffensive Mitte Oktober 1942 waren täglich bis zu 270 Flugzeuge im Einsatz. Trotz großer Zerstörungen blieb die Festung funktionstüchtig. Die vergleichsweise geringen Angriffskräfte erlitten erhebliche Verluste – ein Signal für die zunehmende Schwäche der an allen Fronten überforderten deutschen Kampfflieger.

Briten und Amerikaner starteten eine Gegenoffensive, bombardierten italienische Städte und Rüstungsfabriken und erzielten einen weitreichenden strategischen Erfolg. Der wichtigste deutsche Verbündete wurde damit nicht nur in seinem materiellen Potential, sondern auch in seiner Kriegsmoral empfindlich getroffen. Dazu trug der Einsatz der Bomber in Nordafrika bei, mit deren Hilfe die deutsch-italienischen Kräfte im November zum Rückzug gezwungen werden konnten. Mit der Operation »Torch«, der Landung in Nordwestafrika, standen Hitler und Mussolini vor einer schweren Niederlage. Trotz der alliierten Luftherrschaft gelang es den Achsenkräften, den Brückenkopf Tunis bis zum März 1943 zu halten. Für die Versorgung und Verstärkung der deutsch-italienischen Heeresgruppe musste man auf die wenigen vorhandenen Großraum-Transportflugzeuge und Bomber zurückgreifen. Für einen spektakulären Fernangriff auf Casablanca wurden elf Fw 200 gestartet, umgebaute viermotorige Passagiermaschinen, die nach dem Ausfall der He 177 einzig als fernreichende Flugzeuge für Aufklärungszwecke zur Verfügung standen. Da sie keine größere Bombenlast als der mittlere Kampfbomber He 111 zu tragen vermochten, blieb ihr sporadischer Einsatz letztlich nur eine belanglose Episode im Bombenkrieg. Acht Maschinen erreichten den marokkanischen Überseehafen und warfen knapp 8 t Bomben ab.

Die Wende vollzog sich zögernd und tastend. Auf deutscher Seite fehlte es an geeigneten Mitteln, um den Vorsprung der Briten einzuholen, und die Luftwaffenführung schien trotz der Freigabe von Terrorangriffen im Frühjahr 1942 nicht davon überzeugt zu sein, auf diese Weise entscheidende Erfolge erzielen zu können. Der Generalluftzeugmeister wurde immerhin beauftragt, nun doch Einsatzmittel zur Bekämpfung von Flächenzielen zu entwickeln. Daraus entstand kurzfristig das Projekt der Fi 103, einer fliegenden Bombe mit Strahlantrieb, der späteren V 1. Obwohl nicht schneller als die feindlichen Jäger, würde

Julius Meimberg
Jagdflieger bei der Luftwaffe, am 1. Februar 1943
von US-Bombern über Afrika abgeschossen.

»Ich habe immer den Vergleich gebraucht: ›Das ist eine
fliegende Wagenburg!‹ Die flogen ganz eng im Verband,
in einer Formation, die man bis dahin gar nicht kannte.
Sie hatten um sich herum ein Feuerwerk von roter Munition, das war schon ziemlich schlimm.

Beim Angriff von vorn habe ich die Führermaschine
getroffen, bin über diesen Verband ›gehüpft‹, mit riesiger Geschwindigkeit, und habe einen Treffer bekommen.
Ganz winzig, unten in das Kühlsystem. Das züngelte –
ich habe versucht rauszukommen, habe die Haube abgeworfen, war aber in einer
Fluglage wie bei einem Looping nach vorne. Ich kam aus den Gurten nicht los. Ich
saß im Flugzeug auf einem 400-l-Tank, der war dem Sitz angepasst. Ich kam nicht
raus und habe mir dabei meine Verbrennungen geholt.

Ich habe dann die Gurte mit arger Kraft losgezurrt und war mit einem Schlag draußen. Nach kurzer Zeit habe ich den Fallschirm gezogen. Es war gefährlich, zu früh zu
ziehen, denn der Fallschirm platzte bei einer bestimmten Geschwindigkeit. Innerhalb
von drei Sekunden hat man die Fallgeschwindigkeit im Luftraum, das sind 220 km/h.
Ich habe an mir runtergesehen: Die Schuhe waren weg, die Baumwollhose flatterte
um mich herum. Ich sah meine Hände: Die Fingernägel bogen sich nach außen, und
die Hand sah aus wie ein Roastbeef.

Ich habe unter sehr großen Schmerzen die Arretierung des Fallschirms gelöst. Als
ich auf dem Boden ankam, habe ich draufgeschlagen, und der Fallschirm war weg.
Es war natürlich ein Leichtsinn, die Arretierung in der Luft zu lösen, aber ich wollte
nicht bewusstlos durch die Wüste geschleift werden.«

sie zumindest das eigene fliegende Personal schonen. Visionen vom Masseneinsatz Tausender Geräte ließen sich niemals realisieren, denn Herstellung und
Einsatz waren keineswegs kostengünstiger als die Aufwendungen für Bomber.

Visionär blieben auch Überlegungen des Luftwaffengeneralstabes vom Sommer 1942, mit eigenen Fernstflugzeugen – die vorerst nur auf den Reißbret-
tern der Konstrukteure existierten – dereinst einen globalen Luftkrieg gegen
wichtige Ziele im Osten der UdSSR und an der Ostküste der USA führen zu
können. Die Berechnung von Flugstrecken rund um den Globus blieb reine
Theorie, während die Angelsachsen bereits dabei waren, Innovationen dieser
Art praktisch zu erproben. Die einzig greifbare Hoffnung auf deutscher Seite
blieb die He 177. Wenn sie endlich einsatzbereit sein würde, könnte man zumindest die amerikanischen Luftstützpunkte auf Grönland und Island sowie
an der westafrikanischen Küste angreifen. Wenn es mit Hilfe der Vichy-Fran-
zosen gelang, sich dort festzusetzen, könnte sogar die Verbindung nach Bra-
silien geknüpft werden. Außerdem würde man von Tripolis aus Angriffe bis

nach Aden und zum Persischen Golf fliegen können. Auch die Rüstungsziele im Fernen Osten der UdSSR wären erreichbar. Die Maschinen befanden sich immerhin schon in der Produktion, auch wenn die technischen Mängel noch immer nicht gelöst waren.

Die Rüstungsverantwortlichen waren weitsichtig genug, auch andere zukunftsweisende Ideen zu realisieren. Speer sagte der Entwicklung einer deutschen Atombombe seine Unterstützung zu. Doch während die deutschen Wissenschaftler davon überzeugt waren, noch immer über einen Vorsprung zu verfügen und vor sich hin bastelten, erzielten die Amerikaner bereits einen entscheidenden Durchbruch und eröffneten bald die großindustrielle Phase. Mehr Erfolg hatte Speer mit der Forcierung der Produktion des neuen Nervenkampfstoffes »Tabun«, mit dem Hitler über eine Superwaffe verfügte, die den Alliierten völlig unbekannt geblieben war. Beim Heer schienen sich die intensiven Bemühungen zum Bau von ballistischen Fernraketen (V 2) auszuzahlen. In Peenemünde hatten General Dornberger und Wernher v. Braun im Oktober 1942 einen ersten erfolgreichen Testflug gestartet. Hitler zeigte sich begeistert und orderte 5000 Exemplare – Terrorwaffen gegen die feindliche Zivilbevölkerung, die Hitler im Falle einer alliierten Landung den erhofften qualitativen Rüstungsvorsprung verschafft hätten.

Die Luftrüstung, zu diesem Zeitpunkt noch nicht Speer unterstellt, blieb unentschieden, was die Entwicklung und Erprobung von Strahlflugzeugen betraf. Die Luftwaffe setzte eher auf einen kleinen Schnellbomber zur Küstenverteidigung, während der Konstrukteur Willy Messerschmitt in seinem bereits flugtauglichen Modell Me 262 ein schnelles Jagdflugzeug sehen wollte. Noch immer strebte die Luftwaffenführung eine ausgewogene Streitmacht an, sowohl offensiv als auch defensiv verwendbar. Forderungen, die Produktion der Jäger deutlich zu steigern, hätte man nur zu Lasten der Bomberfertigung nachkommen können, doch der Generalstabschef der Luftwaffe Jeschonnek war schon jetzt kaum noch in der Lage, dem dringenden Ruf der Fronten nach Luftunterstützung zu entsprechen.

Hitler richtete seine Erwartungen vor allem auf den Erfolg der neuen Sommeroffensive im Osten. Dazu brauchte er seine Kampfflieger, die zusammen mit den Panzerkorps wieder die Front aufbrechen und den Feind in riesigen Kesselschlachten vernichten sollten. Für strategische Angriffe blieb da kein Raum. Eine Luftoffensive im April 1942 auf das belagerte Leningrad hatte den Zweck, davon abzulenken, dass die Wehrmacht ihren Schwerpunkt in die Ukraine verlegt hatte. Bei sechstägigen Angriffen von rund 600 Stukas und Bombern wurde aber kein Giftgas eingesetzt, obwohl dadurch das Vernichtungswerk zweifellos vollendet worden wäre. Churchill hatte die Deutschen öffentlich vor einem Gaseinsatz gewarnt und mit massiver Vergeltung gedroht.[20] Das wollte Hitlers keineswegs riskieren. Er war darum besorgt, den

strategischen Bombenkrieg möglichst nicht eskalieren zu lassen und das »Un-

Im Oktober 1942 gelingt der Start der » Wunderwaffe« V 2.

ternehmen Blau«, den Vorstoß zu den Ölquellen des Kaukasus, nicht in Gefahr zu bringen.

Den Auftakt machte die Eroberung von Sewastopol, das als größte Seefestung der Welt seit einem Jahr belagert worden war. Mansteins 11. Armee setzte schwerste Geschütze und auch Kampfflieger ein, um den Sturm auf die ausgedehnten Befestigungen vorzubereiten. Nach seinem blutigen Erfolg wurden die Verbände quer zur Front nach Leningrad verlegt. Aber anstatt diese Festung zu nehmen, wurden sie rasch in Abwehrkämpfe gegen sowjetische Entlastungsangriffe verwickelt und blieben gebunden. Leningrad hielt stand. Dagegen brachen die sowjetischen Armeen im Süden wie im Vorjahr unter den konzentrierten Stößen der Wehrmacht zusammen und traten den Rückzug an. Diese anfänglichen Erfolge waren nur möglich, weil die Luftwaffe an den Brennpunkten alle greifbaren Kampfflieger zusammenzog. Nach den Winterkämpfen hatte man bis zum Beginn der Sommeroffensive die Kampfflieger- und Stukaverbände noch einmal auffüllen, d. h., ihre Einsatzbereitschaft verdreifachen können. Die Zahl von rund 580 Maschinen reduzierte sich freilich bis Dezember 1942 auf 380, obwohl ein großer Teil der Neuproduktion in die verlustreichen Kämpfe gesteckt worden war. Insgesamt verlor die Luftwaffe im Sommer 1942 monatlich rund 800 Flugzeuge an allen Fronten.

Bei der Verfolgung bis zur Wolga und in den Kaukasus hinein wichen die geschlagenen sowjetischen Armeen im Gegensatz zum Vorjahr rechtzeitig aus, bis Stalins Haltebefehl das Signal für den Umschwung der Kämpfe gab. In

Luftbombardements auf Stalingrad im Sommer 1942.

Die Me 323 »Gigant« konnte in ihrem Bauch Lastkraftwagen befördern.

erbitterten Schlachten gelang es den Deutschen weder Stalingrad, das große Rüstungszentrum an der Wolga, noch die strategisch bedeutsamen Ölquellen des Kaukasus endgültig in ihre Hand zu bekommen. Wieder stand Hitler vor der wichtigen Frage, ob und wann er seine Bomberverbände gegen wichtige Städte und »Lebenszentren« starten lassen sollte, um den Feldzug erfolgreich abzuschließen.

Beim Vormarsch in den Kaukasus hatte sich im August 1942 die Chance geboten, durch eine Zusammenfassung aller Kampfflieger das weit entfernte Baku und damit die »Tankstelle« der Roten Armee zu vernichten. Doch Hitler wollte diese Quellen ja selbst in Besitz nehmen. Als sich dann ein Scheitern der Offensive abzeichnete, war es für einen solchen Angriff zu spät. Die Eroberung Stalingrads war ursprünglich keine beschlossene Sache gewesen. Das Rüstungszentrum hätte auch durch die Luftwaffe zerstört werden können. Doch hier stellte sich Stalin zum Kampf und zog seinen Kontrahenten in einen »Rattenkrieg« um jedes Kellerloch in der Stadt. Die 6. Armee des Generals Paulus hatte sich die Aufgabe unnötig erschwert, weil man zunächst auf ein schweres Bombardement der Stadt setzte, um die Verteidiger zu überrumpeln. In rollenden Angriffen zwischen dem 23. und 26. August 1942 hatten deutsche Kampfflieger und Stukas Stalingrad in Trümmer gelegt, Trümmer, die das Eindringen der deutschen Infanteristen in die Stadt erheblich erschwerten. Stalin hatte eine rechtzeitige Evakuierung der Einwohner und zahlreicher Flüchtlinge verhindert, um nicht die Kampfmoral der Verteidiger zu schwächen. Die Opferzahlen der Luftangriffe sind nicht exakt zu bestimmen; die Angaben reichen von rund 1000 Toten bis zu 40 000.[21]

Die Luftflotte 4 des inzwischen zum Generalfeldmarschall beförderten Wolfram Freiherr v. Richthofen war zu schwach, um gleichzeitig den Vorstoß in den Kaukasus und den Kampf an der Wolga zu unterstützen. Am Ende scheiterten beide. Wenn Stalin bereits im Spätsommer wieder mit der Bereitstellung von starken Reservekräften für eine Gegenoffensive beginnen konnte, dann lag das auch am Fehlen von Fernkampfbombern und -aufklärern bei der Luftwaffe. Es gab keine Möglichkeit, die auf Hochtouren laufenden Rüstungsbetriebe anzugreifen, die der sowjetischen Luftwaffe allein in diesem Jahr 25 000 Flugzeuge lieferten. Bis auf die zeitweilige Unterbrechung der Transporte auf der Wolga konnten weder die Zuführung von Kräften aus allen unbesetzten Teilen der UdSSR noch die alliierten Hilfslieferungen behindert werden. Auch gelang es nicht, die Bereitstellungen für den Gegenschlag rechtzeitig aufzuklären.

So entwickelte sich Stalingrad zum Grab für die 6. Armee. Die Katastrophe um die Jahreswende 1942/43 wurde gleichzeitig zum Opfergang für die deutschen Transport- und Bombenflieger. Um die eingeschlossene Armee zu versorgen, wurden Hunderte von He 111 sowie die wenigen Fw 200 und sogar einige Exemplare der He 177 eingesetzt. Die deutschen Fernflieger transportierten Munitionskisten, Treibstoff-Fässer und Mehl in die Stadt. Statt der erforderlichen 500 t täglich, die Göring leichtfertig versprochen hatte, erreichten durchschnittlich selten mehr als 60 Maschinen mit 100 t das Ziel. Für die schwierige Strecke und wegen der extremen Bedingungen musste man auf Fluglehrer und andere erfahrene Piloten zurückgreifen, deren Tod im sowjetischen Flakfeuer zu einem Aderlass führte, von dem sich die Luftwaffe nicht wieder erholen sollte. Rund 500 Flugzeuge gingen dabei verloren.

Exkurs: Die Reichsluftverteidigung

Die offensive Luftkriegführung Hitlers hatte sich bis Ende 1942 erschöpft, aber zumindest im Osten den Feind so weit von den Reichsgrenzen vertrieben, dass aus dieser Richtung vorerst keine strategischen Angriffe auf lebenswichtige Ziele in Deutschland zu erwarten waren. Die Lücken im Süden und Westen blieben offen. Hier bot sich den alliierten Fernbombern unverändert ein Einfalltor, das insbesondere die Rüstungsschmiede des Ruhrgebietes gefährdete. In der Diskussion über den Bombenkrieg wird nicht selten der Umstand hervorgehoben, dass die Angriffe auf deutsche Städte schutzlose und »unschuldige« Zivilisten, Frauen, Kinder, Greise und Kranke, getroffen haben. Das ist unbestritten, allerdings darf der Zusatz nicht unerwähnt bleiben, dass die Städte durch massive militärische Luftverteidigung geschützt wurden und daher keine »offenen« Städte im Sinne der Haager Landkriegsordnung gewesen sind. Meist beherbergten sie auf ihrem Territorium militärisch wichtige Einrichtungen und Rüstungsbetriebe, die legitime Angriffsziele darstellten. Zudem hatte man nach den Erfahrungen des Ersten Weltkrieges Vorkehrungen getroffen, um den Schutz der Zivilbevölkerung zu verbessern. Der zivile Luftschutz als größte NS-Organisation, aufgeladen mit militaristischen Leitbildern und Ideologien, wurde in Deutschland, ganz im Gegensatz etwa zu Großbritannien, seit Mitte der 30er Jahre straff zentralistisch geführt.[22] Luftschutz galt als wichtiges Element für den Zusammenhalt und zur Formierung der »Volksgemeinschaft« in Kriegszeiten sowie zur Stabilisierung der »Heimatfront«. Er baute den Versuchen des Feindes vor, die Lebens- und Rüstungszentren durch Terrorbombardements zu erschüttern und einen Aufstand der Bevölkerung gegen Krieg und Regierung zu entfachen. Der Schutz der Zivilbevölkerung wurde so Teil einer militärischen Strategie, die das Überleben der Nation im totalen Krieg sichern sollte.

In Großbritannien war der Luftschutz lange Zeit nur in kleinen Regierungszirkeln diskutiert worden. Die Experten wollten nicht ausschließen, dass es bei massiven Terrorangriffen des Feindes gegen eine nur notdürftig geschützte Bevölkerung notwendig werden könnte, die Städte größtenteils zu evakuieren, mit zwangsläufig unabsehbaren Folgen für die Aufrechterhaltung von Ordnung, Versorgung und Produktion im Lande. Gegen solche defätistischen Prognosen hatten auch die Briten schließlich auf das Leitbild des standhaften Durchhaltens zurückgegriffen. Statt sich massiv in die Erde einzugraben und Unsummen für den Bau von Bunkern auszugeben, die niemals für alle Bewohner ausgereicht hätten und der raschen Entwicklung neuer Bombentypen gar nicht folgen konnten, hielt man es für sinnvoller, das Geld in die Produktion eigener Bomber zu investieren. Mit ihnen war es möglich, den Feind abzuschrecken oder durch harte Vergeltung in die Knie zu zwingen. Während der Luftschutz über die Sicherstellung rudimentärer Hilfsmaßnahmen nicht hinausgelangte, erhielt die aktive Luftverteidigung höchste Priorität.

Im »Dritten Reich« bremste lediglich der zunehmende Mangel an Baustoffen und Arbeitskräften infolge der Aufrüstung umfangreichere bauliche Maßnahmen für den Luftschutz. Die Wehrmacht reklamierte den größten Teil der zur Verfügung stehenden Ressourcen für den militärischen Luftschutz. So enstanden gigantische Befehlsbunker und bombensichere Festungsanlagen an den Reichsgrenzen – eine Priorität, die bis 1945 beibehalten wurde. Und niemand wurde durch meterdicken Beton so gut geschützt wie der »Führer« und seine Vasallen. Die Rüstungsindustrie konzentrierte man, so weit das möglich war, aus Luftschutzgründen im mitteldeutschen Raum, außerhalb der damaligen Reichweite britischer Bomber.

Zumindest in den norddeutschen Hafenstädten, den wegen ihrer Nähe zu England luftangriffsgefährdeten Stützpunkten der Marine, begann man vor Kriegsbeginn mit dem Bau neuartiger Luftschutztürme. In ihnen konnten z. B. Werftarbeiter, Marineangehörige und die Bewohner umliegender Siedlungen Schutz finden. Für die Mehrheit der Einwohner größerer Städte waren nach damaliger Einschätzung entsprechend vorbereitete Kellerräume in massiven

Wohngebäuden ausreichend. In England wie in Deutschland organisierte man mit Beginn der Luftangriffe wenigstens die Evakuierung von Schulkindern. Alle anderen Bewohner blieben für das Funktionieren der Städte unentbehrlich. Nur die arbeitende Bevölkerung vor Ort zu belassen, das hätte die in Kriegszeiten ohnehin entbehrungsreichen Lebensbedingungen verschärft und weitreichende soziale und psychologische Folgen für die getrennten Familien gehabt, so dass niemand ernsthaft daran dachte.

Vor einem Douhet'schen Terrorbombardement waren auch die Deutschen bei Beginn des Krieges längst nicht ausreichend geschützt. Die Machthaber waren deshalb darauf bedacht, eine Eskalation des Bombenkrieges möglichst zu vermeiden. Sie hielten es im Wesentlichen für ausreichend, dass die Bevölkerung durch nächtliche Verdunkelung den Anflug feindlicher Bomber erschwerte, nach der Warnung durch Sirenen den Keller aufsuchte und nach den Angriffen Erste Hilfe leistete und Brände bekämpfte.

Trotz der friedensähnlichen Verhältnisse nach dem Sieg über Frankreich sah sich Hitler durch die vereinzelten britischen Angriffe auf Berlin herausgefordert, mit einem »Führer-Sofortprogramm« zum Bau von »bombensicheren« Luftschutzräumen für die Bevölkerung ausgewählter Großstädte zu antworten. Allein in Berlin sollten bis zu 2000 Bunker errichtet werden, wozu noch die gigantischen Flaktürme in der Stadt kamen, die auch für die Zivilbevölkerung offen standen. Hitler legte größten Wert darauf, dass diese Großbunker auch Attacken mit Giftgas standhalten würden. Das gesamte Bauprojekt zog eine weit verzweigte Bürokratie nach sich, musste aber bald reduziert und zeitlich gestreckt werden. Der Inspekteur des Luftschutzes Kurt Knipfer hatte zunächst verkündet, dass ein neuer Westwall entstehen werde, der dem Gegner vor Augen führe, wie zwecklos Bombenangriffe künftig sein würden. Doch die scheinbare Sicherheit in der Phase der Blitzfeldzüge erschwerte die Propaganda für langjährig konzipierte Schutzbauten.

Für die »1. Bauwelle« hatte man zunächst 61 Städte mit mehr als 100 000 Einwohnern ausgewählt, die luftgefährdet waren und kriegswichtige Rüstungsbetriebe aufwiesen. Bis Mitte 1943 konnte man rund 2000 Bunker in 76 Städten halbwegs fertigstellen. Dafür waren rund 5 Millionen m³ Beton verbaut worden, oft von sowjetischen Kriegsgefangenen. Das war nur die Hälfte der Menge, die allein für die Errichtung des Atlantikwalles verwendet wurde, abgesehen vom Bau der zahlreichen »Führerhauptquartiere« und Privathäuser für NS-Prominente.

Der mangelhafte Schutz der »Volksgenossen« bei ständig zunehmenden Luftangriffen führte zu einer anhaltenden Vertrauenskrise, der Hitler nichts entgegenzusetzen hatte, so sehr er auch immer wieder auf die Baupläne für neue Bunker zurückkam. Das Konzept einer »verbunkerten Stadt«, die ihre Schutzbauten sogar als städtebauliche Errungenschaften und architektonische Denkmäler verstehen sollte, blieb Utopie. Selbst das »Sofortprogramm« war

Ein Hochbunker in Kiel, eine der ab 1942 errichteten Luftschutzanlagen der Stadt.

praktisch gescheitert, denn nur durchschnittlich 5 Prozent der Bevölkerung in den höchst gefährdeten Städten konnten Schutz in Bunkern finden. Für die übergroße Mehrzahl der Menschen blieben nicht mehr als Notbehelfe in Kellern und zerstörten Häusern, in Stollen und hastig errichteten Splitterschutzgräben.

Wenn in der Erinnerung der Zeitzeugen die Bunkerbilder dominieren, dann spiegelt sich darin also nur bedingt die Realität des Zweiten Weltkrieges; die düsteren Betonbunker stehen vor allem als Symbole für den Luftkrieg, die meisten Menschen erlebten den Bombenkrieg im Keller ihres Wohnhauses. Als die Alliierten massiv Brandbomben einsetzten, boten die Luftschutzkeller in Wohn- und Geschäftshäusern besonders intensiv bombardierter Großstädte kaum noch Schutz. Aus den tödlichen Fallen der Keller flüchteten die Menschen in Bunker und Stollen, wo die Überbelegung zu unerträglichen Zuständen führte. Die »Bunkerpanik« nahm besonders in den letzten Kriegsmonaten zu. Bei Fliegeralarm kam es zu chaotischen Szenen an den Eingängen; Frauen und Kinder drängten sich in den dunklen und feuchten Gängen. Viele, die ohnehin bereits alles verloren hatten, wurden zu Dauerinsassen, zu Höhlenbewohnern, krank und verdreckt, apathisch selbst dann, wenn bei Angriffen der Bunker wieder bebte. Da ein sicherer Bunkerplatz dennoch ein Privileg war, entwickelten die Nazis ein bürokratisch abgestimmtes System des Zugangs. Ausländische Arbeiter und Kriegsgefangene hatten von vornherein

Notversorgung für die Bombengeschädigten vor dem Brandenburger Tor, 1943.

keine Erlaubnis, öffentliche Schutzräume aufzusuchen. In provisorischen Splitterschutzgräben und Holzbaracken kamen viele von ihnen ums Leben. Da sie als Arbeitskräfte in der Rüstungsindustrie unentbehrlich waren, sorgten manche Betriebe für eigene Luftschutzbauten.

Der Mangel an Baustoffen behinderte das »Selbsthilfeprogramm« der Bevölkerung, mit dem die NS-Führung auf die Luftschutzkrise im Sommer 1943 reagierte. Einen Schwerpunkt bildete das Ruhrgebiet, wo die Schutzmöglichkeiten durch den Bau von bombensicheren Stollen erheblich verbessert wurden, darüber hinaus wurde die Bevölkerung teilevakuiert. Doch für die kleineren Städte am Rande der kriegswichtigen Region blieb es bei den geringen Schutzmöglichkeiten.

Mit dem rigorosen Einsatz von Polizei und Justiz sorgte das NS-Regime dafür, dass sich aus Angst und Unmut der Luftkriegsopfer kein Aufbegehren entwickelte. Der Maßnahmekatalog gegen »Wehrkraftzersetzer« und »Heimtücke-Vergehen«, wie er bei der Weitergabe von Gerüchten oder politischen Witzen in Kraft trat, wurde nach dem ersten 1000-Bomber-Angriff auf Köln durch Strafandrohungen für Plünderer ergänzt. Die bei Hilfs-, Bergungs- und Aufräumarbeiten eingesetzten Menschen, ob nun ausländische Zwangsarbeiter, Kriegsgefangene oder »Volksgenossen«, kamen automatisch in Berührung mit Wertgegenständen, Hausrat, Lebensmittelvorräten usw. Da schon der Anschein von »Plünderung« rasch zum Politikum werden konnte, sollte unnachsichtig geahndet werden. Spezielle Sondergerichte waren berechtigt, »Plünderer« an Ort und Stelle zum Tode zu verurteilen. Ausländische Arbeitskräfte, vor allem Polen und »Ostarbeiter«, wurden ohne Verfahren an die Gestapo zur Exekution übergeben oder von Polizeibeamten auf der Stelle erschossen. Über einzelne Fälle berichtete die Presse ausführlich, um die Bevölkerung zu beruhigen, doch die Härte der Strafen sorgte nicht selten für Unverständnis.

Zu den propagandistischen Gegenmaßnahmen gehörte auch die Einsetzung von Arbeitsstäben für die Wiederaufbauplanung der Städte. Den Menschen sollte so Hoffnung auf eine baldige Rückkehr zu Friedensverhältnissen suggeriert werden. Wenn die Experten euphorisch von Neugestaltung sprachen und damit die gewachsenen Stadtbilder verwarfen, dann reagierten die »Volksgenossen« eher negativ. Sie hätten wohl auch kein Verständnis für den Zynismus ihres Propagandaministers Goebbels gezeigt, wenn sie gehört hätten, was der hinter verschlossenen Türen sprach: Er sei den Engländern eigentlich dankbar für die Zerstörung der Städte, denn so könnten diese größer und schöner wiedererstehen.[23]

Dringlicher als solche Planspiele war die Wohnraumversorgung einer wachsenden Zahl von Obdachlosen. Bereits durch die verstärkten britischen Flächenangriffe ab Sommer 1942 gab es für die meisten »Ausgebombten« keinen Ersatzwohnraum mehr in den Städten. In den Ballungszentren West- und Norddeutschlands wurden aufwändige Großbaracken in der Art von Reihenhäusern konzipiert, die in neuen Siedlungen am Stadtrand entstehen sollten. Doch dieses Behelfsheimprogramm konnte mit der Intensivierung des Bombenkrieges nicht Schritt halten. 1943 wurden im ganzen Deutschen Reich in einer einzigen Nacht mehr Menschen obdachlos, als man noch 1942 für das ganze Jahr einkalkuliert hatte. Deshalb ließ man, teilweise von jüdischen Zwangsarbeitern, primitive Baracken produzieren, die nach Kriegsende als Gartenlauben genutzt werden sollten.

Mit solchen Behelfsheimen wollte die NS-Führung sicherstellen, dass die dringend benötigten deutschen Arbeitskräfte in der Nähe der Industrieanlagen zusammengehalten, überwacht und geschlossen zum Einsatz gebracht werden konnten. Um die Auswirkungen des Bombenkrieges sowohl auf die »Moral« der Zivilbevölkerung als auch auf die Produktionsfähigkeit der Rüstungsindustrie einzudämmen, kümmerte man sich auch um Ersatz für zerstörten Hausrat. Als durch die Intensivierung der Flächenangriffe das Ausmaß der Schäden in die Höhe schnellte, sah es vor allem die Partei als ihre Hauptaufgabe an, den Betroffenen Soforthilfe anzubieten. Man stellte spezielle Hilfszüge mit Bekleidung und Gebrauchsgegenständen – von der Zahnbürste bis zum Kinderspielzeug – bereit. 1943 musste deshalb die Konsumgüterproduktion für den zivilen Bedarf wieder erhöht werden. Man scheute sich aber nicht, für die Notversorgung der Luftkriegsopfer auch auf die besetzten Gebiete und die Ausgestoßenen der »Volksgemeinschaft« zurückzugreifen: Die Deportation der deutschen Juden bot Gelegenheit für staatlich organisiertes Plündern. Zwischen 1942 und 1944 richtete sich das Interesse auf das beschlagnahmte jüdische Eigentum in den besetzten Gebieten. Hier wurden insbesondere in Westeuropa große Mengen an Wohnungseinrichtungen erfasst und ins Reich transportiert. Die stark betroffenen Städte an Rhein und Ruhr erhielten fast 20 000 Waggons allein aus Frankreich; andere Transporte von »Judenmöbeln« wurden mit Binnenschiffen abgewickelt. Bombengeschädigte konnten sich aus diesen Lieferungen bedienen.

Die jüdischen Bürger lebten in den deutschen Städten schon seit Herbst 1939 schutzlos in so genannten Judenhäusern. Ihre Wohnungen waren vielerorts unter Hinweis auf die ausgebombten »Volksgenossen« beschlagnahmt worden. Der Sicherheitsdienst notierte Stimmen in der Bevölkerung, die nach dem schweren Angriff am 30. Mai 1942 die Bombardierung des Kölner Doms mit früheren Zerstörungen an Synagogen in Deutschland in Verbindung brachten. Und wenn der Hamburger Gauleiter Kaufmann im September 1942 in einem Schreiben an Göring vorschlug, die Juden aus der Stadt abzutransportieren, um Wohnungen für Bombengeschädigte freizumachen, was Hitler ausdrücklich befürwortet hatte, dann war ein direkter Zusammenhang zwischen Holocaust und Bombenkrieg hergestellt.[24] So lag es ein Jahr später nahe, die Luftangriffe der Alliierten als Vergeltung für den Judenmord, als »jüdische Rache«, wahrzunehmen. Spekulationen grassierten, dass es, hätte man die Juden als

Dicht gedrängt sitzen die Menschen in einem öffentlichen Schutzraum.

Schwere Flakartillerie auf dem Flakturm am Zoo in Berlin, 1941/42.

Faustpfänder in den Städten behalten, nicht zu den Bombardierungen gekommen wäre.

Immer häufiger musste sich die deutsche Luftwaffe die Frage gefallen lassen, warum sie nicht ähnlich wirkungsvolle Vergeltungsschläge, wie sie Deutschland von den Alliierten hinnehmen musste, gegen England führte.[25] Görings Luftwaffe befand sich freilich längst in heftigen Abwehrschlachten gegen die Angriffe des Bomber Commands. Seit dem Sommer 1941 hatte sie ihre Angriffe gegen die britischen Inseln drastisch reduzieren müssen. Das galt auch für den Einsatz von Jagdflugzeugen zur Reichsluftverteidigung. Die Abwehr feindlicher Bomber musste immer stärker vom Boden aus organisiert werden. Die aktive Luftverteidigung lag – neben den Tag- und Nachtjägern – hauptsächlich auf den Schultern der größten Flakarmee der Welt. Die Mehrzahl der bis zu 1,8 Millionen Soldaten der Luftwaffe dienten bei der Flakartillerie, der im gesamten Kriegsverlauf über 400 000 Männer und Frauen als Behelfspersonal zur Seite standen, die die Armee verstärkten bzw. Verluste ausglichen, darunter 80 000 Schüler und 60 000 Kriegsgefangene.

Die jungen Luftwaffensoldaten wurden in eigenen Verbänden an der Front im infanteristischen Einsatz »verheizt«, während ihre Posten in den Flakstellungen von Schülern im Alter zwischen 15 und 17 Jahren eingenommen wurden. Der Unterricht wurde an Ort und Stelle von ihren Lehrern abgehalten. Junge Mädchen und Frauen arbeiteten an den Messgeräten und bedienten die großen Scheinwerfer. Für die Schwerarbeit setzte man vorzugsweise russische Kriegsgefangene sowie junge Tschechen, Polen und Ungarn ein: Sie mussten die Munition heranschleppen, was Göring zu der zynischen Bemerkung veranlasste, seine Flakbatterien seien wie eine »Völkerbundsversammlung«.[26]

Die Luftwaffe baute mehr Geschütze (rund 60 000) als Jagdflugzeuge (rund 50 000). Zwölf Prozent der gesamten Munitionserzeugung der Wehrmacht wurden für die Flak eingesetzt, doppelt soviel wie für die Feldartillerie des Heeres. Allein die Menge des Aluminiums, die für Flakmunition verbraucht wurde, hätte ausgereicht, um 40 000 Jagdflugzeuge zu bauen. Tausende von schweren Geschützen wurden als Sperrfeuerbatterien eingesetzt; man benötigte bis zu 16 000 Granaten für einen einzigen Abschuss, während Jagdflugzeuge oft nur einen Feuerstoß brauchten, um den Gegner abzuschießen.

8,8-cm-Flakbatterie im Einsatz.

Im Schnitt wurde immerhin ein Drittel der Totalverluste an US-Bombern durch die Flak bewirkt. Größer war die Zahl an Beschädigungen, wie der Flakeinsatz überhaupt immer wieder die alliierten Bomberströme in ihrem Angriff nachhaltig störte, so dass diese mitunter gezwungen waren, sich wieder zu zerstreuen. Vor allem die schwere Flak konnte den gezielten Bombenabwurf auf separate Ziele behindern. Nach dem Verlust der Luftherrschaft über dem Reich im Frühjahr 1944 blieben Zehntausende von Flakgeschützen das nahezu einzige Mittel der deutschen Luftabwehr; das Donnern der Kanonen vermittelte der Bevölkerung das Gefühl, nicht völlig wehrlos zu sein.

Ihren größten Erfolg erzielte die deutsche Flakwaffe am 1. Januar 1945. Es war die höchste Tagesabschussquote der Flakartillerie aller Zeiten. Die deutsche Luftwaffe hatte mit dem höchst geheimen »Unternehmen Bodenplatte« versucht, mit einem letzten Masseneinsatz die Ardennenoffensive zu unterstützen. 1035 Jäger, Jagdbomber und Schnellbomber griffen alliierte Flugplätze in Südholland, Belgien und Nordfrankreich an. Sie zerstörten 479 feindliche Flugzeuge, verloren aber selbst beim Rückflug 277 Maschinen, die größtenteils von eigener Flak abgeschossen wurden, die man nicht informiert hatte.

Der Aufwand bei der Flak stand in keinem vernünftigen Verhältnis zum Ergebnis. Die Entwicklung von Flakraketen als kostengünstige Alternative

142 *Göring bei einer Besichtigung des Zoo-Bunkers in Berlin, Frühjahr 1943.*

Hans-Detlef Heller
Ab Februar 1943 Flakhelfer in Berlin bei
der Verteidigung der Reichshauptstadt.

»Eines Tages kam ein Offizier in unseren Unterrichts-
raum und verkündete, dass mit dem Stichtag 15. Februar die Jahrgänge 1926 und 1927 der höheren Schulen
als Luftwaffenhelfer eingezogen werden. Wir brachen in
ohrenbetäubenden Jubel aus. Nun waren auch wir endlich Soldaten! Die ganze Zeit hatten wir gefürchtet, dass
wir nichts mitkriegen würden, aus Altersgründen – jetzt
gehörten wir dazu! Organisatorisch unterstanden die
Luftwaffenhelfer der Hitlerjugend, was uns gar nicht
passte. Wir fühlten uns als Soldaten, daher gab es ein regelrechtes Tauziehen um
die HJ-Armbinden.

Eine Geschützbesatzung bestand aus neun Leuten: dem Geschützführer und drei
Richtkanonieren, die das Geschütz und den Zünder an der Patrone einstellten; zwei
Soldaten, die das Geschütz luden und den Schuss abfeuerten; und vier Leuten, die
die Munition ranschleppten. Die Richtkanoniere waren Luftwaffenhelfer. Das Ge-
schütz laden und abschießen, das machten richtige Soldaten. Die Patronen aus den
Bunkern ranschaffen, dafür waren russische Kriegsgefangene eingeteilt.

Der Einsatz kam unserer jugendlichen Abenteuerlust entgegen. Gab es Alarm, konnten wir gar nicht schnell genug unsere Uniformen anziehen. Wie eilten an die Geschütze, die von einem Splitterwall umgeben waren. Dann sah man die Scheinwerfer,
die versuchten die feindlichen Flugzeuge zu erfassen. Gleich bei einem unserer ersten
Angriffe gab es neben uns einen Rohrkrepierer. Das machte einen ohrenbetäubenden Lärm! Das Geschoss war im Lauf explodiert und hatte das ganze Geschützrohr
abgerissen. Ein Soldat wurde vom Rohr am Kopf getroffen und war tot. Das fanden
wir außerordentlich eindrucksvoll. Wir waren nicht etwa niedergedrückt, sondern fühlten uns darin bestärkt, wie wichtig und gefährlich unser Einsatz war. Es zeigte uns,
dass wir uns wirklich mitten im Krieg befanden, obwohl wir nicht an der Front waren.«

kam bis Kriegsende nicht zum Abschluss. Die Deutschen zahlten für dieses
gigantische Feuerwerk einen hohen Preis. Mit dem Aufwand an Material und
Soldaten, der benötigt wurde, um einen alliierten Bomber abzuschießen, hätte
ein sowjetischer Großangriff abgewehrt werden können. Zwar wurde ein Teil
der leistungsfähigen 8,8-cm-Flak später erfolgreich zur Panzerabwehr eingesetzt, doch insgesamt fehlte es der Wehrmacht beim Erdkampf an artilleristi-
scher Feuerkraft. Sie konnte durch Stuka und Kampfflieger nur an Schwer-
punkten ersetzt werden.

Gleichzeitig bastelte das Heer insgeheim am Bau von Fernraketen als Ausgleich für die fehlenden Luftwaffenkräfte im strategischen Bombenkrieg. Statt
der A-4-Raketen hätten mit denselben Mitteln allerdings 24 000 zusätzliche
Jäger gebaut werden können. Hier zeigt sich die Schwäche der deutschen

143

Kriegführung, die nach der furiosen Blitzkriegsphase gegen eine überlegene Feindkoalition im Mehrfrontenkrieg kein wirklich durchschlagendes Konzept aufwies, sich aufgrund struktureller Defizite sowie ideologischer Prämissen in Widersprüche verwickelte und von schwankenden Entscheidungen gekennzeichnet war.

Die Flakverbände der Luftwaffe hatten schon im Mai 1940 den Beginn des strategischen Luftkrieges durch britische Bomber nicht verhindern können. Vor allem die Nachtangriffe ließen sich nur schwer bekämpfen. Erst im Juni 1940 erhielt General Josef Kammhuber den Auftrag, ein Verteidigungssystem gegen die britischen Flieger zu errichten. Er setzte die zweimotorigen Zerstörerflugzeuge des Typs Me 110, die im Fronteinsatz nicht die Erwartungen erfüllt hatten, als schwere Nachtjäger ein, um die von den Scheinwerferbatterien angestrahlten Bomber abzuschießen. Im Herbst wurde das System durch ein Funkmessgerät, das »Würzburg«-Radar, komplettiert. Scheinwerfer-, Flak- und Funkmessstellungen fasste man zu so genannten Himmelbettstellungen zusammen. So bildete sich ein Abwehrsystem von Kreisen mit einem Durchmesser von ca. 65 km, die sich überlappten. Jägerleitoffiziere führten vom Boden aus per Sprechfunk die eigenen Nachtjäger an die auf dem Radarschirm georteten Bomber heran. Horchgeräte alarmierten die Flakbedienungen, die, in Zielnähe stationiert, hauptsächlich durch Sperrfeuer wirksam wurden.

Die »Kammhuber-Linie« erstreckte sich von der dänischen Grenze bis nach Paris. Damit konnte die anfängliche taktische Schwäche der Bomberstaffeln ausgenutzt werden, die wegen des Mangels an Führungs- und Navigationsmitteln gezwungen waren, ihre Angriffe mit einzelnen, in Intervallen anfliegenden Maschinen zu fliegen. Die Nachtjäger hatten dadurch ausreichend Chancen, einzelne Bomber zu verfolgen und anzugreifen. Allein 1940 verloren die Briten auf diese Weise 492 Maschinen, 1941 bereits 1034. Nur ein Drittel von ihnen ging auf Flakabschüsse zurück. Erst mit der Einführung des Funknagivationssystems »Gee« im Frühjahr 1942 hatte das Bomber Command die Möglichkeit, die Kammhuber-Linie nicht mehr im Einzelflug, sondern in großen zusammengefassten Verbänden zu überfliegen. Diese konnten sich gegen einzelne deutsche Nachtjäger besser verteidigen und in größerer Zahl sicher das Zielgebiet erreichen. Trotz der Verfeinerung des aufwändigen Bodenverteidigungssystems wurde die Kammhuber-Linie bald von den Ereignissen überrollt.

In den ersten drei Kriegsjahren hatte die deutsche Bevölkerung, so lässt sich also festhalten, in relativer Sicherheit gelebt. Zwar gelang es Görings Luftwaffe nicht, das britische Bomber Command völlig vom Reichsgebiet fernzuhalten, doch die vier oder fünf Bombenangriffe pro Monat trafen nur west- und norddeutsche Großstädte und richteten relativ geringe Schäden an. Bombentrichter oder zerstörte Häuser wurden mitunter sogar zu Ausflugszielen für Neugierige. Auf durchschnittlich zehn eingesetzte Bomber kam auf deutscher Seite

Heinz Rökker
Nachtjäger bei weit über 100 Einsätzen
und mit 64 Abschüssen sehr erfolgreich.

»Wir haben nachts draußen gestanden, als die englischen Flugzeuge 1940 über Berlin die ersten Bomben warfen. Das waren einzelne Flugzeuge, keine Bomberströme, die da flogen. Die wurden meistens empfangen mit Scheinwerfern. Ich hab mir gesagt, es müsste doch einfach sein, so eine Maschine im Scheinwerfer abzuschießen. Man konnte sie ja deutlich sehen. Das war der Anlass, dass ich mich zur Nachtjagd gemeldet habe. Der Bomber hatte überhaupt keine Chance, weil wir ja immer aus dem Nichts kamen. Der Pilot konnte noch so gute Augen haben und nach unten sehen – das brachte nichts. Man flog unter den Gegner, konnte Fahrtangleich machen und flog alles mit, was der flog. Die hatten die Taktik des so genannten Wedelflugs; die flogen immer von einer Seite zur anderen. Sie glaubten, damit den Nachtjäger abzuhängen, was aber überhaupt keinen Erfolg hatte. Dann machte man diesen Angleich. Der Flugzeugführer konnte durch das Reflexvisier, das oben an der Decke befestigt war, schießen, wohin er wollte – in erster Linie in die Tragflächen, weil wir wussten, dass da die Tanks waren. Es genügte ein Feuerstoß, und die Tanks waren in Brand. Die Munition, die wir hatten, war so gegurtet, dass immer Brandmunition dran war. Für uns war das eine Lebensversicherung. Der Gegner hatte keine Chance, sich zu verteidigen. Das Komische war: Man sah bei Nacht nur das Flugzeug. Man sah nicht die Leute, die drin saßen, und das waren immerhin sieben Mann. Daran hat man natürlich nicht gedacht. Man hat in erster Linie das Flugzeug gesehen, und das Flugzeug musste runter und brennen, da hab ich keine moralischen Probleme gehabt.«

ein Toter. So gesehen waren die strategischen Angriffe auf Deutschland für die Briten meist gefährlicher als für die Deutschen, zumal Görings Luftwaffe stets mit noch stärkeren Kräften auf britische Städte zurückschlug.

Das galt allerdings nur bis zum Frühjahr 1942, als sich die Angriffspotentiale umkehrten. Die Briten hatten mit den verheerenden Flächenangriffen auf Lübeck und Köln ihre Fähigkeit unter Beweis gestellt, ganze Stadtzentren in Schutt und Asche zu legen. Mit der Kombination von Angriffen auf Wirtschafts- und Rüstungszentren sowie auf ganze Wohnviertel wollte man der deutschen Kriegführung empfindliche Schläge versetzen. In London wuchs die Zahl der Befürworter eines rücksichtslosen Terrorbombardements gegen die »Moral« der deutschen Bevölkerung, damit die Anti-Hitler-Koalition aus der Defensive heraus endlich die Offensive zur Niederwerfung der Achsenmächte starten konnte. Harris war davon überzeugt, dass mit dem Auftreten der Amerikaner auf dem europäischen Kriegsschauplatz die Wende auch im strategischen Bombenkrieg möglich sein würde.

145

Systematische Angriffe auf das deutsche Kriegspotential

In Casablanca legten Churchill und Roosevelt im Januar 1943 eine weitreichende Änderung der alliierten Strategie fest. Weil die Kräfte in Nordafrika gebunden waren, wurde es notwendig, die geplante Invasion in Westeuropa auf das kommende Jahr zu verschieben. Um den Deutschen, die inzwischen ihre Rüstungsproduktion erheblich rationalisiert und gesteigert hatten, keine Atempause zu ermöglichen und zugleich Stalins Forderung nach Eröffnung einer Zweiten Front zu entsprechen, beschlossen die beiden Staatsmänner, mit der »schwerstmöglichen Bomberoffensive gegen das deutsche Kriegspotential« Hitler unter Druck zu setzen. Keiner glaubte ernsthaft daran, damit schon die Kriegsentscheidung herbeiführen zu können. Aber sie hofften, »die fortschreitende Störung und Zerstörung der militärischen, industriellen und wirtschaftlichen Struktur Deutschlands und die Unterminierung der Moral seiner Bevölkerung bis zu einem Punkt, an dem die Fähigkeit, bewaffneten Widerstand zu leisten, entscheidend geschwächt ist«,[27] würde verhindern, dass die Invasion in einem Blutbad für die Alliierten endet.

Priorität hatten also militärische Ziele; die Demoralisierung der Bevölkerung stand an letzter Stelle. Nichts weist in der nüchtern gehaltenen Erklärung der beiden Staatsmänner darauf hin, dass man einen Aufstand der Deutschen gegen das NS-Regime erwartet hätte. Mit der Forderung nach bedingungsloser Kapitulation machten Churchill und Roosevelt vielmehr unmissverständlich klar, dass es für die Deutschen kein glimpfliches Kriegsende nach dem Vorbild von 1918 geben würde. Selbst ein Staatsstreich oppositioneller Militärs könne nichts daran ändern, dass sich die Deutschen auf Gedeih und Verderb den Alliierten ausliefern müssten.

Ahnten die beiden Führer der Anti-Hitler-Koalition, dass mit der Forderung des »Unconditional Surrender« die deutsche Kriegsgesellschaft zusammengeschweißt und das NS-Regime eher noch gestärkt werden würde? Die Aufgabe der Bomber wurde so jedenfalls nicht erleichtert. Allerdings wollten alliierte Geheimdienstler angesichts der sich abzeichnenden Katastrophe von Stalingrad nicht ausschließen, dass die Rote Armee den raschen Vormarsch nach Westen antreten könnte.[28] Ein deutscher Zusammenbruch im Osten zu einem Zeitpunkt, zu dem die Alliierten noch die deutschen U-Boote aus dem Atlantik vertreiben mussten, hätte »Uncle Joe« (d. i. Stalin), dem Churchill ebenso wenig traute wie dem gemeinsamen Feind Hitler, die Chance eröffnet, künftiger Beherrscher des Kontinents zu werden. Ein schneller Zusammenbruch Deutschlands, selbst wenn er mit der geballten Kraft alliierter Bomberströme machbar gewesen wäre, lag deshalb wohl kaum im Interesse der Westalliierten.

So blieb es das Ziel der Luftoffensive, die »Fähigkeit, bewaffneten Widerstand zu leisten«, entscheidend zu schwächen, und zwar in einem Prozess

»fortschreitender Zerstörung«, also nicht mit einem Schlag! Auch wenn der Gedanke zynisch klingen mag: Es war durchaus im alliierten Interesse, dass die Wehrmacht in den folgenden zwölf Monaten über genügend Kampfkraft verfügte, um die Rote Armee auf dem Weg nach Westen zu bremsen und zu verschleißen, aber zugleich so weit geschwächt werden würde, dass die Alliierten im Sommer 1944 ungefährdet landen und rasch ins Reich vorstoßen konnten. Roosevelt und Churchill verständigten sich auch über die Entwicklung der Atombombe; sie würde es den Alliierten möglich machen, die Deutschen notfalls mit einem Schlag in die Knie zu zwingen.

Der deutsche Diktator nahm die Herausforderung an. In Berlin veranstaltete Goebbels eine Großkundgebung, auf der die Massen Hitlers rhetorische Frage »Wollt Ihr den totalen Krieg?« begeistert bejahten. Das legitimierte die verstärkte Mobilisierung von Reserven und Kräften – nicht nur mittels Ausbeutung ausländischer Zwangsarbeiter, von Kriegsgefangenen und KZ-Häftlingen, sondern auch durch stärkeren Arbeitszwang gegenüber der deutschen Bevölkerung. Hitler gab sich zuversichtlich, dass er bald wieder über eine imponierende Schlagkraft verfügen würde. Noch hielt sich Tunis, und im Osten wurden die Vorbereitungen dafür getroffen, mit neuen überlegenen Tiger-Panzern die Masse der Roten Armee im Kursker Bogen anzugreifen und zu vernichten.

In Peenemünde stand man kurz vor der Serienproduktion der fliegenden Bomben und Fernraketen, und auch der neue Düsenjäger Me 262 ging bereits in die Fertigung. Im Oberkommando der Wehrmacht (OKW) verstärkte man die Anstrengungen zur Eröffnung eines Gas- und Bakterienkrieges, der insbesondere im Osten eine wirksame Sperre ermöglichen sollte. Doch solange Hitler darauf vertraute, bald wieder im Osten zuschlagen und sich dann nach Westen wenden zu können, ließ er die Verfechter des Einsatzes von Massenvernichtungswaffen noch nicht von der Leine.

Görings Luftwaffe blieben kaum Möglichkeiten, sich auf die alliierte Bomberoffensive vorzubereiten. Die Masse der Kampf- und Jagdflieger war im Mittelmeer und an der Ostfront gebunden. Hitlers Strategie ließ es nicht zu, alle Kräfte auf die Reichsverteidigung zu konzentrieren und so die Angloamerikaner schon im Ansatz zu stoppen. Trotz steigender Produktion konnte die Zahl einsatzfähiger Flugzeuge auf deutscher Seite nicht wesentlich erhöht werden. Und da die Kampfflieger immer häufiger als »fliegende Artillerie« an der Front gebraucht wurden, sah man keinen Spielraum, die Jägerproduktion entscheidend zu steigern. Im Mai 1943 setzte die Luftwaffe rund die Hälfte (3500) ihrer Maschinen an der Ostfront ein, etwa die gleiche Zahl wie zu Beginn des Ostfeldzuges, während Stalin inzwischen wieder über mehr als 10 000 Flugzeuge verfügte. Es war fraglich, ob es unter diesen Umständen gelingen konnte, die tief gestaffelten Verteidigungslinien der Roten Armee bei Kursk zu durchbrechen.

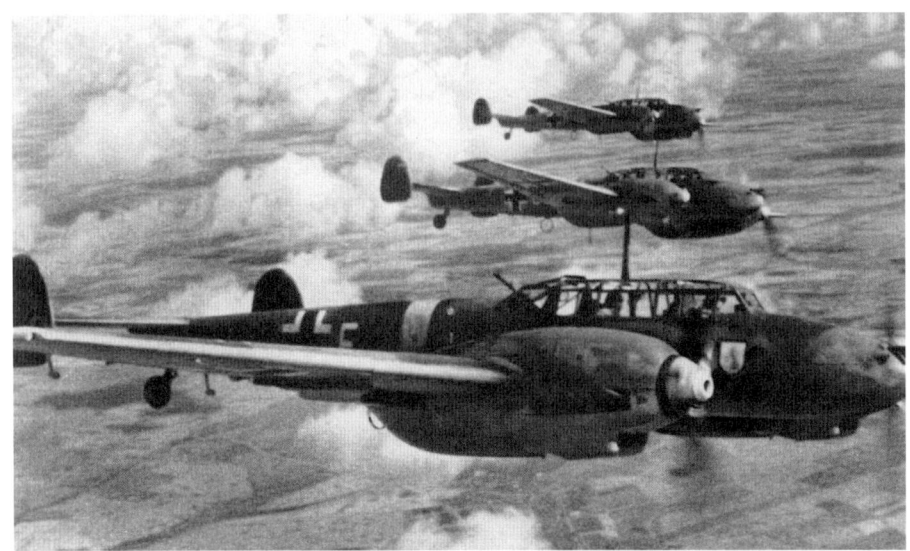

Der deutsche Langstreckenjäger Messerschmitt Bf 110.

Demgegenüber standen für die Reichsluftverteidigung rund 300 Jagdflugzeuge und 450 Nachtjäger zur Verfügung, und das auch nur durch den laufenden Abzug von anderen Fronten. So beherrschten im Osten die sowjetischen Schlachtflieger den Himmel, und am Mittelmeer konnten die Alliierten unter dem Schirm ihrer Luftherrschaft in Italien landen.

»Pointblank«, Codename für die in Casablanca angekündigte Bomberoffensive, wurde ein opferreicher Wettlauf mit der deutschen Luftverteidigung um neue Techniken und Angriffsverfahren. Das Bomber Command konnte sich nun hauptsächlich auf die modernen viermotorigen Langstreckenbomber stützen und verfügte zudem über einen besonders leistungsfähigen Schnellbomber (De Havilland Mosquito). In ungewöhnlicher Holzbauweise produziert, war diese zweimotorige Maschine aufgrund ihrer hohen Geschwindigkeit und Höhenflugeigenschaft für die deutsche Luftverteidigung nahezu unangreifbar. Ihrem Namen machte sie alle Ehre, indem sie den Deutschen mit blitzartigen Störangriffen außerordentlich lästig fiel.

Um die Wirkung der Bomberverbände zu erhöhen, kam es darauf an, die erheblich gesteigerten Bombenlasten auch unter schwierigen Bedingungen sicher ins Ziel zu bringen. Das britische Navigationssystem GEE konnte von der deutschen Luftabwehr bald ausreichend gestört werden. Das neue »H$_2$O«-System (»Home Sweet Home«) war ein Bordradar, das Blindflüge auch bei starker Bewölkung oder Industriesmog ermöglichte. Das elektronische Zielfindungsgerät »Oboe« (»Observer bombing over enemy«) lenkte die Pfadfindermaschinen mit zwei Sendestrahlen zum Objekt, über dem dann die

Besonders leistungsfähiger Schnellbomber: der britische De Havilland Mosquito.

Flugzeuge Leuchtmarkierungen abwarfen, mit deren Hilfe die Bomber herangeführt wurden. Diese Systeme mussten erst noch perfektioniert werden, waren jedoch wichtige Schritte, um im Funk- und Radarkrieg die Oberhand zu gewinnen.

Auf deutscher Seite konnte man 1943 die Nachtjäger mit einem eigenen Bordradar (»Lichtenstein«) ausrüsten. Das sperrige Antennengeweih am Bug des Flugzeuges ermöglichte es, die Bombergeschwader auch ohne Sicht mit ganzen Jagdstaffeln anzugreifen. Selbstverständlich fanden die Briten ein Mittel, das Radar zu stören, worauf es durch ein effizienteres Weitwinkelradar ersetzt wurde. Über dem durch Brände und Scheinwerfer hell erleuchteten Ziel setzte die Luftwaffe auf die »Wilde-Sau«-Taktik. Hier griffen einmotorige Jagdflugzeuge die Bomber auf Sichtweite an. Bei ihrem Rückflug waren die Feindflugzeuge besonders gefährdet. Treibstoffknappheit oder Flaktreffer sorgten für Probleme. Zudem schleusten sich deutsche Nachtjäger in den Bomberstrom ein und erzielten nicht selten eine besonders hohe Abschussrate. Mit dem erneuten Überqueren der Kammhuber-Linie wurden die Feindbomber wieder in kurze heftige Überraschungsangriffe durch die wendigen Jäger verwickelt und hatten das Sperrfeuer der Flakbatterien zu überqueren – kurz: Jeder Einsatz der Bomberstaffeln bedeutete ein hohes Todesrisiko für die Besatzungen.

Deshalb war es ein besonders wichtiger Schachzug des britischen Geheimdienstes, mit Hilfe eines Kommandounternehmens in Frankreich in den Besitz eines deutschen »Würzburg«-Bodenradars zu gelangen. Zugleich fiel den

Briten am 9. Mai 1943 auch das Bordradar der deutschen Nachtjäger in die Hände. Zwei Besatzungsmitglieder einer Ju 88 waren vom Geheimdienst für eine Desertion nach Schottland gewonnen worden. Sie hielten ihren dritten Mann, der sich heftig wehrte, mit einer Pistole in Schach.[29] Die Briten konnten nun die Wirksamkeit von eigenen Störmaßnahmen überprüfen. Sie verfügten dafür über ein simples Mittel: Stanniolstreifen, in großer Zahl abgeworfen, störten das Radarbild (»Window«) und machten die angreifenden Bomber nahezu unsichtbar. Die Deutschen hatten ein ähnliches Verfahren unter dem Decknamen »Düppel« erprobt. Doch beide Seiten scheuten sich, den Gegner durch einen praktischen Einsatz auf diese Möglichkeit aufmerksam zu machen. Erleichterten die Briten durch den Einsatz von »Windows« den Durchbruch ihrer Bomber, mussten sie befürchten, dass die Deutschen bei Gegenangriffen auch die britische Abwehr lähmten. Luftmarschall Harris hielt deshalb sein »Windows«-Verfahren zurück, bis die Deutschen in die Defensive gedrängt waren und die Angloamerikaner zum großen Schlag ausholten.

Das Bomber Command und die 8. US Army Air Force (USAAF) lieferten in den zwölf Monaten vor Beginn der alliierten Invasion drei große Luftschlachten, um den Auftrag von Casablanca zu erfüllen und das »Dritte Reich« sturmreif zu bomben. Harris wollte darüber hinaus den Beweis erbringen, dass er – der Skepsis anderer alliierter Befehlshaber und der politischen Führung zum Trotz – mit seinen Bombern allein die Kriegsentscheidung erzwingen konnte.

Im Frühjahr 1943 blieben die Geschwader zunächst an den Auftrag der Navy gebunden, durch Bombardierung deutscher U-Boot-Stützpunkte und Werften die Atlantikschlacht zu unterstützen. Dabei fielen auf Frankreich ebenso viele Bomben wie auf Deutschland.[30] Weil die Zerstörung der großen U-Boot-Bunker kaum möglich war, setzte man auf einen hohen Anteil an Brandbomben. Der Betrieb von Werften und militärischen Anlagen ließ sich auch durch großflächige Verwüstungen benachbarter Wohn- und Unterkunftsgebäude behindern. Wirksamer war es allerdings, die Lücke im mittleren Atlantik durch den Einsatz von Langstreckenbombern für Patrouillenflüge und Angriffe auf U-Boote zu schließen. So hatten die »Wolfsrudel« von Admiral Dönitz bald keine Chance mehr, die alliierten Geleitzüge erfolgreich anzugreifen.

Die tatendurstigen und selbstbewussten Amerikaner waren gut beraten, ihren Aktionsradius nur in dem Maße zu erweitern, wie ihre jungen Piloten an Erfahrung gewannen. Sie konzentrierten sich im Frühjahr 1943 bei ihren Tagesangriffen auf Ziele in Frankreich und vor allem in Italien, wo sie die Luftabwehr kaum zu fürchten brauchten. Bei der Bombardierung von Neapel, Cagliari, Palermo und Catania starben Hunderte von italienischen Zivilisten. Deutsche Rüstungsziele wie Wilhelmshaven und Kiel blieben vorerst die Ausnahme. Dafür traf es die französischen Renault-Werke in Billancourt am 4. April 1943 umso härter. Dort waren 228 Tote und 500 Verletzte unter der

Zivilbevölkerung zu beklagen. Noch verheerender wirkte sich ein amerikani-

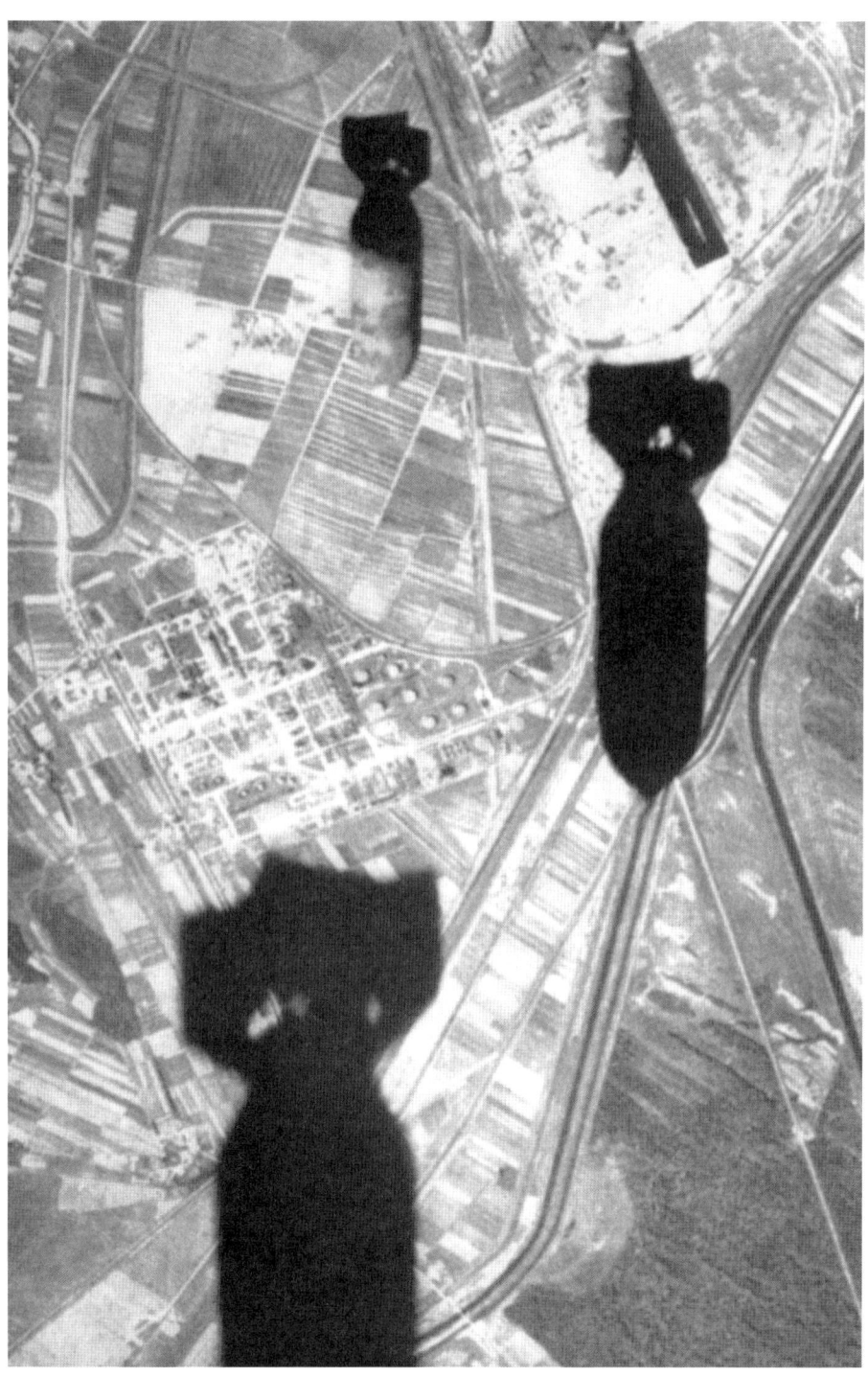

Die amerikanische Air Force wirft Bomben auf Verkehrsziele in Italien, Frühjahr 1943. 151

Jean Allon
Die Ehefrau des britischen Jagdfliegers Billy Burton teilt das Schicksal Tausender Fliegerwitwen.

»Am Bahnhof sah ich ihn zum letzten Mal. Ich verabschiedete mich von ihm und dachte ganz naiv, er würde jetzt zum Oberst befördert. Zum ersten Mal im Krieg glaubte ich, er ginge nicht in den Kampf und sei außer Gefahr. Er fuhr mit den anderen nach Cornwall, und eigentlich wollten sie nachts starten. Zu seiner Mannschaft gehörte auch ein höherer Offizier, und der wollte unbedingt tagsüber los. Mein Mann soll ihm gesagt haben, das wäre viel zu riskant, doch weil der andere den höheren Dienstgrad hatte, setzte er sich durch, und niemand konnte ihn umstimmen. So flogen sie am 3. Juni nach Gibraltar. Zwei Tage später bekam ich ein Telegramm. Sie waren niemals dort angekommen.

Niemand konnte mir etwas Genaueres sagen. Für mich war das eine fürchterliche Zeit. Beim Roten Kreuz hieß es: ›Sie werden Deinen Mann schon finden!‹ Oder aber: ›Gib's auf, es gibt keinerlei Hoffnung mehr!‹ Das war wirklich ganz entsetzlich. Man kann nicht anders, als immer weiter zu hoffen.

58 Jahre später erfuhr ich die Wahrheit. Eine Junkers hatte sie entdeckt und abgeschossen. Seitdem liegt Billy auf dem Grund des Atlantiks. Ich konnte damals nicht mal einen Grabstein für ihn aufstellen. Heute steht sein Name auf einem Kriegerdenkmal bei Windsor, zusammen mit den Namen von 20 000 anderen toten Fliegern der RAF, die nie ein Grab gefunden haben.«

scher Luftangriff auf Industriegebiete in Antwerpen am darauffolgenden Tag aus, bei dem 2130 Menschen, darunter 300 Kinder, zu Tode kamen.

Die Beispiele zeigen, dass trotz Tagessicht die Bomber selbst unverteidigte Ziele nicht präzise zu treffen vermochten. Das forderte Opfer auch in den besetzten Gebieten, wo die Menschen auf den Sieg der Alliierten hofften. Die steigende Wirksamkeit technischer Hilfsmittel zur Zielfindung und -markierung änderte wenig. Das mussten auch die Briten erfahren, die sich zur gleichen Zeit bis in das böhmische Rüstungszentrum vorwagten. Bei einem Angriff auf die Škoda-Werke in Pilsen fiel die Masse der abgeworfenen Bomben auf einen kleinen Ort südwestlich der Industriestadt. Der deutschen Luftabwehr gelang es, rund 12 Prozent der eingesetzten Bomber abzuschießen – eine aus britischer Sicht nicht hinnehmbare Verlustquote.

Mit dem Beginn der »Battle of the Ruhr« am 5. März 1943 verfolgten die Briten eine klare Strategie, die den Tod deutscher Zivilisten nüchtern einkalkulierte. Seit mehr als drei Jahren hatten sie mit ständigen Angriffen vergeblich versucht, das nach ihrer Einschätzung wichtigste deutsche Rüstungszentrum lahm zu legen. Nun sollte eine Serie nächtlicher Flächenbombardements end-

Gerhard Heilig
Floh vor den Nazis nach London, von der RAF zum Funkstörer ausgebildet.

Wir hatten keine Bomben geladen, sind aber im Bomberstrom mitgeflogen, um ihm Deckung zu geben. Wir waren über dem Bomberstrom verteilt. Unser erster Einsatz fand an einem besonderen Tag statt. Ich fragte die Crew: »Wisst ihr, welcher Tag heute ist? Der 20. April! Das ist Führers Geburtstag! Ich werde ihm persönlich meine schlechtesten Wünsche überbringen.« Bevor wir starteten, fragte mich der Kapitän: »Glaubst du, es ist nützlich, was wir tun?" Ich sagte ihm später: »Ich glaube, es hat seinen Sinn.« – Sie wollten ihr Leben nicht für irgendein Hirngespinst riskieren.

Meine Aufgabe war die Störung des deutschen Funkverkehrs zwischen den Nachtjägern. Ich saß da in meinem Kabäuschen, starrte in meine Röhre und sendete furchtbare Geräusche aus. Ich sah überhaupt nichts von dem, was unter mir vorging. Manchmal hörte ich ein Krachen, wenn eine Flakgranate explodiert war. Einmal nahm ich mir ein paar Sekunden Zeit und schaute von meiner Arbeit auf. Es gab hinter meinem Platz eine Röhre, wo man Sachen abwerfen konnte. Da blickte ich hindurch und sah unten den Feuerschein. Dann schaute ich schnell, dass ich wieder zu meiner Arbeit zurückkehrte.

lich zum Ziel führen. Die Städte an Rhein und Ruhr mit ihrer Arbeiterbevölkerung mussten ausgelöscht werden, um Hitlers Kriegsmaschinerie nachhaltig zu schwächen. Während Roosevelt und Churchill zur gleichen Zeit die Italiener zum Aufstand aufforderten und dem mit Bombenangriffen Nachdruck verliehen, war die Sprache gegenüber den Deutschen eine andere. Die Industriegebiete wurden öffentlich zu Kriegsgebieten erklärt. Frauen und Kinder sollten von diesem »Schlachtfeld« verschwinden. Wer diese Warnung missachte, habe »sich die Folgen selbst zuzuschreiben«.

Aus einem Flugblatt der britischen Regierung vom 26. Juni 1943:
»Es ist unser fester Entschluss, diese Industrien zu vernichten, und wir besitzen die Mittel, um diesen Entschluss durchzuführen. (...) Wir werden diese Angriffe so lange fortsetzen und steigern, bis jede Kriegsproduktion im rheinisch-westfälischen Industriegebiet vollkommen lahmgelegt und ihre Wiederaufnahme unmöglich gemacht worden ist.
Solange bis dieses Ziel erreicht ist, stellt das rheinisch-westfälische Industriegebiet einen Kriegsschauplatz dar. Jede Zivilperson, die sich auf diesem Kriegsschauplatz aufhält, läuft selbstverständlich ebenso Gefahr, ihr Leben zu verlieren, wie

153

jede Zivilperson, die sich unbefugt auf einem Schlachtfeld aufhält. (...) Was die Frauen und Kinder betrifft, so haben sie auf einem Schlachtfeld nichts zu suchen. Was die Belegschaften der Rüstungswerke selbst betrifft, so sind sie in der Lage von Soldaten einer Armee, deren Verteidigung zusammengebrochen und deren Vernichtung unvermeidlich ist. Soldaten in solcher Lage können ohne Schmälerung ihrer Ehre den Kampf einstellen.«[31]

Damit nahmen die Alliierten in ihrem nüchternen Pragmatismus die Goebbelspropaganda vom totalen Krieg und der angeblichen Einheit von Regime und Arbeiterschaft beim Wort. Sie übergingen freilich die Einsicht, dass die »schweigende« Mehrheit der deutschen Bevölkerung, ob sie nun der Nazipartei noch anhing oder längst auf innere Distanz zum Regime gegangen war, keine Chance hatte, den Arbeitsplatz oder Aufenthaltsort frei zu wählen. Das galt erst recht für Millionen ausländischer Zwangsarbeiter und Kriegsgefangener, die im Zielgebiet der Bomben genauso um ihr Überleben fürchten mussten wie die deutschen Zivilisten.

In London dachte wohl niemand ernsthaft daran, die »Kriegsmoral« der Deutschen könnte so schnell zusammenbrechen wie die der Italiener. Über die Wirkung der Bombardements auf die deutsche Rüstungsindustrie durfte man spekulieren, auch wenn die britische Propaganda übertriebene Erwartungen wecken mochte. Luftmarschall Harris blieb davon überzeugt, dass die Leistungsfähigkeit seiner Waffe noch längst nicht ausgereizt war.

Untergang
Die systematische Zerstörung
Deutschlands 1944/45

Die Schlacht um die Ruhr

Die Zielanweisung von Churchill und Roosevelt war kein Mordbefehl gegen deutsche Zivilisten, aber gleichwohl ein Freibrief für ein Terrorbombardement, das als Teil des Bombenkrieges längst zur Gewohnheit geworden war. Dieser Terror war kein Selbstzweck, er diente dem Ziel, die deutsche Militärmaschinerie zu zerbrechen und einen alliierten Sieg zu ermöglichen, der nicht wie im Ersten Weltkrieg mit einem Blutbad bezahlt werden müsste. Damit war eine Grenze für den Einsatz abgesteckt, und es würde von den Deutschen abhängen, wie weit die Briten gehen müssten. Churchill blieb entschlossen, sich wie eine britische Bulldogge am Hals des Nazigangsters festzubeißen, bis dieser den Kampf aufgeben würde.

Die »Battle of the Ruhr« begann – wie nicht anders zu erwarten – mit einem Großangriff. In der Nacht des 5./6. März 1943 waren 412 Maschinen Richtung Essen gestartet, 369 kamen zum Angriff und zerstörten mehr als 5000 Häuser. Fast 400 Menschen starben bzw. galten als vermisst. Dass gegen diese Flakfestung, von den Bomberbesatzungen sarkastisch als »Land of no return« bezeichnet, nur 14 Bomber verloren gingen, war fast schon ein Erfolg. Operationen dieses Ausmaßes galten mittlerweile als Routineeinsatz, nicht zu vergleichen mit dem spektakulären 1000-Bomber-Angriff gegen Köln ein Jahr zuvor. Zwei Tage nach dem Angriff auf Essen führten die Briten z.B. einen ähnlichen Schlag gegen Hamburg aus. Die dramatische Steigerung lag in der Sturheit, mit der sie bis Ende Juli 1943 fast alle größeren Städte im Rhein-Ruhr-Gebiet mit schweren Luftangriffen überzogen. Damit fügten sie der Infrastruktur der Region erhebliche Schäden zu. Außerdem strapazierten sie die deutschen Hilfs- und Reparaturkapazitäten bis zur Erschöpfung und machten ganze Industrieviertel unbewohnbar.[1]

Die Luftoffensive kostete auf deutscher Seite mehr als 15 000 Menschenleben, unter den Opfern eine große Zahl von Fremdarbeitern und Kriegsgefangenen. Auf britischer Seite verloren in dieser Schlacht rund 3000 Besatzungsmitglieder ihr Leben. Harris trieb das Experiment des Bombenkrieges energisch voran und suchte nach immer neuen Wegen, um gleichzeitig möglichst großen militärischen und wirtschaftlichen Schaden anzurichten sowie Angst und Schrecken unter der Bevölkerung zu verbreiten. Diesem Ziel diente auch eine Spezialoperation unter dem Decknamen »Chastise« (Züchtigung). In der Nacht vom 16. zum 17. Mai 1943 gelang es einem eigens geschulten Verband, die massiven Staumauern der Möhne- und Edertalsperren zu zerstören. Damit wurde die Versorgung des Ruhrgebietes erheblich beeinträchtigt,

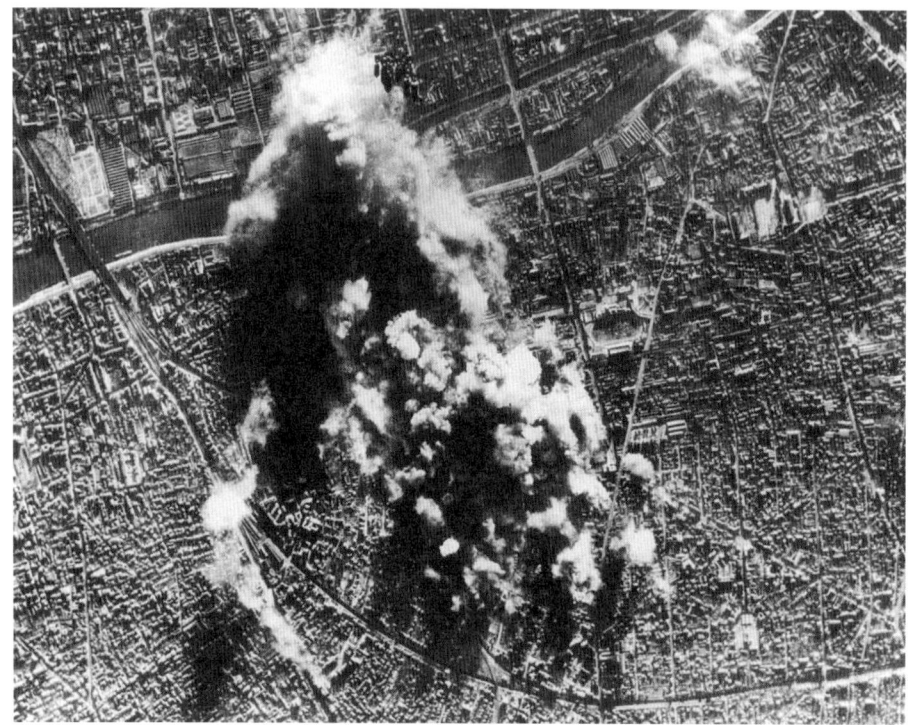

Bombardierung des Ruhrgebietes in der »Battle of the Ruhr« ab März 1943.

schlimmer noch aber waren die grauenvollen Sintfluten und Zerstörungen in den betroffenen Überschwemmungsgebieten, die einen Schrecken erzeugten, der sich in ganz Deutschland verbreitete. Gerüchteweise war von 30 000 Todesopfern die Rede. Tatsächlich starben rund 1600 Menschen, davon 1026 ausländische Arbeitskräfte, unter ihnen auch etwa 500 Zwangsarbeiterinnen eines Barackenlagers der Kleinstadt Neheim, die in den Fluten ertranken.

Die wiederholten Flächenbombardierungen von Essen im März und April, von Dortmund im Mai 1943 sowie der Angriff auf die Talsperren vermehrten von Angriff zu Angriff die Schrecken des Bombenkrieges. Wie lange würden die Deutschen das durchhalten? In Berlin reagierte man höchst besorgt. Rüstungsminister Speer sah die Erfolgszahlen seines »Rüstungswunders« in Gefahr. Das Ruhrgebiet war nicht nur durch die Zulieferindustrie für den Panzerbau, die U-Boote und die Luftrüstung von großer Bedeutung. Es bildete zugleich das Zentrum der deutschen Stahlproduktion, dessen Leistung nicht beliebig von anderen Montanregionen übernommen werden konnte. Und Hitler hatte eine drastische Erhöhung der Stahlerzeugung befohlen, ohne die er den Krieg für verloren ansah. Im Rüstungswettlauf mit den Kriegsgegnern, insbesondere den USA, war das »Dritte Reich« trotz aller Rationalisierungserfolge längst ins Hintertreffen geraten. Durch die zunehmenden Fliegeralarme und Luftkriegsschäden, den Mangel an Gas und Strom verminderte sich die Produktion von Rohstahl bis zum Frühjahr 1944 um mehr als 10 Prozent – mit steigender Tendenz. Zwar glich die erhöhte Ausbeutung der besetzten Gebiete den Verlust noch einmal aus, doch angesichts der militärischen Situation, die der Wehrmacht immer neue Rückzüge aufnötigte, schwand die Aussicht, sich der Entscheidungsschlacht im nächsten Jahr mit zusätzlichen Kräften stellen zu können.

So eilte Speer nach der Möhne-Katastrophe sofort ins Ruhrgebiet, um einen weiteren Einbruch zu verhindern. Alle greifbaren Bauarbeiter der Organisation Todt wurden zusammengezogen, um die Schäden im überschwemmten Ruhrtal zu beheben. Im Hause Flick in Essen richtete man den »Ruhrstab« ein. Die wichtigsten Industriemanager erhielten hier den Auftrag, zusammen mit den Experten des Verkehrswesen, der Energieversorgung usw. sowie mit den Verwaltungsfachleuten der Region die Maßnahmen zur Schadensbeseitigung zu koordinieren. Die erstmals im bisherigen Krieg schwer angeschlagene westdeutsche Industrie konnte auf diese Weise wieder auf die Beine gestellt werden. Da aber eine vollständige Verlagerung in »luftsichere« Regionen nicht in Betracht kam, sah sich Speer einem möglichen Wettlauf von Zerstörung und Wiederaufbau ausgesetzt, den er auf Dauer nicht durchhalten würde. Mit der aufwändigen Verlagerung von einzelnen Abteilungen und Zulieferungen ließen sich Produktionsausfälle durch Luftangriffe nur geringfügig eindämmen oder ersetzen. Auch die stärkere Auftragsverlagerung insbesondere in die besetzten westeuropäischen Gebiete konnte lediglich zur Entspannung beitragen – insgesamt verringerten sich die Zuwachsraten der deutschen Rüstungsproduktion.

Die am 17. Mai 1943 zerstörte Möhnetalsperre im Ruhrgebiet. Eine Flutwelle ergoss sich ins Tal.

Erfolgreich war die britische Luftoffensive auch im Hinblick auf die Demoralisierung der Deutschen. Der bisher schwerste Luftangriff der Kriegsgeschichte wurde am 23./24. Mai 1943 mit 800 viermotorigen Langstreckenbombern gegen Dortmund geflogen. Dabei fanden mehr als 650 Menschen den Tod. Die verheerenden Zerstörungen in der bereits mehrfach schwer attackierten Industriemetropole erreichten ein dramatisches Ausmaß.

> Goebbels in seinem Tagebuch über den Angriff auf Dortmund:
> »Wir haben zwar nach Eingeständnis der Engländer 38 Abschüsse zu verzeichnen, trotzdem aber sind die Schäden natürlich viel bedeutender, als dass sie durch die englischen Flugzeugverluste aufgewogen würden. Die Berichte, die aus Dortmund kommen, sind ziemlich grauenerregend. Bedenklich dabei ist, dass auch die industriellen und Rüstungsanlagen schwer getroffen worden sind. Man kann über den Luftkrieg immer nur dasselbe sagen: Wir befinden uns in einer hilflosen Unterlegenheit und müssen die Schläge der Engländer und Amerikaner mit verbissener Wut entgegennehmen.«[2]

Diese ungewöhnlich kurze Abfolge von schweren Schlägen ließ für die Zukunft Schlimmes befürchten. Bei einem Flächenangriff auf Wuppertal am 29./30. Mai 1943 wurde zum ersten Mal das Phänomen des Feuersturmes beobachtet. Mehr als 3500 Menschen fielen dem Angriff zum Opfer. In der Nacht des 28./29. Juni 1943 wurde Köln wieder einmal zum Ziel eines schweren Angriffes. Anders als im Vorjahr waren es zwar »nur« 540 Bomber, aber mit mehr als 4000 Todesopfern übertraf das Ergebnis alle bisherigen Befürchtungen. Ein Augenzeuge schrieb: »Aus den Rauchschwaden tauchen ab und zu Menschen auf. Einsatztrupps mit verquollenen Augen, keuchende Flüchtlinge mit einem geretteten Beutel auf der Schulter. Ein totes Pferd, unförmig aufgedunsen, liegt auf der Straße und dann – Bild des Grauens – Leichen, verkrampft, kaum verdeckt (...) Ausgeburt des totalen Krieges! Diesen Schreckensgang werde ich nie vergessen.«[3]

Goebbels eilte in das kriegswichtige Gebiet und forderte auf Massenveranstaltungen die Bevölkerung zum Durchhalten auf. Aber mehr als die Ankündigung von »Gegenterror« hatte er nicht zu bieten, um den Menschen Zuversicht zu vermitteln. Die Bevölkerung war zutiefst verunsichert, weil sie annahm, die Angelsachsen würden nun eine Stadt nach der anderen »ausradieren«. Goebbels in seinem Tagebuch: »Wenn die Engländer in diesem Stil den Luftkrieg fortsetzen, so werden sie uns damit außerordentlich große Schwierigkeiten bereiten. Denn das Gefährliche an dieser Sache ist, rein psychologisch gesehen, der Umstand, dass die Bevölkerung keine Möglichkeit entdeckt, dagegen etwas zu unternehmen.«[4]

Durch die intensive Propaganda und den Einfluss der Partei ließ sich die angeschlagene »Moral« der Bevölkerung mühsam kitten. In Führungskreisen schwand aber das Vertrauen auf einen »Endsieg« dramatisch. Im Berliner

Valentin Frank
Als Kind überlebte er den schweren Angriff
auf Dortmund am 5./6. Mai 1943.

»Es kam Hauptalarm, da sah man schon die ›Christbäume‹ am Himmel. Das war ein Zeichen, dass Bomber einfliegen. Wir sind zum Bunker gelaufen mit unseren Habseligkeiten, Papa mit einer Aktentasche, Mutter mit einer Einkaufstasche. Am Stadtrand sah man schon die Lichtscheine der Flak. Das Geräusch war hell–dunkel, hell–dunkel, das löste sich ab wie bei einem Gewitter. Kurz vor dem Bunker machten wir die schreckliche Entdeckung, dass Klemens, mein Bruder, nicht mehr bei uns war! Er hatte sich wieder in die Wohnung begeben, hatte sich schlafen gelegt. Ich bin wie der Teufel zurückgelaufen. Die Bomben kamen immer näher. Ich holte meinen Bruder aus dem Bett. Habe eine große Wolldecke genommen, einen Knoten vor dem Hals gemacht, hab ihn hinten reingepackt und bin losgelaufen, um mein Leben, mit Klemens. Das Getöse der Bomber war wie eine Musik, als würden tausend Bomber über einen hinwegfliegen – ein unheimliches Geräusch! Und permanent die Flak: Oben sieht man Scheinwerfer, die über Kreuz laufen, darin Flugzeuge, ein ganz erschreckendes Bild. Dann habe ich am Bunker geklopft und bin reingekommen. Was sich da abgespielt hat! Wie die Leute mich gefeiert haben! Wie die Mama mich abgeküsst hat! Mein Bruder würde heute nicht mehr leben, wenn ich ihn nicht rausgeholt hätte.

Als es ruhiger wurde, gingen einige raus, um Verletzte in den Bunker zu holen. Jetzt fehlte Verbandszeug. Mein Vater und ich haben uns dann durchgerungen; wir sind zur Steinwache rübergegangen und haben ein paar Kisten geholt. Wildfremde Leute haben uns abgeküsst, weil wir den Mut aufgebracht hatten! Doch das Schlimme war: Die wussten nicht, dass Vater Jude war und ich ein so genannter Halbjude. Die wollten uns eine Rettungsmedaille verleihen lassen! Der Luftschutzwart hat gesagt, er werde das beantragen. Daraufhin sind wir abgehauen, nach Münster, denn das hätte uns als Juden in Gefahr gebracht.«

Regierungsviertel herrschte im Mai 1943 gedrückte Stimmung. Es handelte sich zwar nicht um eine ernst zu nehmende Führungskrise wie in Italien, aber Hitler war jeglicher Perspektiven beraubt, die seine engsten Vertrauten vom »Endsieg« überzeugt hätten. Mehr als eine Arrondierung der »Festung Europa« konnte der Diktator derzeit nicht erwarten. Wie sollte er verhindern, dass die täglich stärker werdenden Feinde über kurz oder lang in diese »Festung« einbrachen, wenn die Wehrmacht den Schlägen der überlegenen gegnerischen Kampfflieger nicht mehr standhalten und die feindlichen Fernbomber die »Heimatfront« zermürben würden?

So war es sicher kein Zufall, dass Hitler auf dem Höhepunkt der Schlacht um die Ruhr seine Experten nach der Einsatzbereitschaft der chemischen Superwaffe Tabun befragte. Da die neuen Raketen und Bomber bald zur Verfü-

Die Alliierten entdeckten nach dem Krieg riesige deutsche Vorräte an Senfgas und Munitionslager mit Tabungeschossen und -bomben – chemische Waffen, die aber nicht zum Einsatz kamen.

gung stehen sollten, hoffte Hitler vermutlich, durch einen schlagartigen Überfall mit modernen Massenvernichtungswaffen das Blatt auf strategischer Ebene zu wenden und die Briten zum Einlenken zu zwingen. Er wird darin womöglich die Antwort auf die fast täglich vorgebrachten Forderungen nach Vergeltung gesehen haben, mit denen ihn Goebbels und andere hochrangige Nazis bedrängten. Der Masseneinsatz von V-Waffen zur Abschreckung einer Invasion war längst beschlossen. Selbst wenn man sich auf konventionellen Sprengstoff beschränkt hätte, war nicht auszuschließen, dass Churchill mit einer Gasattacke antworten würde. Dann hätte Hitler als »Waffe der letzten Entscheidung« mit dem neuartigen Tabun die Eskalation womöglich stoppen und eine Verhandlungsposition erzielen können.

Doch zu seiner Überraschung riet der Kampfstoffexperte des IG-Farbenkonzerns, Otto Ambros, von einem frühzeitigen Einsatz dieser wichtigsten Geheimwaffe ab, weil der Gegner innerhalb kürzester Zeit auf diesem Gebiet nachrüsten würde und dann der deutsche Vorsprung angesichts der alliierten Luftüberlegenheit verspielt gewesen wäre.[5] Hitler ließ diese strategische Variante aber nicht fallen und ordnete an, bis zum Frühjahr 1944 die Produktion von Tabun zu verdoppeln und so auch eine quantitative Überlegenheit sicherzustellen.

Die Industrie dagegen hatte wohl durch die Schlacht um die Ruhr die Einsicht gewonnen, dass der Krieg nicht mehr zu gewinnen war und die deutschen Konzerne in Gefahr standen, in ihrer Substanz zerstört zu werden. Doch Harris lockerte überraschend die Strangulierung und brach die Schlacht im Westen ab. Nur so gelang es dem Ruhrstab Speers, das »Herz« der deutschen Rüstung bei schwächelnder Tendenz wieder zum Schlagen bringen. Die Menschen im rheinisch-westfälischen Industrierevier richteten sich mühsam in den Ruinen ein, obwohl die Luftangriffe nicht völlig aussetzten. Doch es blieb nicht mehr als eine Atempause, vom Feind gewährt, der den ökonomischen Zusammenbruch Deutschlands zu diesem Zeitpunkt nicht um jeden Preis erzwingen wollte. Die Chancen dafür standen vermutlich besser, als die Verantwortlichen auf alliierter Seite annahmen oder annehmen wollten.

Außer den Problemen bei der Benzinproduktion machte der Engpass bei den Nichteisenmetallen zu schaffen. Mangan-, Chrom- und Nickelerze waren unentbehrlich für die Herstellung hochwertiger Rüstungsstähle. Die oft mühsam beschafften Erze mussten in einem Umschmelzungsprozess bearbeitet werden, für den es lediglich drei Hüttenwerke (in Antwerpen, Hamburg und Mansfeld) gab. Doch sie blieben von alliierten Fliegern verschont. Der Generalstab des Heeres notierte Ende 1943 besorgt: »Der Ausfall nur eines dieser exponiert liegenden Werke würde schwerwiegende Folgen haben. Durch starken Flakschutz sucht man der Luftgefahr zu begegnen. Bisher hat noch kein Luftangriff auf diese Werke stattgefunden, obgleich England das deutsche Metallverhüttungsproblem kennt. Allerdings überschätzt man dort unsere

Vorräte restlos. Immer wieder ist in englischen Wirtschaftsberichten die Rede vom deutschen Metallwunder. Man ahnt nicht, auf welch schwachen Füßen dieses Wunder steht.«[6]

In London konnte man abwarten. Auch die Amerikaner zeigten keine Neigung, die Fahrzeugfabrik des Ford-Konzerns in Köln und die Opel-Werke, die zum General-Motors-Konzern gehörten, gründlich zu zerstören. So wurde die Wehrmacht fortlaufend mit LKWs aus Betrieben beliefert, die sich in amerikanischem Besitz befanden, auch wenn sie als Feindeigentum unter Kuratel gestellt worden waren.

Die Schlacht um Hamburg

Aus der überraschend abgebrochenen Ruhrschlacht eröffneten die Briten eine neue Offensive. Nach der Erschütterung der deutschen Rüstung wollten sie nun den Faktor Moral weiter ausreizen. Der Blick richtete sich auf Hamburg. Die bisherigen punktuellen Angriffe hatten das Leben der Großstadt nicht zum Stillstand gebracht. So lag es nahe, dass die Alliierten mit einem Flächenangriff hauptsächlich auf die Arbeiterviertel zielen würden. An der Elbe musste man jederzeit mit einem solchen Vernichtungsschlag rechnen. Das 80 km entfernte und verbrannte Lübeck war ein Menetekel. Doch das Wirtschafts- und Rüstungszentrum konnte sich nicht »unsichtbar« machen. So blieb nur das Vertrauen auf die starken Verteidigungspositionen, den Einsatz der Flak und der Nachtjäger.

Briten und Amerikaner führten zwischen dem 25. Juli und dem 3. August 1943 eine Angriffsserie auf Hamburg durch, mit der die Stadt als Wirtschafts- und Bevölkerungszentrum nahezu ausgelöscht wurde. Die Operation »Gomorrha« sollte für die zweitgrößte deutsche Stadt zum Gottesgericht und Weltenbrand werden, Strafe und Fanal für die Deutschen im ganzen Reich. In vier Nacht- und zwei Tagesangriffen warfen über 3000 Flugzeuge etwa 9000 t Sprengbomben und Luftminen sowie Unmengen von Brandmunition über der Stadt ab. In der Nacht des 27. zum 28. Juli ereignete sich der grauenvolle Höhepunkt des Bombenkrieges in Europa. Ein orkanartiger Feuersturm vernichtete ganze Stadtteile, mehr als 35 000 Menschen kamen dabei ums Leben.[7]

Die unermesslichen Sachschäden sowie die dramatischen menschlichen Verluste hatten das Ausmaß einer kaum zu beschreibenden Katastrophe. Ihr militärischer Nutzen für den Angreifer ist nur schwer zu erfassen, und auch der historisch nüchterne Blick auf die strategische Wirkung wird durch die apokalyptischen Bilder verdunkelt.

*Blick vom St. Michael in Hamburg auf das Elbufer mit den Landungsbrücken
und der Ruine der alten Seewarte.*

Auszug aus dem amtlichen Bericht des Polizeipräsidenten von Hamburg: »Die Straßen waren mit Hunderten von Leichen bedeckt. Mütter mit ihren Kindern, Männer, Greise, verbrannt, verkohlt, unversehrt und bekleidet, nackend und in wächserner Blässe wie Schaufensterpuppen, lagen sie in jeder Stellung, ruhig und friedlich oder verkrampft, den Todeskampf im letzten Ausdruck des Gesichts. Die Schutzräume boten das gleiche Bild, grausiger noch in seiner Wirkung, da es zu dem Teil den letzten verzweifelten Kampf gegen ein erbarmungsloses Schicksal zeigte.«[8]

Wieder war Goebbels als Verantwortlicher für die »Stimmung« im Lande aufs Höchste alarmiert und notierte in seinem Tagebuch: »Wie stark muss doch die gegnerische Luftwaffe sein, dass sie zu einer so groß angelegten Offensive, die kaum noch Unterbrechungen erfährt, fähig ist. Die Abschüsse, die wir erzielen, sind als in keiner Weise ausreichend anzusprechen. Das wirkt natürlich am verheerendsten auf die innere Stimmung.«[9] Wie nahe die Alliierten ihrem Ziel waren, die Moral der Deutschen zu brechen, zeigten die Reaktionen der Überlebenden in Hamburg. Hilfsmaßnahmen konnten angesichts des Ausmaßes dieser Katastrophe nur ein Tropfen auf dem heißen Stein sein. Die Wut der Erschöpften, Verletzten und Schockierten, der Hilflosen und Verzweifelten richtete sich zeitweilig direkt gegen das NS-Regime, so dass die Partei es vorzog, besser nicht in Erscheinung zu treten, und sich auf konkrete Hilfe für die Opfer beschränkte.

Diese spürbare Fürsorge lenkte den Hass auf die alliierten Piloten. Himmler wies die Polizei im August 1943 an, sich nicht in Auseinandersetzungen zwischen der Bevölkerung und den »Terrorfliegern« einzumischen. Nach der Bombenserie gegen Berlin im Frühjahr 1944 stellte Martin Bormann in einem

US-Piloten, deren Maschinen von der deutschen Flakartillerie abgeschossen wurden, auf dem Weg in ein Gefangenenlager.

Maximilian Machaczek (l.)
Als Kind einer Apothekerfamilie aus
Hamburg überlebte er den Feuersturm.

»Jeder hatte seine Päckchen, die er mitnehmen musste, seiner Körpergröße
entsprechend. Unser Pflichtjahrmädchen
bekam zwei Taschen in die Hand gedrückt. Da drin waren geschmierte But-
terbrote für alle, ein paar Wollsachen.
Brauchbare Dinge, die die Eltern reinge-
tan hatten. Diese arme Deern trafen wir
dann wieder, in einer ganz tiefen Mulde
im Thörlspark. Der Frühsommer war sehr nass, und das Wasser stand darin, auch
einige abgestorbene Bäume, auf denen wir Kinder manchmal schwammen und spielten. Und auf so einem Baumstamm saß sie nun. Ganz verschüchtert, verängstigt,
mit den beiden Taschen in der Hand. Die Taschen hingen im Wasser, alles durch-
feuchtet, und sie ganz apathisch.

Man sah am Himmel nur eine Nebelsoße mit einem kleinen, hellen Fleck. Es waren
die Rauchpartikelchen aus der Stadt, die die Luft und Atmosphäre um uns in eine
gespenstische Szenerie verwandelten. Man sah die Sonne wie an Wintertagen, wenn
Schneewolken am Himmel sind. Sie kam nicht durch. Wir sind tagsüber nur gegangen, gegangen. Als wir noch im Weichbild der Stadt waren, hingen da die elektrischen
Drähte von der Straßenbahn. Davor warnte man uns mit lauten Rufen: ›Nicht da
rankommen, da könnte Strom fließen!‹ Aber alles war abgeschnitten und kaputt.
Nichts mehr mit Strom. Ich war so müde, ich setzte nur mechanisch Fuß vor Fuß ...
Die Häuser, die zusammengefallen waren, die Straße wie ein Trichter. Hier ging man,
und rechts und links lagen die Steinhaufen bis zum ersten Stock, weiter oben standen nur noch Mauern. Es war höchst gespenstisch.«

Rundschreiben an die Gauleiter fest, dass abgesprungene bzw. notgelandete
Flugzeugbesatzungen wiederholt gelyncht worden seien. Eine strafrechtliche
Verfolgung der Täter solle nicht erfolgen.[10] Zur gleichen Zeit waren 50 britische Flieger aus einem Kriegsgefangenenlager in der Nähe von Sagan in Nie-
derschlesien geflohen. Mit Wissen Görings ermordete die Gestapo alle, derer
sie wieder habhaft werden konnte. Nicht selten retteten Polizisten und Soldaten
die feindlichen Flieger vor dem Volkszorn, aber oft waren es NS-Funktionäre,
Gestapobeamte und Wehrmachtsoldaten, die ihre Rachegelüste auf offener
Straße an Kriegsgefangenen befriedigten.

Der bekannteste Fall ereignete sich in Rüsselsheim am 26. August 1944, als
sieben Besatzungsmitglieder eines US-Bombers durch die Straßen geführt und
auf dem Marktplatz von einer wütenden Menge mit Hammer- und Stock-
schlägen niedergemetzelt wurden.[11] Die Bewohner hatten in der Nacht zuvor
einen schweren Angriff des Bomber Commands erlebt. Besonders die Tiefflie-

Bob Armit
Bombenschütze der Royal Air Force während der Operation »Gomorrha«
am 27. Juli 1943 auf Hamburg.

»Der Navigator gab Position und Entfernung durch. An diesem Punkt musste ich als Bombenschütze die Instrumente auf das Ziel ausrichten. Sobald das erledigt war, gab ich dem Piloten Anweisungen, nach links, mehr nach rechts, damit das Zielgerät auf dem Zielpunkt blieb. Bevor es losging, musste ich die Bomben scharf machen, damit sie beim Aufschlag sicher hochgingen. Bombenwerfen war vor allem ein technischer Vorgang. Ich kam nicht dazu abzuwägen, ob ich das Richtige tat oder nicht. Es war ein Job: Knopf drücken und zurückfliegen. Und man hatte dabei nicht ständig das Gefühl, ein Monster zu sein. Ich bin sogar ein bisschen stolz auf das, was ich da vollbracht habe. Auch wenn darunter viele Menschen leiden mussten.

Ich gebe aber zu, dass der Angriff auf Hamburg in mir grauenvolle Erinnerungen wachruft. Ich war mir zunächst gar nicht darüber im Klaren, was da abgelaufen war. Ich sah natürlich das Feuer unter mir. Und wie es wütete. Als ich dann zurückgekehrt war, kamen dazu noch die furchtbaren Zeitungsberichte. Ich weiß gar nicht, wo ich das herhatte, aber da war diese eine Geschichte von der Mutter mit ihrer kleinen Tochter. Das Feuer war so gewaltig, dass der Teer auf der Straße schmolz. Die Mutter versuchte noch, mit der Tochter über die Straße zu kommen. Doch das kleine Mädchen stolperte und fiel mitten aufs Gesicht. Die Mutter starb bei dem Versuch, sie aus dem Teer zu ziehen. Das habe ich niemals vergessen. Ich fühle mich einfach schuldig. Ich war doch der, der auf den Knopf gedrückt hatte!«

gerattacken in den letzten Kriegsmonaten heizten die Wut dann noch einmal an und führten zu zahlreichen Übergriffen. Der Mord an mindestens 350 Fliegern wurde von den Alliierten nach Kriegsende sorgfältig untersucht und hart bestraft. Nach den Beobachtungen des Sicherheitsdienstes handelte es sich bei solchen Hassausbrüchen aber um Ausnahmeerscheinungen, während das »niederdrückende Bewusstsein der feindlichen Überlegenheit« und der Hilflosigkeit immer weiter zunahm.

Meldung des Sicherheitsdienstes vom 7. Februar 1944 über die »gefühlsmäßige Einstellung der Bevölkerung gegenüber den Feinden«:
»Insgesamt ergibt sich aus den Meldungen, dass Hassgefühle gegen unsere Feinde bisher nur in Ansätzen vorhanden sind. Ein tiefer Hass gehöre nicht zu den Wesenszügen des deutschen Volkes. Bei konkreten Anlässen wie z.B. der Bombardierung des Kölner Doms, dem Abwurf von Bomben mit Langzeitzündern am 24. Dezember 1943, der Selbstbezeichnung amerikanischer Piloten als Mörderverein oder wörtlichen Aussprüchen Churchills, Roosevelts oder führender Juden und dergl. seien zwar Äußerungen des Abscheus und Hasses im Volke zu vernehmen, aber diese Hassgefühle würden meist rasch verblassen und von dem Gefühl einer unabwendbaren und schicksalhaften Notwendigkeit dieses Krieges, der hüben wie drüben unsagbares Elend bringe, überdeckt.«[12]

Käthe Rymarcyk
Betreuerin für Landjahrmädchen in Esens/Ostfries-
land während eines »Gelegenheitsabwurfes«.

»Wir hatten einen Keller. Aber es war kein Bunker. Der Keller war nur abgestützt mit großen Pfählen. Esens – meine Güte –, Esens hatte eine Molkerei, mehr nicht! Ist eine Molkerei kriegsentscheidend? Von unseren Mädchen war gut die Hälfte auf den Feldern beschäftigt. Da gab es manchmal Alarm, man horchte, hörte einen Pulk. Aber diesmal waren das andere Geräusche, nicht wie von Maschinen, wenn sie ganz hoch fliegen. Unheimliche Geräusche! Es waren so viele Flugzeuge, und das Geräusch, das kann man nicht vergessen. Das war so fürchterlich, so dumpf und so bedrohlich.

Ich lief zurück durch den Waschraum in den Keller, und von dem Moment an habe ich eine Gedächtnislücke. Ich weiß nur: Als ich wieder zu mir kam, war es ganz ruhig. Ich konnte überhaupt nichts hören. Natürlich war es nicht wirklich ruhig, logischer Weise. Aber weil ich nichts mehr hörte, habe ich gedacht: ›Schluss, Ruhe – jetzt ist die Welt zu Ende!‹ Durch die Tür fielen Schutt und Geröll. Auf einmal kam mein Gehör wieder. Ich hörte Kinder schreien, ganz laut, hinter dem Geröllhaufen. Da fing ich an zu wühlen, aber es war sinnlos.

Inzwischen waren viele Menschen da und haben geholfen. Das ging lange, mit großen Scheinwerfern. Als die ersten Mädchen zum Vorschein kamen, musste ich sie identifizieren. Es ging eine Weile gut. Aber dann sagten die Soldaten: ›Hier sind Mädchen, die möchten wir Ihnen nicht zeigen.‹ Ich habe darum gebeten, mir die Anfangsbuchstaben zu nennen, die innen in der Kleidung eingenäht waren. Ich habe wieder gedacht, eigentlich ist doch jetzt die Welt zu Ende.«

Auch wenn der gewaltige Schlag gegen Hamburg allein nicht ausreichte, den Widerstand der Deutschen zu brechen, ging Speer immerhin davon aus, dass nur sechs Schläge dieser Art rasch zu einem solchen Ergebnis führen könnten. Doch Harris brach auch dieses Experiment wieder ab. Für die nüchternen Techniker des Bombenkrieges bot Hamburg eine wichtige Erfahrung: Wenn es gelang, die Verteidigung lahm zu legen und anschließend durch den systematischen Einsatz von Munition ein Höchstmaß an Zerstörungen zu erzielen, ließ sich jede deutsche Großstadt nach Belieben in Schutt und Asche legen. Was Hamburg betrifft, so hatte der Entschluss, bei diesem Überfall erstmalig die List mit den Stanniolstreifen anzuwenden, die verheerende Wirkung des Angriffs verstärkt; die Radargeräte der deutschen Luftabwehr wurden nachhaltig gestört, und die Bomber konnten, auch von Nachtjägern kaum behelligt, gegen die früher stark verteidigte Großstadt vordringen.

Die Entwicklung von Taktik und Technik des Luftkrieges beschleunigte sich erheblich. Die Luftwaffe arbeitete fieberhaft an einer Methode, um die 169

Radarstörungen zumindest bei den Nachtjägern zu beseitigen. Von diesem technischen Handikap erholte sich die deutsche Flaktruppe bis zum Kriegsende nicht mehr. Die elektrotechnische Industrie konnte beim Wettlauf mit der britischen nicht mithalten. Größere Erfolge wurden durch veränderte Einsatzverfahren beim Luftkampf erzielt. Das »Himmelbett«-System eines vom Boden aus geführten Einsatzes der Nachtjäger erwies sich als zu aufwändig und unbeweglich. Mit dem »Wilde-Sau«-Verfahren stürzten sich die Jäger über dem Feuerschein des brennenden Zieles und mitten im eigenen Flakfeuer selbstständig und je nach Sicht auf die feindlichen Bomber. Mit der Ausdehnung der Einflüge eröffnete sich die Chance, die Bomber frühzeitig zu erfassen und zweimotorige schnelle Nachtjäger in den Bomberstrom einzufädeln, wo sie in der Verfolgungsjagd beim An- und Abflug die schwerfälligen Riesen permanent attackierten.

Für immer neue Probleme mussten technische Lösungen, wie z. B. die Entwicklung eines Gerätes zur Freund-Feind-Erkennung, gefunden werden. Jedesmal verbanden sich damit neue Hoffnungen und Erwartungen auf einen durchgreifenden Erfolg. Dennoch gelang es Görings Fliegern in der Luftschlacht über Deutschland auch im Jahre 1943 nur selten, mehr als 5 Prozent der eingesetzten feindlichen Bomber zu vernichten. Das reichte bei Weitem nicht aus, um die erhoffte Wende im Luftkrieg zu erzwingen. Wo die Briten nicht die Schlechtwetterlagen für sich nutzen konnten, griffen sie zu immer neuen Tricks und Täuschungsmaßnahmen. Beispielsweise brachen die Maschinen bei einem Angriff in unterschiedliche Richtungen auf und flogen erst im letzten Moment das eigentliche Ziel an. Die wachsende Zahl von Bombern machte es möglich, zwei Großangriffe gleichzeitig auf verschiedene Ziele zu fliegen und so die Schwerpunktbildung der deutschen Nachtjäger aufzusplittern. Eigene Nachtjäger griffen schließlich die deutschen auf ihren Flugplätzen sowie bei Starts und Landungen erfolgreich an.

Die alliierten Luftoffensiven hatten schließlich den Produktionszuwachs von deutschen Jagdflugzeugen zur Folge. Trotz des Verlustes von über 1000 Maschinen beim Kampf um Tunis und der gleichen Menge während der gescheiterten Sommeroffensive in Russland konnte der Ausstoß deutscher Jagdmaschinen zur Reichsverteidigung im Verlauf des Jahres 1943 beträchtlich gesteigert werden. Sie wurden zum Hauptproblem für die Alliierten – allerdings nur in quantitativer Hinsicht, da es den Deutschen trotz aller Experimente und Verbesserungen nicht gelang, ein überlegenes Waffensystem zu entwickeln. Das hätte nach Auffassung der Jagdfliegergenerale die fieberhaft zur Fertigungsreife vorangetriebene Me 262 werden können, doch das pfeilschnelle Düsenflugzeug blieb auf die Funktion als Schnellbomber ausgerichtet.

Verteidigung durch Vergeltung

Einer der Gründe für Hitlers Fehlentscheidungen in Bezug auf die Entwicklung von überlegenen Waffensystemen war seine brennende Ungeduld; endlich wieder wollte er sich mit Vergeltungsangriffen gegen die britischen Inseln behaupten. Propagandistisch aufbereitete Ankündigungen heizten die Stimmung im Lande an, und der Diktator gab sich intern davon überzeugt, dass alle Abwehrmaßnahmen letztlich nicht zum Erfolg führen würden, weil Terror nur durch Terror gebrochen werden könne. Aufhören werde »der Engländer« nur, »wenn seine Städte kaputtgehen, durch sonst nichts«.[13] Das deutsche Volk werde mit der Zeit »rabiat«. »Den Krieg gewinnen kann ich nur dadurch, dass ich beim Gegner mehr vernichte als der Gegner bei uns, – dadurch, dass ich selber ihm jedenfalls die Schrecken des Krieges beibringe; das ist zu allen Zeiten so gewesen und ist bei der Luft genauso.« Doch diesen Wettlauf der Zerstörung hatte die deutsche Luftwaffe längst verloren.

Was sie auf Drängen Hitlers für schnelle Jagdbomberangriffe gegen britische Ortschaften zusammenholen konnte, waren nur einige Dutzend Maschinen. Sie hinterließen keine nachhaltige Wirkung; die Piloten konnten froh sein, wenn ihnen nach dem flüchtigen Abwurf ihrer Bombenlast die Flucht in die Heimat gelang. Auf die lange erwarteten Fernbomber He 177, deren Produktion unter Einsatz von KZ-Häftlingen angekurbelt wurde, warteten sie weiter vergeblich. Nach Auffassung der militärischen Führungsspitzen würden Einsätze wie beispielsweise gegen alliierte Konvois und U-Boot-Jäger über dem Atlantik die Briten stärker beeindrucken als die von Hitler befohlenen Terrorangriffe gegen die Zivilbevölkerung.

Doch der Diktator beharrte auf dem Vorrang politischer Gesichtspunkte. Mit beißendem Hohn reagierte er auf die Schwierigkeiten der Luftwaffe, erfolgreiche Angriffe gegen England zu unternehmen. Zeitweilig standen dafür nur 30 bis 40 Bomber zur Verfügung, die zudem Mühe hatten, London – obwohl die größte Stadt Europas – in der Nacht überhaupt zu orten. Die Briten störten erfolgreich alle Navigationsverfahren, und die deutschen Piloten mussten in Schlangenlinien fliegen, um feindlichen Nachtjägern auszuweichen. Die Verluste lagen bei fast 6 Prozent und waren auf Dauer nicht zu verkraften. Lediglich 20 Prozent der Bomben fielen überhaupt in die Zielgebiete, 1943 insgesamt nur rund 2300 t.

Trotzdem drängte Hitler das ganze Jahr hindurch darauf, die Zahl der Terrorangriffe zu steigern. Den Industriellen warf er vor, sie hätten über die »langsamen viermotorigen Klamotten« gespottet, anstatt sie nachzubauen.[14] Eilfertig bastelte man nun an einer veränderten Variante der He 177. Anstelle der technisch anfälligen Doppeltriebwerke erhielten einige Versuchsmaschinen vier Einzelmotoren. Mit einer Serienproduktion rechnete man nicht vor dem Jahr 1945. Der »Angriffsführer England«, Oberst Dietrich Peltz, hatte diesen

Aufwand für überflüssig gehalten; seine alten zweimotorigen Maschinen hätten sich doch bewährt. Flächenangriffe nach britischem Vorbild ließen sich damit aber nicht durchführen. Auf die Schlachten um das Ruhrgebiet und Hamburg reagierte Hitler ab Spätsommer 1943 mit der Vorbereitung einer Großoffensive. Die Luftwaffe setzte auf die Schnelligkeit der Kampfflugzeuge, um den britischen Jägern ausweichen zu können. Göring versprach 900 modernisierte Bomber.

Doch es fehlte schlicht an allem – an Menschen, Ersatzteilen und Ausrüstungen. Die mangelnde Einsatzfähigkeit der He 177 trieb den »Reichsmarschall« zur Verzweiflung. Man solle die »viermotorigen Dreckhaufen über den Haufen schießen«, äußerte er sich. Peltz fragte sich, wie er »mit den kleinen‹ ›Piepmätzen‹ ›Vergeltung‹ machen« solle, wenn noch nicht einmal monatlich 100 schwere Bomber zur Verfügung stehen würden. Generalluftzeugmeister Erhard Milch, der die Luftrüstung organisierte, musste die Auslieferung der He 177 aber weiter auf den Herbst 1944 verschieben. Aus seiner Sicht wäre es ohne Weiteres möglich gewesen, einen schweren Bomber bereits im Frühjahr 1941 auszuliefern. Dann »wäre es ein Flugzeugschlager gewesen, der uns den Vorrang vor allen anderen gegeben hätte«, war seine Meinung.[15]

Das Lamento über die Fehlentscheidungen der Vergangenheit führte nicht weiter. Göring ordnete ohne Rücksicht auf die mangelhaften Voraussetzungen an, am Beginn des Jahres 1944 eine Offensive gegen die englischen Inseln zu starten. Er forderte als »Vergeltung gegen die zunehmenden Terrorangriffe des Gegners (...) zusammengefasste Schläge gegen Städte (besonders Industrieziele und Hafenzentren)«. Dabei seien im Allgemeinen 70 Prozent Brandbomben mitzuführen, denn seine Devise lautete: »Vernichtung der englischen Städte (...) durch Feuer (...), und zwar besser eine mittlere Stadt ganz vernichten, als eine größere Stadt zum Teil«.[16] Allen internen Vorschlägen für einen reinen Terrorbombenkrieg zum Trotz blieb der Luftwaffenführungsstab bei seiner Einschätzung, dass der strategische Luftkrieg in erster Linie gegen wirtschaftliche Ziele geführt werden sollte. Man hatte daher – wie auf alliierter Seite auch – ausführliche Zielplanungen über Schlüsselindustrien, Kasernen, Kraftwerke, Talsperren usw. vorgenommen. Ende 1943 wurden die sporadischen Angriffe gegen England für Wochen unterbrochen, um die Bomberbesatzungen mit den neuen Angriffsformen und Zielfindungsmethoden vertraut zu machen.

Am 22. Januar 1944 startete die neue Bomberoffensive der Deutschen mit einem nächtlichen Großangriff auf London. Die Angriffsserie wurde von den Briten als »Baby-Blitz« ironisiert, und das im doppelten Sinne: Zum einen war der deutsche Bomberstrom sehr viel kleiner als 1940, und zum anderen nahmen sich Gefahren und Wirkungen für die britische Bevölkerung sehr viel geringer aus. Im Abstand von sechs Stunden sollten jeweils 220 Flugzeuge die

britische Hauptstadt mit 475 t bombardieren, darunter 60 Prozent Brand-

Die unzuverlässige He 177 bei der Wartung in München-Riem.

bomben. Die Bombenmenge lässt darauf schließen, dass hauptsächlich die älteren und zweimotorigen Ju 88 eingesetzt wurden und an modernen schweren Bombern nicht mehr als 35 Ju 188, 27 Me 410 und 46 He 177.

Das Ergebnis war blamabel. Nur die Hälfte der Bomben traf die britische Insel, lediglich 30 t die Hauptstadt. Auch die Wiederholung des Angriffes eine Woche später, bei schlechtem Wetter, konnte das Ergebnis nicht verbessern. Acht Prozent der Flugzeuge gingen verloren. Die Verlustrate war also doppelt so hoch wie die der Briten bei ihren Angriffen auf Deutschland. Über 100 Besatzungen hatten wegen technischer Mängel den Flug abbrechen müssen. Hitler tobte, als er von der noch immer unzuverlässigen Betriebssicherheit der He 177 hörte. Dass die Hälfte der eingesetzten Maschinen ausgefallen war, veranlasste ihn zu der Bemerkung, es sei eine »Drecksmaschine (...), der größte Mist, der wahrscheinlich je fabriziert worden ist (...), die kriechende Heinkel«.[17] Die Masse der Bomber hatte die Riesenstadt London im Dunkeln schlicht nicht finden können!

Die Angriffe auf London wurden Mitte April 1944 eingestellt. Es blieb bei einigen sporadischen Angriffen auf Hafenstädte, bis die Offensive am 29. Mai 1944 – eine Woche vor Beginn der alliierten Invasion in der Normandie – gestoppt werden musste. Die Luftwaffe war außerstande, wenigstens eine psychologische Wirkung zu erzielen, von nennenswerten militärischen Erfolgen ganz zu schweigen. Schon längst hätte eigentlich die Offensive mit Flugbomben und Raketen beginnen müssen, um den alliierten Aufmarsch in Südengland zu zerschlagen. Doch mit strategischen Operationen dieses Ausmaßes war die Wehrmacht nicht erst jetzt überfordert. Vielversprechend verbreitete die NS-Propaganda das Gerücht über geheimnisvolle »Wunderwaffen«, und tatsächlich stellte Speer für den Bau der neuen Systeme enorme Mittel zur Verfügung. Zum Arsenal der »Wunderwaffen« zählten allerlei Skurrilitäten wie der Bau von Riesengeschützen, aber auch dringend benötigte moderne Unterwasserboote und vor allem wirksame Luftabwehrraketen. Für die Entwicklung derartiger Waffen hätte es Zeit und Mittel gebraucht, die Kapazität der im Bombenhagel produzierenden deutschen Rüstungsindustrie war jedoch ohnehin bereits ausgeschöpft.

Minister Speer setzte gemeinsam mit dem Generalstab des Heeres größere Erwartungen in einen strategischen Luftkrieg gegen die sowjetische Rüstungsindustrie. Es erschien sinnvoller, die Fließbänder der Panzerfabriken zu zerstören, als mit großem Aufwand die sowjetischen Panzermassen an der Ostfront zu stoppen. In dieser Hinsicht hatte man von den Angelsachsen gelernt. Außerdem hatte die Luftwaffe – im Gegensatz zu den schwer verteidigten britischen Städten, die sich auf engem Raum zusammendrängten – in den östlichen Weiten bessere Aussichten, die feindliche Luftverteidigung zu überwinden und ausgewählte Ziele zu zerstören.

Speer setzte Experten der Industrie für die Zielplanung ein, die den Angriff gegen sowjetische Kraftwerke favorisierten. Die Luftwaffenführung wollte dagegen die sowjetischen Flugzeugfabriken zerstört wissen, während die Heeresführung auf Attacken gegen die Panzerwerke drängte. Schon zur Vorbereitung der Sommeroffensive 1943 (»Unternehmen Zitadelle«) hatte die Luftflotte 6 die Stadt Gorki als Zentrum der Panzerfertigung, das Gummikombinat in Jaroslawl und den Bahnhof von Kursk mehrfach heftig angegriffen. 1553 Maschinen waren mit nur geringen Verlusten im Einsatz. Sie warfen insgesamt rund 2700 t Bomben ab und richteten teilweise schwerste Zerstörungen an. Im Vergleichszeitraum fiel freilich die mehr als zehnfache Menge an Bomben auf Deutschland, so dass die strategische Wirkung für die Wehrmacht nur gering blieb. Doch glaubte man daran, auf diesem Wege die sowjetische Rüstungsindustrie wenn nicht zu lähmen, so doch nachhaltig zu schädigen. Entwürfe für eine zukünftige Luftoffensive gründeten sich auf die Annahme, die He 177 wäre bald einsatzreif, sowie auf die Hoffnung, hinter einem »Ostwall« die vorgeschobene Front gegen die Rote Armee im Wesentlichen halten zu können.[18]

Der deutsche Bombenkrieg im Osten war – anders als im Westen – nicht als Terrorbombardement zur Vergeltung gedacht. Dafür gab es angesichts geringer Fernbomberangriffe der Roten Luftflotte auch keinen Anlass. Im Übrigen machten seine rassischen Vorurteile Hitler glauben, die russischen »Untermenschen« seien aufgrund ihrer Sturheit und Leidensfähigkeit kaum zu erschüttern.[19] Für die geplanten Nachtangriffe gegen sowjetische Kraftwerke und Fabriken standen Ende 1943 rund 300 Bomber zur Verfügung, fast aus-

Ein deutscher Bomber bei einem der zahlreichen deutschen Angriffe auf sowjetische Eisenbahnzentren im Frühjahr 1944.

schließlich die alten, wenn auch teilweise verbesserten Modelle He 111 und Ju 88, mit einer Reichweite von rund 800 km.

Die Zusammenziehung und Schulung der mittleren Kampfbomber schwächte indes über Monate die Front, so dass inzwischen ein Teil der vorgesehenen Flugplätze durch Vorstöße der Roten Armee verloren gegangen war. Als schließlich im Juli 1944 endlich ein Geschwader mit den lange erwarteten Fernbombern He 177 in Ostpreußen eintraf, mussten die wenigen Angriffe bald wieder eingestellt werden. Das Geschwader löste sich auf, und die Piloten wurden auf Jagdflugzeuge umgeschult. Die Kriegslage war über einen strategischen Bombenkrieg der Luftwaffe hinweggegangen, der drei Jahre zuvor große Wirkungen hätte haben können. So aber mussten Görings Kampfflieger auch im fünften Kriegsjahr mit unzureichenden Mitteln eine begrenzte Bomberoffensive fliegen, an die sich wieder einmal weitreichende Illusionen knüpften.

Im März 1944 ließen die Deutschen von Industriezielen ab und gingen im Osten zu Großangriffen auf Eisenbahnzentren über. Aus dem strategischen Konzept, Engpässe innerhalb des industriellen Systems zu blockieren, wurde im Vorfeld der sowjetischen Sommeroffensive ein operatives Konzept. Man wollte im Interesse des Heeres den feindlichen Truppenaufmarsch im Zentrum der Ostfront stören. Die Eisenbahnoffensive dauerte drei Monate. An ihr nahmen rund 350 Bomber teil, die gegen eine überforderte sowjetische Luftabwehr erhebliche Erfolge erzielten. Trotzdem trafen die Deutschen, die mit Propagandagetöse den Unterschied zu den alliierten Angriffen auf deutsche Frauen und Kinder betonten, nicht ins Zentrum des sowjetischen Aufmarsches. Man weiß heute, dass die Luftwaffe den feindlichen Täuschungsmaßnahmen (»Maskirowka«) auf den Leim gegangen ist.[20] Die am 22. Juni 1944 beginnende Serie sowjetischer Großoffensiven führte dann zum raschen Zusammenbruch der Heeresgruppe Mitte, das größte Debakel der deutschen Militärgeschichte.

Nur ein einziges Unternehmen der Luftwaffe war im Osten von wirklichem Erfolg gekrönt. In der Nacht eben jenes 22. Juni 1944 starteten deutsche Kampfflugzeuge zu einem Angriff gegen die Flugplätze in Poltawa und Mirgorod. Dort in der Ukraine hatten sich die Amerikaner eingerichtet, um Ziele in Deutschland auch von Osten her angreifen zu können. Das »Shuttle«-Projekt ermöglichte es den US-Bombern z. B., die Škoda-Werke in Pilsen zu bombardieren, dann in die Ukraine weiterzufliegen, dort neu aufzutanken und zu beladen, um beim Rückflug nach Westen Pilsen noch einmal zu bombardieren. Den Deutschen gelang nun ein überraschender Schlag gegen die in Poltawa zwischengelandeten US-Bomber. Ohne Gegenwehr konnten 43 B-17-Langstreckenbomber zerstört und 26 beschädigt werden. Außerdem wurden fast die gesamten Bomben- und Treibstoffvorräte vernichtet. Damit waren die amerikanischen Basen in der UdSSR lahm gelegt. Stalin hatte diese Kooperation ohnehin nur sehr zögerlich betrieben.

Die Zermürbung der deutschen Rüstung

Im Gegensatz zu den kläglichen deutschen Bemühungen, durch Bombenangriffe auf die feindliche Wehrwirtschaft einen strategischen Erfolg zu erzielen, gelang den Amerikanern 1943/44 eine äußerst erfolgreiche Offensive. Die »Fliegenden Festungen« der 8. USAAF konzentrierten sich auf die deutsche Rüstungsindustrie und zermürbten die deutsche Luftverteidigung. Am 17. April 1943, bei ihrem furiosen Angriff auf die Focke-Wulf-Werke in Bremen, sammelten sich, nachdem die Begleitjäger zurückgeblieben waren, 97 Bomber in der geschlossenen Formation von »Combat Boxes«, worauf sich eine erbitterte Luftschlacht mit deutschen Jägern entwickelte. Nur zwei US-Bomber gingen verloren.

Trotz der Schwierigkeiten, die bei der Nachtjagd gegen die Briten bewältigt werden mussten, waren die Deutschen anfangs zuversichtlich, wenigstens die zunehmenden Tageseinflüge der Amerikaner abfangen zu können. Tatsächlich erlitten diese bald steigende Verluste. Der als »Battle of Kiel« bekannt gewordene Angriff von 60 schweren Bombern am 14. Mai 1943 führte zum Verlust von 22 Maschinen. Die Amerikaner erlebten ein Wechselbad von Erfolgen und dramatischen Rückschlägen. Die Hoffnung, durch Tagesangriffe Görings Jagdflieger zu dezimieren und damit die Luftherrschaft über Deutschland zu erringen, verlieh ihren Anstrengungen zusätzlichen Auftrieb. Dafür war der Oberbefehlshaber der 8. USAAF, General Ira C. Eaker, bereit, seine jungen Besatzungen immer aufs Neue in die Schlacht zu schicken. Seine Piloten meldeten in ihrem Übereifer wieder und wieder völlig überhöhte Abschusszahlen und machten so das Hauptquartier glauben, für Görings Jagdgeschwader könnte bald das letzte Stündlein geschlagen haben. Bis zum Jahresende, so hoffte Eaker, würden sie bis zur »Impotenz« reduziert werden. Dass die Deutschen zur Reichsverteidigung immer mehr Jäger zusammenzogen und damit die anderen Fronten entblößten, wird sie in ihrem Glauben bestätigt haben.

Auch die Auswirkungen ihrer Bombenangriffe auf deutsche Industrieziele schätzten die Amerikaner falsch ein, teils zu hoch und teils zu gering. Der Angriff auf die Chemischen Werke Hüls mit 187 Maschinen vom Typ B-17 beispielsweise ist in seiner Tragweite offenbar nicht erkannt worden. Hier im Rheinland wurden 30 Prozent des strategisch wichtigen synthetischen Gummis (Buna) hergestellt. Die Aufräumungs- und Reparaturarbeiten waren zwar nach einem Monat beendet, auch die frühere Produktionshöhe wurde schon nach sechs Monaten wieder erreicht, dennoch betrug der Gesamtausfall an Buna 1943 rund 10 Prozent. Wäre Hüls wiederholt attackiert und zusätzlich noch das Buna-Werk in Ludwigshafen zerstört worden, hätte das wahrscheinlich rasch zu einem Zusammenbruch der Produktion geführt. Die Amerikaner glaubten, auf einen wiederholten Angriff verzichten zu können. Im Übrigen erlitten sie beim Tagesbombardement auf Hüls mit 16 Totalverlusten und über 100 beschädigten Bombern militärisch eine empfindliche Schlappe. Auf dem Werksgelände gab es fast 200 Tote und mehr als 1000 Verletzte.[21]

Der Wechsel in der Zielplanung brachte zwar militärische Vorteile, weil die deutsche Abwehr dadurch zersplittert und vorübergehend geschwächt wurde, die Alliierten mussten jedoch noch die Erfahrung sammeln, dass nur die hartnäckige und nachhaltige Bombardierung eines militärisch-industriellen Zieles den Erfolg verbürgte. Die rasche Beseitigung der Schäden und die Verlagerung der Produktion verhinderten die nachhaltige Schwächung des komplexen Systems deutscher Kriegswirtschaft. Im Zuge der Dezentralisierung wurde es vielmehr flexibler; man nutzte jede Angriffspause, um die Verteidigung zu stabilisieren. Diese hartnäckige Luftverteidigung setzte der Wirksamkeit des strategischen Bombenkrieges immer noch deutliche Grenzen.

Parallel zur britischen »Battle of Hamburg« hatten die Amerikaner Ende Juli 1943 eine »Blitz-Week« durchgeführt, eine Serie von täglich zwei Angriffen auf Ziele in Norddeutschland, die hauptsächlich die Flugzeugproduktion treffen sollte. Über Oschersleben kam es zu einer erbitterten Luftschlacht, bei der die Amerikaner über 40 Prozent ihrer Bomber verloren, weil die deutschen Jäger zum ersten Mal Luft-Luft-Raketen abfeuerten, die eine größere Reichweite besaßen als die Bordwaffen der »Fliegenden Festungen«. Die schutzlosen Bomber flohen in Richtung Rhein, wo sie von ihren Begleitjägern in Empfang genommen wurden. Diese waren den Verfolgern überlegen und konnten die Deutschen abdrängen. Der Fall bewies, dass die Alliierten sich darum kümmern mussten, ihren Bombern einen weit reichenden Jagdschutz vor der deutschen Luftverteidigung zu verschaffen, der sie bis zum Ziel eskortierte.

Das Konzept der »Fliegenden Festung« war offenbar gescheitert. Man fand schließlich mit der Montage von abwerfbaren Zusatztanks für die Begleitjäger eine Lösung, die eine entscheidende Wendung im Bombenkrieg über Deutschland herbeiführte. Die amerikanischen »Mustang«-Jäger wurden bald zum Schrecken der deutschen Me 109 und Focke-Wulf 190, den veralteten Standardjägern. Hier erlebte Görings Luftwaffe ihre wohl entscheidende Niederlage, weil sie das Vordringen der alliierten Bomberoffensive nach Mittel- und Ostdeutschland nicht verhindern konnte.

Beide Seiten befanden sich in der zweiten Jahreshälfte 1943 in einem Zustand äußerster Kräfteanspannung. Görings Ansehen hatte in der deutschen Bevölkerung bereits einen Tiefpunkt erreicht, so dass in Führungskreisen mehr oder weniger offen über seine Ablösung diskutiert wurde. Doch Hitler wollte die Entlassung seines »alten Kumpanen« nicht einmal erwägen.

Die Serie von strategischen Niederlagen schien nicht abzureißen. Nach dem Scheitern der Sommeroffensive im Osten war im August der Umsturz in Italien erfolgt. Die Wehrmacht musste die Kampfführung im Mittelmeer allein

Von deutscher Flak getroffen: ein amerikanischer »Liberator«-Bomber, vermutlich im September 1944.

übernehmen und verlor ihren wichtigsten europäischen Verbündeten. Im Fernen Osten nutzten die Amerikaner die durch die Verschiebung der Invasion in Europa gewonnene Zeit, um die Japaner im Pazifik durch ein »Inselspringen« zurückzuschlagen und ihre Bomber näher an das japanische Mutterland heranzubringen. Die Rote Armee führte eine Serie von Großoffensiven fort. Durch sie büßte die Wehrmacht bis zum Frühjahr 1944 fast den gesamten Geländegewinn des Überfalls vom 22. Juni 1941 ein. Die zur Reichsverteidigung zurückgezogene Luftwaffe konnte den Heereskräften keine wirksame Unterstützung mehr geben. Sie spielte bis zum Ende des Krieges an der Ostfront keine Rolle mehr. Die fortwährenden Bombenangriffe auf das Reichsgebiet zehrten zusätzlich an Kräften und Nerven.

Doch auch die amerikanischen Bomberkräfte, von denen Harris die Wende im strategischen Luftkrieg erwartete, zeigten sich erschöpft. In den Besatzungen häuften sich Nervenzusammenbrüche.[22] Eine gewisse Entlastung brachte der zusätzliche Einsatz von Bombern, die vom Mittelmeer aus wichtige Rüstungsziele im Süden Deutschlands angriffen und damit die deutsche Luftver-

179

teidigung strapazierten. Einen strategischen Erfolg erhofften sich die Alliierten durch einen massiven Angriff auf die rumänischen Ölfelder am 1. August 1943. Es war die wichtigste Treibstoffquelle des deutschen Heeres. Im Gefecht mit starken deutschen Flakverbänden ging fast ein Drittel der eingesetzten 177 Bomber verloren. Durch den Angriff wurde die Raffineriekapazität um 42 Prozent gemindert, allerdings nur für sechs Wochen. Tausende von Zwangsarbeitern waren für die Reparaturarbeiten eingesetzt, die weitestgehend gelang. Die Alliierten verfügten zwar über die Fähigkeit, strategisch wichtige und stark verteidigte Ziele anzugreifen und zu vernichten, und ihre einzelnen Operationen strapazierten die deutschen Kräfte und minderten den Rüstungsausstoß, letztlich brachten sie aber nicht den Zusammenbruch des Hitlerkrieges.

Mitte August 1943 führten die Alliierten drei wichtige Schläge gegen die deutsche Rüstung, die von einem längerfristigen Kalkül zeugten. Sie bildeten die Begleitmusik zur Konferenz zwischen Roosevelt und Churchill in Quebec, wo es neben der bevorstehenden Kapitulation Italiens hauptsächlich um die für den 1. Mai 1944 geplante Invasion (»Overlord«) in Nordfrankreich ging. Längst waren sie darüber unterrichtet, dass Hitlers größtes Geheimprojekt auf den Bau von Fernraketen zielte, die als strategische Waffen den Erfolg von »Overlord« hätten gefährden können. Deshalb griff die RAF mit 597 Bombern in der Nacht zum 18. August 1943 überraschend die Versuchs- und Fertigungsanlagen in Peenemünde an, wo man gerade mit der Großserienproduktion beginnen wollte. Unter den 750 Toten befanden sich sehr viele Zwangsarbeiter. Die Zerstörungen waren so schwer, dass Hitler sich gezwungen sah, den Aufbau eines völlig neuen Produktionszentrums in Mitteldeutschland anzuordnen. Um das Projekt »Mittelbau« im Südharz – die größte unterirdische Fabrik der Welt – mit Arbeitskräften zu versorgen, richtete Heinrich Himmler eigens ein Konzentrationslager ein. Die Fertigung der gefährlichen Flugbomben und Raketen verzögerte sich dadurch um mehr als sechs Monate.

Für diesen strategischen Erfolg mussten die Briten den Verlust von 40 Maschinen hinnehmen, die von deutschen Nachtjägern abgeschossen wurden. Den Generalstabschef der Luftwaffe, Generaloberst Jeschonnek, konnte dieser taktische Abwehrerfolg nicht davon abhalten, noch am selben Tag Selbstmord zu begehen. Die wochenlangen internen Auseinandersetzungen um die Führung der Luftwaffe hatten einen Mann zerbrochen, der knapp zwei Jahrzehnte zuvor als junger Flieger inkognito nach Spanien gereist war, um in Spanisch-Marokko Erfahrungen im Terrorbombardieren auch unter Einsatz von Giftgas zu sammeln. Der Zweite Weltkrieg hatte einen ganz anderen Verlauf genommen, als es die Protagonisten des Bombenkrieges in den 20er Jahren prognostiziert hatten.

Einen Tag vor dem britischen Angriff auf Peenemünde hatten die Amerikaner einen Doppelschlag gegen Regensburg und Schweinfurt geführt. Mit dem

Produktionsanlage des unterirdischen Mittelwerkes neben dem KZ Mittelbau im Harz für die Fi 103 (später V 1), einer fliegenden Bombe mit Strahlantrieb, vermutlich 1944.

Angriff auf die Messerschmitt-Werke in Regensburg hofften sie, die Hälfte der deutschen Produktion an Jagdflugzeugen lahm legen und damit die Fortsetzung der Bomberoffensive erleichtern zu können. Der Chef der Air War Plans Division, Generalmajor Harold G. George, nahm an, dass der Angriff zum Ausfall von 2000 deutschen Jägern führen werde.[23] Die Kugellagerwerke in Schweinfurt lieferten immerhin 75 Prozent der deutschen Gesamtproduktion. Ihre Vernichtung würde sich innerhalb weniger Monate an der Front auswirken. Man hoffte, mit der Fortsetzung dieser Angriffe das Ende des Krieges herbeiführen zu können. Mit dieser Prognose wurden die nervlich angespannten Besatzungen in den Kampf geschickt.

Der Abstand zwischen den beiden Angriffswellen war durch ungünstige Witterungsverhältnisse größer als geplant, so dass die deutschen Jäger Gelegenheit hatten, nach Attacken auf den ersten Verband aufzutanken und anschließend den zweiten anzugreifen. Die amerikanischen Thunderbolt-Jäger dagegen konnten nur die erste Welle bis Eupen begleiten, dem zweiten Verband jedoch keinen Schutz mehr bieten. So wurde der Regensburg-Verband von etwa 300 deutschen Maschinen von Anfang an heftig und fortlaufend attackiert. Über dem Ziel gingen fast 300 t Bomben nieder, die 400 Menschen töteten, einige fertiggestellte Flugzeuge zerstörten und auf dem Werksgelände schwere Schäden anrichteten, die große Montagehalle aber nicht trafen. Die Produktion konnte nach dem Angriff fortgeführt und durch die Verlagerung wichtiger Teile sogar noch gesteigert werden. Der Schweinfurt-Verband wurde beim Anflug so auseinander gerissen, dass von 424 t Bomben nur 37 t die Fabriken trafen. Die letzten Gruppen sollten wegen der Rauchentwicklung das Stadtzentrum mit Brandbomben bewerfen, trafen aber nicht. In der Stadt kamen 141 Menschen ums Leben; 8 Prozent der Werksanlagen wurden zerstört. Vorübergehend sank die Kugellagerproduktion um 34 Prozent.

Für die Amerikaner war diese Schlacht ein Schock. Sie hatten 60 Bomber an einem einzigen Tag verloren, 164 Maschinen waren mehr oder weniger beschädigt, über 600 Mann kamen zu Tode. Sie glaubten aber, 288 deutsche Jäger abgeschossen zu haben. Tatsächlich waren es nur 27. Und sie beurteilten die Trefferwirkung auf die Rüstungsziele so euphorisch, dass sie erst am 14. Oktober nach Schweinfurt zurückkehrten, woraufhin sich die bis dahin größte Luftschlacht Europas entwickelte. Unter ähnlich widrigen Umständen wie beim ersten Angriff zwei Monate zuvor erreichten nur 288 Bomber die Stadt. Erneut war ein Verlust von 60 Maschinen hinzunehmen, weitere 126 gingen bei der Landung zu Bruch bzw. wurden beschädigt oder mussten verschrottet werden. Aber man hielt die Kugellagerwerke für irreparabel zerstört. Schweinfurt sei das »letzte Aufbäumen einer Bestie im Todeskampf« gewesen, so General Eaker.[24]

Auch Speer rechnete damit, dass bei einer Fortsetzung der amerikanischen Angriffe die deutsche Rüstungsproduktion nach vier Monaten zum Erliegen kommen würde. Aber Aushilfsmaßnahmen und zusätzliche Lieferungen aus Schweden sorgten ebenso wie die großen Lagervorräte der Industrie für einen Ausgleich. Als die Amerikaner Ende Februar 1944 noch einmal zusammen mit den Briten Schweinfurt anflogen, war die Fertigung längst verlagert worden.

Bei ihren Angriffen gegen Rüstungsziele ging die USAAF wiederholt dazu über, statt der durch Rauchschwaden verdeckten Fabrikanlagen ersatzweise Wohnviertel mit Brandbomben zu belegen. So wurden beim Angriff auf die Arado-Flugzeugwerke in Anklam am 9. Oktober 1943 zwar 80 Prozent der Fabrikanlagen zerstört, aber auch die Hälfte der völlig unvorbereiteten Kleinstadt. Hier starben 400 Zivilisten, eine gleiche Anzahl wurde schwer verletzt. Einen Tag später steuerten bei einem Tagesangriff auf Münster 236 viermotorige Bomber gleich das Stadtzentrum als Zielpunkt an, um neben dem Bahnhof auch die Eisenbahner in ihren Wohnungen zu treffen. Damit wechselten die Amerikaner teilweise vom Prinzip des Präzisionsangriffes zum Flächenbombardement, wie ihn die Briten z.B. in der Nacht des 23. Oktober mit einem Angriff von 486 Bombern auf Kassel praktizierten. Außer den Flugzeug- und Panzerfabriken wurde das Stadtzentrum durch Brandbomben zu 80 Prozent verwüstet. Dabei kamen bis zu 10 000 Menschen ums Leben. Kassel war eindeutig ein wichtiges militärisches Ziel. Über das Mittel des Flächenangriffes konnte man zumindest unter moralischen Gesichtspunkten unterschiedlicher Meinung sein.

Die führenden Offiziere der US Army Air Force betrachteten das Problem des unterschiedslosen Bombardements von Städten jedenfalls ganz pragmatisch. Ihre Kritik an den britischen Städteangriffen zielte auf die Effizienz des Verfahrens. Die Vorstellungen des alten britischen Bombenkriegspropagandisten Trenchard fanden durchaus ihr Interesse. Im Allgemeinen aber überließ man die Bombardierung von Zivilisten lieber den Briten, weil man negative Rückwirkungen auf die Stimmung der amerikanischen Bevölkerung fürchtete.[25]

Auch in Großbritannien war der Bombenkrieg ein Thema für die Öffentlichkeit. Im Parlament wurde Ende 1943 offen darüber diskutiert. Die Mehrzahl der Abgeordneten unterstützte die Regierung und hob hervor, dass letztlich die Deutschen die Verantwortung für den Krieg trugen. Solange sie Hitler und seine Generale unterstützten, müssten sie die Konsequenzen tragen. Es sei moralisch vertretbar, den Krieg schnellstmöglich zu beenden. Dabei könne man sich nicht um Zivilisten kümmern. Nur wenige Abgeordnete empörten sich über eine zynische Bemerkung Churchills, die Deutschen bräuchten schließlich nicht in ihren Städten zu bleiben; sie könnten hinaus aufs Land gehen und von den Hügeln aus beobachten, wie ihre Wohnungen verbrennen.[26] Als einsamer Mahner trat der Bischof von Chichester auf. George Bell hielt es aus christlicher Gesinnung für notwendig, die Leiden der anderen Seite auch in Zeiten des Krieges nicht zu vergessen. Die von ihm geplanten öffentlichen Protestveranstaltungen wurden untersagt, aber im Oberhaus konnte er offen sprechen. Wie weit wolle man die Zerstörung der europäischen Kultur noch treiben, fragte er. Weil Hitler ein Barbar sei, dürfe sein Vorgehen nicht zum Vorbild werden. Im Übrigen würden die Briten mit den Angriffen nur das erreichen, was den Nazis mit ihrer Propaganda bislang nicht gelungen sei: Die Wut der Deutschen werde entfacht und der Rückhalt für das Regime gestärkt. In der britischen Bevölkerung fanden solche Worte keinen Widerhall. Die Zustimmung zum Bombenkrieg war vor allem in jenen Regionen besonders hoch, die bisher verschont geblieben waren.[27]

Die Schlacht um Berlin und die Niederlage
der deutschen Luftverteidigung

Besonderer Anlass für die öffentliche Debatte in Großbritannien waren die Folgen der dritten großen Schlacht des Arthur Harris. Nach der »Battle of the Ruhr« und der Operation »Gomorrha« gegen Hamburg bereitete er die Vernichtung der deutschen Hauptstadt vor. Mit ihrer dreifachen Zielsetzung im Vorfeld der Invasion (Zermürbung der deutschen Luftabwehr, Lähmung der Rüstungsindustrie und Demoralisierung der Bevölkerung) hatten die Alliierten 1943 einige Erfolge erzielt. Aber ein Nachlassen der deutschen Kampfkraft war nicht zu erkennen. Vor allem das Ringen um die Luftherrschaft war noch längst nicht entschieden. Die Amerikaner drängten deshalb darauf, in der knapp gewordenen Zeit dem Kampf gegen die deutsche Luftwaffe und der Zerstörung deutscher Flugzeugfabriken höchste Priorität zu verleihen.

Harris wollte sich dieser Strategie nicht anschließen. Noch war der Beweis für die Wirksamkeit des britischen Konzeptes nicht erbracht. Nur die Weiterführung der nächtlichen Flächenangriffe könnte den entscheidenden Erfolg bringen, glaubte er. Diese Angriffe trügen mehr zur Verkürzung des Krieges bei als alle Landoffensiven, einschließlich der russischen. In einem Brief an Churchill vom 3. November 1943 erklärte Harris, er habe bereits 19 Städte so schwer zerstört, dass sie für die Deutschen nur noch eine Belastung seien. 19 weitere seien schwerer getroffen als Coventry 1940. Ein moralischer Zusammenbruch scheine unmittelbar bevorzustehen.

Andere Luftwaffenbefehlshaber auf alliierter Seite bemängelten, dass Harris bei seinen Planungen das Unternehmen »Overlord« überhaupt nicht berücksichtige. Dieser zeigte sich unbeeindruckt. Falls die Amerikaner mitmachten und Berlin »von einem Ende zum anderen« vernichteten, würde die geplante Luftschlacht mit 16 Großangriffen das Kriegsende herbeibomben. »Es werde den Verlust von 400–500 Bombern kosten, Deutschland aber den Verlust des Krieges.«[28] Harris verlangte ein öffentliches Bekenntnis zum unterschiedslosen Bombenkrieg.

Harris an Portal am 25. Oktober 1943:
»Das Ziel der Combined Bomber Offensive und der Rolle, die dem Bomber Command darin nach der vereinbarten britisch-amerikanischen Strategie zufällt, muss eindeutig und öffentlich dargelegt werden. Dieses Ziel ist die Zerstörung der deutschen Städte, die Tötung deutscher Arbeiter und die Zerschlagung des zivilisierten sozialen Lebens in ganz Deutschland.
Es sollte unterstrichen werden, dass die Zerstörung von Gebäuden, öffentlichen Einrichtungen, Transportmitteln und Leben, die Schaffung eines Flüchtlingsproblems von bislang unbekanntem Ausmaß und der Zusammenbruch der Moral an der Heimat- wie der Kriegsfront durch die Furcht vor noch umfassenderen und heftigeren Bombenangriffen akzeptierte und beabsichtigte Ziele unserer Bombenpolitik sind. Keinesfalls sind sie Nebeneffekte von Versuchen, Fabriken zu treffen.«[29]

Paul Tollmann
Soldat bei einem Pionier-Bataillon. Auf Fronturlaub erlebte er schwere Angriffe auf Berlin.

»Während ich an den vier, fünf Tagen meines Urlaubs im Bombenkrieg jede Nacht mit den gefährlichsten Angriffen rechnen musste, war es im Krieg ganz anders. Da waren wir mal zwei, drei Tage im Einsatz, dann wieder wochenlang in der Etappe. Dort führten wir ein ruhiges, sorgenfreies Leben, und die Gefahr war hier, verglichen mit der Gefahr, der man als Zivilist in der Heimat ausgesetzt war, für den Einzelnen wesentlich geringer. Ich war in einem Panzerpionierbataillon der 3. Panzerdivision. Wir hatten so starke Waffen, dass wir uns, wenn wir es nicht zu dumm anstellten, jederzeit schützen konnten. Aber in der Heimat und als Zivilist hat man keine Möglichkeit, sich selbst zu schützen.

Man wollte natürlich gern bei seiner Familie sein. Man wollte bei seinen Freunden sein. Als Soldat in der Fremde war mein Leben zwar sicherer. Aber deswegen wieder an die Front zu gehen, um ein sichereres Leben zu haben als in der Heimat, das wollte man natürlich auch nicht. Freiwillig bin ich nie zurück an die Front gegangen. Doch auch nicht besonders sorgenvoll, etwa in dem Glauben, dort sei mein Leben in Gefahr. An diesen Tagen des Urlaubs in der Heimat, in denen immer Bombenangriffe waren, war mein Leben täglich gefährdeter als an der Front.«

Soweit wollte der Premierminister nicht gehen, und ob er wirklich von den kühnen Prognosen seines Bomberchefs überzeugt war, muss offen bleiben, denn die Vorbereitungen für »Overlord« gingen unvermindert voran. In der Zwischenzeit mochte Harris sein Glück versuchen. Nach erst kürzlich bekannt gewordenen Informationen untersuchte damals der britische Geheimdienst auch die Vor- und Nachteile eines möglichen Attentates auf Hitler. Die Briten hätten ein solches Unternehmen wahrscheinlich erfolgreich durchführen und damit den Krieg womöglich beenden können. Doch in London kam man zu dem Schluss, es sei besser, Hitler am Leben zu lassen, weil anderenfalls ein fähiger deutscher General womöglich den alliierten Sieg erschweren würde.[30] Das heißt: Nicht Hitler wurde zum Tode verurteilt, sondern die Berliner Bevölkerung.

Dabei waren die Amerikaner bemüht, das britische Bomber Command stärker in ihre eigene Strategie einzubinden. Nur ausnahmsweise beugte sich Harris wiederholten Aufforderungen, z. B. durch einen Nachtangriff auf Schweinfurt das vorausgegangene Tagesbombardement der Army Air Force zu unterstützen. Durch die rapide Verstärkung ihrer eigenen Bomberflotten konnten die Amerikaner im Frühjahr 1944 schließlich selbst den Kampf um die Luftherrschaft aufnehmen, das Bomber Command hielt inzwischen an der Städtestrategie fest. Während sich die amerikanischen Bombenplaner mit Produktionsziffern deutscher Rüstungsbetriebe und wirtschaftlichen Verflechtungen beschäftigten, berechneten die Techniker bei Harris kühl die mögliche Steigerung der Vernichtungskapazitäten. Ihre fiktiven Hochrechnungen zielten nicht auf den Stillstand von Produktion, sondern auf das Auslöschen von Städten.

In der Reichshauptstadt hatte man das Näherrücken der alliierten Bomberflotten nervös beobachtet. Nach der Katastrophe in Hamburg und den schweren Angriffen auf Hannover und Kassel musste Goebbels als zuständiger Gauleiter mit dem Schlimmsten rechnen. Berlin als größte deutsche Stadt war auch ein bedeutendes Rüstungszentrum, und nach den ersten schwachen Angriffen im Sommer 1940 hatte man die Metropole zu einer regelrechten Flakfestung ausgebaut. Goebbels bezog am 16. November 1943 seinen neuen Befehlsbunker tief unter dem Wilhelmsplatz. Von hier aus, so schrieb er in seinem Tagebuch, wolle er die »Verteidigungsschlachten um die Reichshauptstadt« führen.[31] Nach einem schwachen Angriff zwei Tage zuvor erfolgte in der Nacht zum 23. November der erste schwere Angriff auf die Stadt. Dabei bombardierten über 700 Langstreckenbomber das Stadtzentrum, was trotz fast geschlossener Wolkendecke durch den Einsatz von Radar möglich war. Das gesamte Regierungsviertel schien zu brennen. Die Innenstadt wurde schwer verwüstet, und in der folgenden Nacht setzten 380 Bomber das Zerstörungswerk fort. Durch Berlin zog sich eine Schneise von Brand und Verwüstung. Insgesamt unternahmen die Alliierten eine erste Serie von fünf Großangriffen. Dabei starben fast 4000 Menschen. Rund 10 000 Gebäude wurden restlos zerstört. Die Briten verloren auf ihrer Seite nicht weniger als 123 Bomber.

Das war der dramatische Auftakt der größten Bomberschlacht der Geschichte. Die »Battle of Berlin« dauerte fünf Monate und betraf nicht nur die deutsche Hauptstadt. Das Bomber Command attackierte in dieser Zeit weitere deutsche Großstädte von Frankfurt am Main bis Leipzig. Die Zentren auch dieser Städte wurden verbrannt, und Tausende Menschen starben. Doch die Strategie zielte auf Berlin, das vom Bomber Command bis zum 24. März 1944 mit insgesamt 19 schweren Flächenangriffen überzogen wurde. Die Bilanz auf deutscher Seite ergab mehr als 10 000 Tote und 1,5 Millionen Obdachlose, auf britischer Seite 3347 getötete Besatzungsmitglieder, 992 überlebten den Absturz verletzt oder gerieten in Kriegsgefangenschaft.[32]

In Anbetracht des alliierten Aufwandes und im Vergleich zur Operation »Gomorrha« fiel die Zahl der Opfer in Berlin relativ gering aus. Das war einerseits das Ergebnis der massiven »Verbunkerung« der Reichshauptstadt mit rund 1000 Schutzbauten – allein die großen Flaktürme konnten bis zu 30 000 Menschen aufnehmen –, andererseits hatte man sich intensiv auf die Großangriffe vorbereitet und aus dem Fall Hamburg wichtige Schlussfolgerungen ziehen können. Eine Million Menschen wurden aus der Stadt evaku-

Gerda Szepansky
Als junges Mädchen wurde sie in Berlin
zweimal ausgebombt.

»Wir sind abends ins Kino gegangen, und dann kam Alarm. Wir sind schnell raus und in den Hauskeller gerannt. Nach der Entwarnung sind wir wieder zurück ins Kino. Dann ging der Film weiter.

Gefragt waren vor allen Dingen Liebesfilme. Liebe war in Zeiten des Krieges schwer, weil die Männer nicht da waren. Da war die Christina Söderbaum, die mehrmals in den Filmen ins Wasser zu gehen hatte – aus unglücklicher Liebe. Sie hieß im Volksmund die ›Reichswasserleiche‹. ›Es gibt wieder einen neuen Film mit der Reichswasserleiche‹, hieß es. Da gingen wir hin, und am Schluss liefen uns die Tränen aus den Augen, weil wir das so furchtbar traurig fanden.

Einmal bin ich übers Wochenende nach Adlershof gefahren. Es gab Fliegeralarm – muss 1942 oder '43 gewesen sein, aber es passierte nichts. Natürlich hatten wir trotzdem Angst. Mein Onkel kam auf die Idee: Wir singen einfach die Schlager aus den Filmen. Und erzählen uns gegenseitig was daraus. Das wird uns ablenken. Wir sangen aus Leibeskehle: ›Du hast Glück bei den Frauen, Bel Ami.‹ Das war so ein Selbsthilfeprogramm. Wir konnten zwar nicht gut singen, aber es half uns. Wir sangen uns die Angst einfach weg.«

iert und die Schulen geschlossen. Natürlich begünstigten auch die großflächige Bebauung der Millionenstadt sowie die Heranführung von Hilfskräften aus dem Umland die Eindämmung von Feuersbrünsten. Und Goebbels konnte hier als zuständiger Gauleiter alle Register seines organisatorischen und propagandistischen Könnens ziehen, um der Parole »Unsere Mauern brechen, unsere Herzen nicht« Nachdruck zu verleihen. Die Mischung aus konkreten Hilfsmaßnahmen der NSDAP und gezielter Propaganda hinterließ die gewünschte Wirkung; der gefährliche Stimmungseinbruch von 1943 wiederholte sich nicht. Mit der Hoffnung auf die versprochenen »Wunderwaffen« hatte das vermutlich weniger zu tun als mit einem Gewöhnungseffekt, der den Briten selbst nicht unbekannt war.

Die größte Bomberoffensive des Zweiten Weltkrieges war so gesehen ein Fehlschlag. Anders, als von Harris erwartet, war ein dramatisches Absinken der deutschen »Moral« nicht erkennbar. In der schwer verwüsteten Hauptstadt regte sich Leben, die Menschen richteten sich in den Ruinen ein, die Metropole hatte ihre Funktionsfähigkeit nicht eingebüßt. Obwohl z. B. das wichtige Rüstungsministerium ausgebrannt und ein Großteil der Akten verloren gegangen waren, bereitete es Speer keine Mühe, die einzelnen Abteilungen zu dezentralisieren und die Steuerung der Rüstungsproduktion in der Hand zu be-

Berlin im Bombenhagel während der »Battle of Berlin«.

halten. Mit der Einrichtung eines »Jägerstabes« gelang es, innerhalb kürzester Zeit die Produktion von einmotorigen Jagdflugzeugen wesentlich zu steigern.

Aus politischer Sicht konnten Roosevelt und Churchill durchaus zufrieden sein: Hitlers Regime war zweifellos erheblich geschwächt worden. Wie sehr die inneren Kräfte des Regimes überdehnt wurden, zeigte sich beispielhaft am psychischen Zusammenbruch von Rüstungsminister Speer. Er zog sich ab Januar 1944 für mehrere Monate in eine Kurklinik zurück und geriet in Gefahr, nach seinem Höhenflug als vermeintlicher Kronprinz des »Führers« politisch völlig abzustürzen. Speers Freunde aus der Industrie drängten auf seine Rückkehr, weil sie befürchteten, dass beim absehbaren Niedergang des NS-Systems radikale Kräfte wüten könnten und die Lebensgrundlagen für die Zeit nach einer Niederlage zerstört werden würden. Eine Intrige von Martin Bormann, Hitlers düster-mächtigem Sekretär, von Heinrich Himmler und anderen radikalen NS-Funktionären gegen Speer brach in sich zusammen, als der »Führer« im Mai 1944 seinen einzigen Vertrauten gerührt zurückrief und ihm ausrichten ließ: »Sagen Sie, dass ich ihn lieb habe.«[33]

Bergung von Verschütteten aus einem Keller in Berlin, 1943.

Und so, wie im inneren Führungszirkel die Siegesgewissheit der verzweifelten Suche nach »Wundern« Platz machte, veränderte der massive Bombenkrieg auch die Kampfmotivation der Soldaten. Die »alten Hasen« an der Front träumten schon längst nicht mehr vom »Endsieg«, sondern waren darauf bedacht, ihr Leben aus der Katastrophe zu retten. Hunderttausende wurden für den »Endkampf« neu rekrutiert, und neben den ganz Jungen befanden sich darunter auch viele, die als Facharbeiter in den Jahren zuvor für die Rüstung vom Wehrdienst freigestellt worden waren. Sie rückten in die Kasernen und dann an die Front mit der Erfahrung des Bombenkrieges, der von Monat zu Monat an Intensität zugenommen hatte. Von Kampfmoral und Siegeswille waren auch die meisten dieser neuen Soldaten nicht geprägt.

Der noch weitgehend undeutlichen inneren Zerrüttung des Regimes und der Wehrmacht durch den Bombenkrieg entsprach ein schleichender Ansehensverlust des »Dritten Reiches« bei Verbündeten und Neutralen. Auf sie war Hitler angesichts der stark zunehmenden Verluste an der Front und in der Kriegswirtschaft stärker denn je angewiesen. Doch die Neutralen an der Peripherie, wie die Türkei und Portugal, die kriegswichtige Rohstoffe an Deutschland lieferten, vollzogen unter dem Eindruck der Kriegsentwicklung eine Kehrtwendung zu den Alliierten, und auch die Schweden und Schweizer fürchteten längst nicht mehr den deutschen Nachbarn. Sie ließen sich ihre Materiallieferungen teuer bezahlen und drosselten allmählich den Handelsverkehr.

Besonders verheerend wirkten sich die Bombenangriffe auf die wenigen verbliebenen deutschen Verbündeten vor allem in Südosteuropa aus. Die näherrückende Rote Armee veranlasste Ungarn, Rumänien und Bulgarien, Kontakte zu den Alliierten zu knüpfen, um die drohende Besetzung durch die Bolschewisten zu verhindern. Briten und Amerikaner halfen dem Schwinden des deutschen Einflusses nach, indem sie durch teilweise massive Luftangriffe auf die Hauptstädte den Druck zum Seitenwechsel erhöhten. Am 19. März 1944 marschierten deutsche Truppen in Ungarn ein, um den Verbündeten und seine wertvollen Rüstungsressourcen nicht zu verlieren. Die Amerikaner antworteten am 3. April mit einem Luftangriff auf Budapest, ohne den erneuten Kurswechsel des Landes verhindern zu können. Zu diesem Zeitpunkt nutzte Adolf Eichmann seine Chance, als Organisator des Holocaust über mehrere Hunderttausend ungarische Juden zu walten. Aus ihrem Besitz finanzierten die ungarischen Faschisten die Fortführung des Krieges. Die arbeitsfähigen ungarischen Juden bildeten eine letzte Arbeitskräftereserve für Speer; wer nicht dazu zählte, landete in den Todesfabriken der SS.

Wahrscheinlich hätte eine konzertierte britisch-amerikanische Luftoffensive gegen Berlin weitaus größere Auswirkungen hinterlassen können, doch die Arbeitsteilung war mit Blick auf die geplante Invasion ein nützlicher Kompromiss. Während die Briten die Ruinen von Berlin durchpflügten, kümmerten sich die Amerikaner vor allem um die deutschen Flugzeugfabriken. Görings

Der **frontarbeiter OT**

ILLUSTRIERTE ZEITUNG FÜR DIE FRONTARBEITER DER ORGANISATION TODT

20. APRIL 1943   FOLGE 142

Der Führer, der am 20. April seinen 54. Geburtstag vollendet, im Gespräch mit Reichsminister Speer, dem Chef der OT und genialen Vollender des Schutzwalls am Atlantik, im Führerhauptquartier

Aufnahme: Presse-Hoffmann

Titelblatt des offiziellen Presseorgans der Organisation Todt zu Hitlers 54. Geburtstag am 20. April 1943, hier mit Rüstungsminister Speer in der »Wolfsschanze« bei Rastenburg.

Luftwaffe musste um jeden Preis dezimiert werden und die Luftherrschaft verlieren, um das Risiko einer alliierten Großlandung in Nordwestfrankreich kalkulierbar zu machen. Das würde auch den fortgesetzten Angriff auf die deutsche »Moral« erleichtern. So schalteten sich die Amerikaner Anfang März 1944 in die »Battle of Berlin« ein und lösten die Briten mit einer Serie von Tagesangriffen ab. Sie waren zugleich ein Test für die deutsche Verteidigungsstärke, die aber vom Wetter begünstigt wurde. Am 3. März gelangte nur ein Teil der Langstreckenjäger bis zu den Außenbezirken der Stadt. Am nächsten Tag ließ die 8. USAAF ihre 504 B-17-Bomber von 770 Jagdflugzeugen begleiten. Doch nur 30 Bomber erreichten Berlin und konnten kaum Schaden anrichten.

Am 6. März wiederholten die Amerikaner den Angriff. 627 »Fliegende Festungen« warfen nun bei strahlendem Sonnenschein ihre Bombenlast ab, aber die deutschen Jäger konnten mehr als zehn Prozent der Angreifer abschießen – eine Quote, die sich nicht lange hätte durchhalten lassen. Mit weiteren schweren Tagesangriffen am 8. und 9. März 1944 schlossen die Amerikaner ihre Serie gegen »Big B«, wie die Besatzungen das riesige Zielgebiet nannten, ab. Schaden nahmen vor allem Teile der Infrastruktur. Die Industrie blieb zwar weitgehend verschont, die außerordentlich schweren Zerstörungen an den Eisenbahnanlagen hatten jedoch zumindest indirekte Auswirkungen auf die Rüstungsproduktion.

Der Großraum Berlin-Brandenburg bildete zu jener Zeit das Zentrum der modernen Leichtindustrie, dazu kamen Unternehmen der Rüstungsforschung. Das Ruhrgebiet als traditionelles Rüstungszentrum Deutschlands lieferte den Stahl, doch der Wehrkreis III (Berlin-Brandenburg) war das Herz der Rüstungsendfertigung. Das bedingte den vergleichsweise geringen sichtbaren Schaden für die Rüstung. Die weithin erkennbaren Hochöfen waren leichter zu treffen und schwerer zu ersetzen als die Vielzahl von elektrotechnischen und sonstigen Zulieferbetrieben des Rüstungsnetzwerkes Berlin. Die großen Montage- und Produktionsbetriebe an der Peripherie blieben ohnehin weitgehend unbehelligt, obwohl die amerikanischen Bomber direkt über die Panzerfabrik in Falkensee hinweg in Richtung Zentrum flogen. Sie zeigten erstaunlicherweise weder für die Flugzeugmotoren- und LKW-Werke in Ludwigsfelde noch für das verbunkerte Hauptquartier des Oberkommandos des Heeres in Zossen/Wünsdorf oder die wichtigste deutsche Giftgasfabrik in Falkenhagen, südöstlich der Hauptstadt, Interesse.

Die psychologischen Auswirkungen der US-Angriffe allerdings waren gewaltig. Die Menschen wussten um die Kapazitäten der Amerikaner, deren blitzende Maschinen wie unaufhaltsam am hellen Himmel ihre Bahnen zogen, deren Pulks in klarer Gefechtsordnung heranrauschten.[34] Das Gefühl von Hilflosigkeit und Furcht wurde verstärkt durch das Wissen um die »Bombenteppiche« und ihre verheerende Wirkung. Die Angst vor einem Gaskrieg verbreitete zusätzlichen, nicht unbegründeten Schrecken, hielten doch die Alliierten

Sam Halpert
Navigator an Bord eines amerikanischen B-17-Bombers. Er flog 35 Einsätze gegen Deutschland.

»Als wir nach England kamen, um Deutschland zu bombardieren, entschieden wir uns für Angriffe bei Tage. Die Briten hatten uns Amerikanern gesagt, das sei unmöglich. Doch wir kannten es eben nur so, deswegen blieben wir dabei. Das hatte nichts mit Heldentum zu tun, nicht einmal damit, Städte zu schonen. Wir hatten es schlicht und einfach so gelernt. Unser Zielgerät konnten wir nur am Tag einsetzen, also blieben wir dabei. Die Idee war auch, Bomben zu sparen. Wir sahen es als Verschwendung an, Denkmäler, Waisenhäuser, Schulen oder Krankenhäuser zu bombardieren. Das hatte nichts mit Fragen von Menschlichkeit zu tun, wir betrachteten die Sache schlicht unter dem Aspekt der Verschwendung. Besser war es, eine Rüstungsfabrik oder eine Ölraffinerie zu bombardieren. Wir wollten effizient sein – der Krieg sollte so schnell wie möglich vorbei sein. Ich warf doch meine Bomben nicht auf Hans Schmidt oder August Schulz persönlich. Mir ging es darum, Deutschland als Ganzes zu schwächen und den Krieg so schnell wie möglich zu beenden. Und dass ich dabei vielleicht eine Wohnung treffe und eine junge Mutter mit ihrem Kleinkind – das war für mich nie ein Thema. Nicht eine Sekunde lang. Ich musste mich nicht mal gegen den Gedanken wehren – er kam einfach nicht auf. Niemals.«

unverändert an ihrer Option eines massiven Luft-Gaskrieges fest, sollten die Deutschen diese Spirale von sich aus in Gang setzen.

Mit ihren geballten Operationen hatten die Amerikaner bis zu diesem Zeitpunkt bereits einen wesentlichen Beitrag in der Schlacht um die Luftherrschaft über Deutschland geleistet. Bei ihren Angriffen auf die Flugzeugfabriken hatten sie Görings Jäger auf sich gezogen und ihnen in heftigen Luftschlachten dramatische Verluste beigebracht. Im Frühjahr 1944 musste die Luftwaffe Monat für Monat den Verlust von 20 Prozent ihrer Jagdflieger hinnehmen. In diesem Zeitraum verlor sie beinahe ebenso viele Jäger (2262), wie sie monatlich im Durchschnitt bereitstellte (2283). Der Luftkampf war zu einem blutigen Stellungskrieg geworden. Und die Alliierten durchbrachen immer wieder die deutschen Verteidigungslinien. In der Defensive wurde die Luftwaffe zermürbt und vernichtet. Da halfen auch nicht der Verzicht auf den Bau eigener Bomber und die Konzentration aller Anstrengungen auf die Jägerfertigung. Es waren überwiegend veraltete Modelle, die in großer Zahl hergestellt und von jungen Piloten geflogen wurden, die oft noch nicht einmal richtig starten und landen konnten. Während ihres kurzen Einsatzes machten sie mehr Maschinen durch Unfälle zu Schrott als durch den Feind getroffen wurden. Im Mai 1944 brach die Luftwaffe zusammen, unmittelbar vor der Invasion. Die amerikanische Strategie war also ein Erfolg. Sie beeinflusste entscheidend den Verlauf des Zweiten Weltkrieges. Anfang April war die 20. Luftflotte der USAAF aufgestellt worden, die den strategischen Luftkrieg gegen Japan eröffnen sollte. Die erste B-29 »Superfortress« landete in Indien.

Zu diesem Zeitpunkt wurden sämtliche in Großbritannien stationierte Bomberverbände dem alliierten Oberbefehlshaber Eisenhower unterstellt. Nach seinem Fehlschlag gegen Berlin konnte sich Harris nicht dagegen wehren, vorübergehend die geplanten Landoperationen zu unterstützen. Den Einsatzplan für die zusammengefassten alliierten Flieger verfasste Eisenhowers Stellvertreter Air Marshall Arthur Tedder. Sein Ziel war es, durch die Zerstörung des nordfranzösischen Straßen- und Eisenbahnnetzes die künftige Kampfzone großräumig abzuriegeln, um so deutsche Verstärkungen und Schwerpunktverlagerungen an der Invasionsfront zu verhindern. Dabei fielen zeitweilig mehr Bomben auf Frankreich als auf Deutschland. Bei einem schweren amerikanischen Luftangriff am 24. April 1944 auf Rouen gab es 400 Tote und 700 Verletzte unter der französischen Zivilbevölkerung.

Vier Jahre lang hatte sich die Wehrmacht auf den entscheidenden Angriff vorbereiten können. Ihr fähigster Feldmarschall und Panzerführer, Erwin Rommel, entwickelte Pläne zur Abwehr der Invasion an der französischen Küste. Er wusste von seinen Einsätzen in Nordafrika, dass alle Verteidigungsstellungen »ohne Dach« wertlos sein würden und vertraute auf seinen Plan, den Feind bereits am Strand zurückzuwerfen. Luftwaffe und Kriegsmarine erwiesen sich außerstande, den feindlichen Aufmarsch schon in England zu verhindern. Es fehlte an Fernaufklärern und Bombern, um den Anmarsch über See zu stören oder wenigstens rechtzeitig zu entdecken; die Verteidiger in ihren Bunkern hatten keine Möglichkeit, das mörderische Bombardement der Angreifer abzuwehren.

Alle deutschen Planungen für diese letzte große Entscheidung des Zweiten Weltkrieges setzten darauf, dass die Luftwaffe am Tag X all ihre Kräfte im französischen Raum konzentrieren würde. Tedders Plan für den Einsatz der alliierten Bomber machte diese Hoffnung zunichte. Gegen die über 10 000 feindlichen Flugzeuge konnte Göring schließlich nur eine Handvoll Maschinen aufbieten. Und Tedder war auf Nummer Sicher gegangen. Jetzt schien der Zeitpunkt gekommen, um der Wehrmacht den Treibstoffhahn gänzlich zuzudrehen. Drei Wochen vor Beginn der Invasion in der Normandie verfügten die Amerikaner über eine so große Zahl von Bombern, dass sie neben den Verkehrszielen in Nordfrankreich auch eine Offensive gegen die deutschen Hydrierwerke und Raffinerien starten konnten. Die 15. USAAF hatte bereits mit einem fortdauernden Bombardement der rumänischen Ölfelder begonnen. Nun wandten sich die Amerikaner den schwer verteidigten deutschen Großanlagen zu.

Die Auswirkungen waren verheerend. Innerhalb weniger Wochen war die Wehrmacht so weit lahm gelegt, dass sie sich nur noch mit Fahrrädern und

Planten die Luftangriffe auf Deutschland: Luftmarschall Arthur Tedder (l.), Chef der britischen, und General Carl Spaatz, Chef der amerikanischen Luftstreitkräfte.

Pferdewagen vorwärts bewegen konnte. Die wenigen Lastkraftwagen mussten mit Holzvergasern betrieben werden, brauchten also Brennholz. Mit schwindenden Treibstoffvorräten konnten lediglich die gepanzerten Eliteverbände an die Brennpunkte des Kampfes geworfen werden. Doch es fehlte ihnen an Schutz gegen die feindlichen Tieffflieger und die Unterstützung eigener Bomber, um sich wie in den ersten Jahren des Krieges gegen einen überlegenen Feind durchzusetzen.

Die Amerikaner betrieben die Bombardierung der Mineralölziele derartig konsequent und hartnäckig, dass sich selbst die neuen deutschen Superpanzer wie der »Königstiger« nur noch auf kurzen Strecken bewegen konnten. Daneben musste die Luftwaffe ihren Treibstoffverbrauch drastisch einschränken. Die jungen Pilotenschüler erhielten nur noch wenige Flugstunden zur Ausbildung, bevor sie im aussichtslosen Kampf gegen die alliierten Jäger und Bomber »verheizt« wurden, die den Himmel über Deutschland beherrschten. Viele

Die Produktionshalle einer unterirdischen Rüstungsfabrik in Deutschland, um 1943.

neu produzierte Flugzeuge konnten nicht eingeflogen werden und wurden von den Alliierten auf ihren Standplätzen zerstört.

Bei den Angriffen gegen die Hydrierwerke bewährte sich die Erfahrung im Flächenbombardement. Die großräumigen Anlagen waren durch einzelne Treffer nicht dauerhaft in ihrer Funktionsfähigkeit zu beeinträchtigen. Unter dem Einsatz Hunderttausender Arbeitskräfte bemühte sich Speer um den raschen Wiederaufbau. Die Reparatur erhielt höchste Priorität. Alle möglichen Schutz- und Abwehrmaßnahmen wie Tarnung, Vernebelung und die Konzentration von Flak und Jägern wurden getroffen. Doch die alliierten Bomber kehrten in regelmäßigen Abständen zurück, und zwar genau dann, wenn unter erheblichem Materialeinsatz die Produktion wieder aufgenommen geworden war. Nach mehreren solchen Schlägen fielen Großanlagen wie die mitteldeutschen Leuna-Werke schließlich ganz aus. Die Erzeugung von Flugbenzin sank im September 1944 auf 6 Prozent. Überlegungen, die Treibstoffherstellung in unterirdische Stätten zu verlagern, kamen schon wegen der erhöhten Explosionsgefahr nicht ernsthaft in Betracht. So öffnete sich die Schere zwischen der hohen Zahl von produzierten Kriegsmaschinen und den zur Verfügung stehenden Treibstoffen.

Deshalb machte auch der fieberhaft vorangetriebene Bau von unterirdischen Rüstungsfabriken keinen Sinn mehr. Hunderttausende von Sklavenarbeitern wurden geschunden, um in gigantischen Bauvorhaben Fabriken für Jagdflugzeuge unter Betonkuppeln zu fertigen. Für die NS-Führung und die wichtigsten Rüstungsfirmen erkundete man Tunnel und Höhlen. Das Phantom einer »Alpenfestung« nahm erste Gestalt an. Unter enormen Anstrengungen wurden

Produktionszweige verlagert, Bombenschäden repariert und an den Grenzen des Reiches neue Festungsanlagen und Stellungssysteme errichtet. Materialien und Arbeitskräfte wurden der Rüstung entzogen, um das Überleben des NS-Regimes im Bombenhagel zu sichern. Es war ein riesiger Aufwand, den manche Unternehmer nutzten, um vor allem ihren wertvollen Maschinenpark vor den Bomben und damit über den Krieg zu retten. Bei allen verzweifelten Bemühungen Speers und seiner Leute – die systematische Zerstörung der industriellen Grundlagen der deutschen Kriegführung schritt unaufhaltsam voran. Rohstoffreserven und Produktionsziele ließen sich nur noch für einige Monate im Voraus kalkulieren.

Die Zerschlagung der deutschen Rüstung

Während sich die Industrie in aller Stille hinter den Kulissen auf den Übergang in die Nachkriegszeit vorbereitete, stellten sich die Militärs darauf ein, notfalls das Kerngebiet des Reiches zwischen Rhein und Oder in einem langwierigen Abnutzungskampf zu verteidigen. Nach dem Scheitern des Attentates auf Hitler am 20. Juli 1944 war die militärische Opposition endgültig zerschlagen worden und damit die Hoffnung vieler Nationalkonservativer, dass die Katastrophe glimpflich beendet und eine bedingungslose Kapitulation verhindert werden könnte. Viele Deutsche fügten sich angesichts der zerbrechenden Fronten in diese Hoffnungslosigkeit, und die pausenlosen Bombenangriffe der Alliierten ließen keinen Zweifel daran, dass es kein Entrinnen gab.

Jeder Widerstand war sinnlos geworden und hätte das Unheil, das nun über die Deutschen hereinbrach, nur vergrößert. Im letzten Kriegsjahr starben bekanntlich mehr Menschen im Reich als in den fünf Jahren zuvor. Doch Gestapoterror und Bespitzelung sorgten dafür, dass davon in der Öffentlichkeit keine Rede war. Mancher verdrängte wohl auch diese Einsicht oder klammerte sich an irrationale Hoffnungsschimmer. Der Bombenhagel auf die deutschen Städte widersprach jedoch für jedermann erkennbar und hörbar dem propagandistischen Geschrei der Nazis über den »Endsieg«. Auszuharren hatte jeden Sinn verloren, und die Sorgen der Menschen verkürzten sich auf die Hoffnung, dass der Ehemann von der Front ein Lebenszeichen sendete, dass Frauen und Kinder in der Heimat im Bombenkrieg möglichst unbeschadet blieben.

Das Verdrängen der absehbaren Niederlage fiel manchen Generalen offensichtlich leichter. Mögliche Zweifel wurden nach der Einführung von NS-»Führungsoffizieren«, also quasi Politoffizieren, noch stärker unterdrückt. Nicht wenige glaubten, sich an einen falsch verstandenen Patriotismus klammern zu müssen. Die Parole »Durchhalten« sollte das Reich und seine Menschen vor dem Schlimmsten schützen, was sich da aber längst für jedermann

Eine V 1-Flugbombe rollt an die Abschussrampe an der Kanalküste.

sichtbar abzeichnete: Besetzung und bedingungslose Kapitulation. Wenn es gelang, so die Hoffnung vieler, nach dem Verlust der »Festung Europa« wenigstens die »Festung Deutschland« zu halten, dann würden vielleicht doch noch neue »Wunderwaffen« helfen. Oder die ersehnte Kriegswende würde durch das Auseinanderbrechen der Anti-Hitler-Koalition herbeigeführt werden. Es war Goebbels, der seinen »Führer« fast täglich bedrängte, die Karte des Antibolschewismus stärker auszuspielen und durch eine politische Kriegführung die feindliche Allianz zu spalten. Er bot sich aber vergeblich als neuer Außenminister an. Hitler hielt an seinen alten Kumpanen fest, auch wenn sie wie Göring mit dem Scheitern der Luftwaffe ihr Ansehen längst verloren hatten.

All diese Hoffnungen und Spekulationen waren von vornherein obsolet, wenn es nicht gelang, das zerbrochene »Dach« über dem Reich zu reparieren und der Zertrümmerung der deutschen Kriegswirtschaft Einhalt zu gebieten. Es gab seit dem Sommer 1944 praktisch keinen Ort mehr, der Sicherheit vor den alliierten Fliegern bot. Als Hitler nach Beginn der Invasion in der Normandie auf den Einsatz der »V-Waffen« drängte, sah er ihren Zweck nur noch in der Vergeltung. Gegen den Rat seiner Generale ließ er das Raketenfeuer nicht auf die Brückenköpfe der Alliierten oder ihre Flugplätze lenken, sondern auf London. Die lange angekündigten »Wunderwaffen« hatten einen politischen Zweck zu erfüllen: Die Deutschen und das Ausland sollten erkennen, dass der »Führer« die Schläge der alliierten Bomberflotten mit »gleicher Münze« heimzuzahlen vermochte. So wie Churchill im Frühjahr Berlin zertrümmert hatte, brannte Hitler darauf, London in Schutt und Asche zu legen. Wenn daraus ein strategischer Nutzen folgte, weil einige Tausend Flugbomben vielleicht das erreichten, was Görings Luftwaffe bislang nicht gelungen war, nämlich die britische Bevölkerung in Angst und Schrecken zu versetzen – umso besser. So mag Hitler, weniger von rationalem Kalkül als von Rachegefühlen geleitet, bei seinem Angriffsbefehl gedacht haben.

Niemand konnte ernsthaft annehmen, dass die Offensive mit Flugbomben und Raketen Großbritannien »friedensbereit« stimmen würde. Die unterirdischen Fabrikationsanlagen im »Mittelwerk« mochten bombensicher sein, aber die Abschussrampen der Flugbomben V 1 an der Kanalküste lagen ebenso ungeschützt im Bombenhagel alliierter Flugzeuge wie die Anfahrtswege und die gesamte Zulieferindustrie. Vor allem aber erwiesen sich die Flugbomben mit ihrem einfachen Strahlantrieb und einer Reichweite von rund 200 km als leichte Beute für die alliierten Jäger. Zwar wurden etwa 32 000 Stück gebaut, aber nur zwei Drittel dieser Waffen konnten zum Einsatz gebracht werden. Tausende stürzten aus technischem Versagen bereits über deutschem Territorium ab, mehr als 6000 wurden von der alliierten Luftabwehr abgeschossen. In der letzten Phase der Offensive betrug die Abschussquote 97,7 Prozent! Auf britischem Boden schlugen 5822 ungelenkte Bomben ein. Seit dem Herbst 1944 trafen auch mehr als 2000 Geschosse Antwerpen. Die belgische Hafenstadt hatte für den alliierten Nachschub eine große Bedeutung.

Gegen die ballistische Rakete V 2 gab es praktisch keine Abwehrmöglichkeit. Ursprünglich hatte man von dieser »Wunderwaffe« 5000 Stück pro Monat produzieren wollen, aber die Fertigung kam unter dem Einfluss des Bombenkrieges nicht über 600 Stück monatlich hinaus, das ergab bis zum März 1945 eine Gesamtmenge von rund 6000 Fernraketen. Davon konnte nur die Hälfte abgefeuert werden. Als Hitler im September 1944 diese Offensive mit einem ersten »behelfsmäßigen Schnelleinsatz« eröffnete, brachten es die Spezialeinheiten der Wehrmacht auf lediglich 156 Einsätze, die sich über das Zielgebiet Frankreich, Belgien und Südengland verteilten. Insgesamt wurden bis Kriegsende 3170 Projektile verschossen, wovon 1054 britisches Gebiet trafen. Mehr als 15 000 Menschen fielen den Flugbomben und Raketen zum Opfer, fast 50 000 wurden verletzt; dazu kamen 37 282 zerstörte und mehr als 1,5 Millionen beschädigte Häuser.

Bei der Entwicklung und dem Bau der V-Waffen handelte es sich um das aufwändigste deutsche Rüstungsprojekt überhaupt, vergleichbar mit dem berühmten Manhattan-Projekt der Amerikaner, das zum Bau der Atombombe führte. Mit gleichem Aufwand hätte Görings Luftwaffe 24 000 Jagdflugzeuge produzieren können. Doch der Vergeltungsgedanke war stärker als das Interesse an der Verteidigung der deutschen Städte und Rüstungsbetriebe. Darunter litten auch die Entwicklung moderner Boden-Luft-Raketen und die Ausrüstung des Heeres mit ausreichend Flugabwehrwaffen. Seit dem Zusammenbruch der Luftwaffe im Mai 1944 war die deutsche Armee ein nahezu wehrloses Zielobjekt alliierter Jagdbomber. Einzig die schwere Flak zum Objektschutz in Deutschland fand das Interesse des »Führers«. Auf seinen Befehl hin sollte die Fertigung in den letzten Kriegsmonaten noch einmal gesteigert werden, obwohl die Geschütze das Duell mit den hoch fliegenden schweren Bombern nicht gewinnen konnten und an der Front gegen die anstürmenden Massen sowjetischer Panzer dringend gebraucht wurden. Doch es fehlte ohnehin an Fahrzeugen und Treibstoff, um diese Abwehrwaffen beweglich einzusetzen. Sie wurden von feindlichen Tieffliegern zerstört oder beim Heranrücken des Feindes von den eigenen Besatzungen gesprengt.

Die Raketenoffensive war Hitlers letzte Hoffnung, den Bombenkrieg aufhalten und damit die Kriegswende herbeiführen zu können. Im Vergleich zur Leistungsfähigkeit der alliierten Fernbomber schnitten die deutschen Fernraketen jedoch schlecht ab. Das einzeln abgefeuerte Projektil konnte lediglich eine Tonne Sprengstoff über eine Entfernung von maximal 320 km ins Zielgebiet tragen. Die ungelenkten Raketen trafen zufällige Ziele mit ungeheurer Wucht und ohne jegliche Vorwarnung. Es waren eindeutige Terrorwaffen, die auf die »Moral« der feindlichen Bevölkerung zielten. Für eine strategische Wirkung hätte Hitler die Massenproduktion – wie ursprünglich geplant – durchsetzen oder zu dem Entschluss kommen müssen, die Sprengköpfe mit chemischen Kampfstoffen zu füllen.

Diesen teuflischen Schritt trauten ihm seine Gegner durchaus zu und hatten sich entsprechend präpariert. Die praktischen Vorbereitungen für einen Vergeltungsschlag waren getroffen. Glaubwürdig wurde diese Abschreckungspolitik vor allem durch die Luftherrschaft über deutschem Gebiet. Auch mit herkömmlichen Gaswaffen hätten die Alliierten in kürzester Zeit deutsche Städte, Rüstungs- und Kommandozentralen im Gas »ertränken« können. Dieser Einsicht konnte sich offenbar auch der Diktator in Berlin nicht entziehen. Allen internen Vorschlägen zum Trotz scheute er deshalb das Risiko, selbst den Gaskrieg zu eröffnen.

Wie sehr eine solche verheerende Eskalation drohte, ist für ihn zu diesem Zeitpunkt offenbar nicht erkennbar gewesen. Der britische Premier ließ nach den ersten Angriffsserien deutscher Flugbomben die Verwendung von Gas und Bakterien ernsthaft prüfen. Man wusste: Der Einsatz von Massenvernichtungsmitteln war eine Möglichkeit, Hitler zur Einstellung seiner Raketenoffensive zu zwingen, sollten die Deutschen trotz der alliierten Luftüberlegenheit der britischen Hauptstadt schwere Schäden zufügen und die Opferbereitschaft der Bevölkerung erneut strapazieren.

Eine V 1 im allmählichen Aufstieg nach dem Start.

Die Bedenken seiner Militärs gegen einen Gas- und Bakterienkrieg wies Churchill deshalb rüde zurück. Er wollte die Frage nicht unter moralischen Gesichtspunkten erörtert wissen. Im Ersten Weltkrieg habe man die Bombardierung ungeschützter Städte als verboten angesehen, »jetzt tut jeder, als ob es sich um eine Selbstverständlichkeit handeln würde. Es ist ganz einfach eine Frage der Mode, die hier genau so wechselt wie zwischen langen und kurzen Frauenkleidern«.

> Auszug aus einem Memorandum Churchills vom 6. Juli 1944 für die Oberbefehlshaber der Streitkräfte:
> »Falls die Bombardierungen Londons wirklich zu einer ernsten Plage werden und Raketen mit weitreichenden und verheerenden Auswirkungen auf viele Regierungs- und Arbeitszentren niedergehen sollten, so müsste ich darauf vorbereitet sein, alles zu unternehmen, was den Feind am empfindlichsten treffen würde. Ich muss Sie natürlich darum bitten, mich bei der Anwendung von Gas zu unterstützen. Wir können die Städte an der Ruhr und viele andere Städte derart überschütten, dass der größte Teil der Bevölkerung eine ständige medizinische Betreuung benötigt. Wir könnten sämtliche Aktivitäten an den Abschussbasen der fliegenden Bomben zum Erliegen bringen. Ich sehe nicht ein, warum wir immer die ganzen Nachteile des Gentleman in Kauf nehmen sollen, während sie sich der ganzen Vorteile des Schurken erfreuen. Es gibt Zeiten, in denen es so sein darf, aber nicht jetzt.
> Ich bin völlig damit einverstanden, dass es einige Wochen oder sogar Monate dauern kann, bis ich Sie bitten werde, Deutschland mit Giftgas zu durchtränken; und wenn wir es tun sollten, dann sollte es hundertprozentig sein. Ich wünsche, dass die Angelegenheit in der Zwischenzeit von vernünftigen Leuten kaltblütig durchdacht wird, und nicht von diesen psalmensingenden uniformierten Miesmachern, die einem hin und wieder über den Weg laufen.«[35]

Das Memorandum lässt erkennen, wie »kaltblütig« und skrupellos der britische Premierminister seine Kriegspolitik betrieb. Er sah ein Ende des Ringens mit dem deutschen Diktator vor sich und wollte sich den Sieg unter keinen Umständen nehmen lassen. Bei einer Verschlechterung der Lage würde die »Angelegenheit« wieder zur Sprache gebracht werden müssen. Dazu kam es bekanntlich nicht, aber die Idee eines Vernichtungsschlages, der die Nazis zur sofortigen Kapitulation gezwungen hätte, wurde in den Planungsstäben weiter verfolgt. Sidney Bufton, verantwortlich für die Planung der Bomberoperationen, brachte den alten Gedanken, allein durch Luftmacht den Krieg zu entscheiden, wieder ins Spiel. Er wollte die Gewalt gegen das »Nervenzentrum Deutschlands« richten. Die »Battle of Berlin« hatte zwar im Frühjahr 1944 nicht die gewünschten Ergebnisse gebracht, aber eine Pulverisierung des Regierungsviertels zum jetzigen Zeitpunkt, so seine Überlegung, würde das deutsche Oberkommando vielleicht zur Kapitulation veranlassen. Ein gigantischer Einsatz mit 2000 Flugzeugen und 5000 t Bomben sollte das Zentrum in eine »Todeszone« verwandeln. Bufton nahm an, dass dabei 110 000 Menschen den Tod fänden. Ein solcher »Donnerschlag« würde sich im ganzen Land herumsprechen und den Krieg mit einem Schlag beenden.[36]

Die Planungen zu einer Operation »Thunderclap« liefen einerseits vor dem Hintergrund intensiver Vorbereitungen zum Bau einer Atombombe, von der eine ähnliche Wirkung erwartet wurde, deren Realisierung aber nicht abzusehen war. Andererseits setzte man in London auf einen schnellen Vorstoß ins Ruhrgebiet, der zusammen mit einem solchen Donnerschlag auf Berlin Nazideutschland vielleicht aus dem Krieg bomben könnte. Schließlich fiel in diese Planungsphase auch das gescheiterte Attentat auf Hitler am 20. Juli 1944. Die Briten zogen daher die Möglichkeit in Betracht, eventuelle Bestrebungen der Wehrmacht zur Niederwerfung der Parteiherrschaft durch ihre Bomber zu unterstützen, d.h., gezielt Partei-, SS- und Polizeiobjekte anzugreifen, von denen Widerstand gegen eine geregelte Kapitulation zu erwarten war. Durch die Stationierung starker Bomberverbände im Nachkriegseuropa würde man dann Deutschland dauerhaft in Schach halten können – die Kommandeure der neuen Waffengattung mussten auch an ihre Zukunft denken.

Sidney Bufton, britischer Director for Bomber Operations, am 15. August 1944 über »Thunderclap«:
»Es wird darauf hingewiesen, dass eine spektakuläre und handgreifliche endgültige Lektion für das deutsche Volk über die Folgen einer weltweiten Aggression auch in der Nachkriegsperiode von dauerndem Wert sein würde. Außerdem würde die totale Verwüstung des Zentrums einer so ungeheuer großen Stadt wie Berlin vor aller Welt ein unwiderlegliches Zeugnis für die Macht einer modernen Bomberstreitmacht ablegen. Es wird daran erinnert, dass ein solcher Beweis es wesentlich erleichtern würde, die besetzten Gebiete weitgehend mittels der Luftstreitkräfte zu befrieden. Darüber hinaus würde es unsere russischen Verbündeten und die Neutralen von der Wirksamkeit anglo-amerikanischer Luftmacht überzeugen. Wenn alliierte Truppen in die Lage kämen, Berlin zu besetzen, oder es von neutralen Vertretern besucht wird, würde ihnen ein lange fortbestehendes Denkmal von den Wirkungen vorgeführt werden, die das strategische Bombardement in diesem Krieg hervorgerufen hat und jederzeit wiederholen könnte.«[37]

Der Beschluss vom 19. August 1944, Eisenhower mit der Vorbereitung von »Thunderclap« zu beauftragen, wurde nach kurzer Zeit hinfällig, weil der für den 27. August angesetzte Großangriff auf Berlin infolge ungünstiger Wetterbedingungen abgebrochen werden musste und sich die militärische Lage im Westen für die Alliierten nicht so günstig entwickelte, wie sie erwartet hatten.

Noch bevor Eisenhower die ihm für die Invasion unterstellten strategischen Bomberverbände am 14. September 1944 wieder freigab, hatte das britische Bomber Command seine Städteangriffe erneut aufgenommen. In der Nacht zum 12. September traf es Darmstadt besonders schwer. Nur 234 Maschinen richteten gewaltige Verwüstungen im Stadtgebiet an. Dabei starben etwa 12000 Menschen.

Raketen statt Bomben? Die V 2 auf dem Prüfstand in Peenemünde, 1944.

Im fernen Quebec begann an diesem Tag eine Konferenz zwischen Roosevelt und Churchill, bei der weitere Einzelheiten der künftigen Aufteilung und Besatzung Deutschlands geregelt wurden. Beide Staatsmänner billigten bei dieser Gelegenheit einen Plan des amerikanischen Finanzministers Henry Morgenthau, der vorsah, Deutschlands Industrie zu zerstören bzw. zu demontieren und das Reich auf die Stufe eines Agrarlandes zurückzuführen. Es war der Plan einer radikalen Umgestaltung der europäischen Mitte, der die Möglichkeit, jemals wieder einen modernen Krieg zu führen, ausschloss. Der Morgenthau-Plan war innerhalb der amerikanischen Administration heftig umstritten und wurde niemals offizielle Doktrin der Besatzungsmächte. Aber Churchill und Roosevelt waren einer solchen Lösung der »deutschen Frage« nicht völlig abgeneigt.

Harris mag sich bereits als Vollstrecker einer Politik der Entindustrialisierung gesehen haben. Während die 8. USAAF noch militärische Anlagen hinter der deutschen Westfront bombardierte, konzentrierte sich das Bomber Command wieder auf die deutschen Großstädte. Überall gab es genügend Zielpunkte im Verkehrswesen und in der Rüstungsindustrie, um die nächtlichen Flächenangriffe als militärisch gerechtfertigt anzusehen. Tatsächlich lag die Wehrmacht noch längst nicht am Boden. Am 13. September 1944 befahl Hitler die Aufstellung einer neuen SS-Panzerarmee für einen operativen Gegenschlag im Westen. Die Ausbildung der modern ausgerüsteten »Volksgrenadier-Divisionen« war darauf ausgerichtet, die dramatischen Verluste im Osten wie im Westen aufzufüllen und die feindlichen Angriffsspitzen zu attackieren. Und es grenzte an ein Wunder, dass es der Wehrmacht gelang, die zurückgenommenen Fronten noch einmal zu stabilisieren. Im Westen hatten die Amerikaner aber bereits Aachen erobert und halten können, im Osten war die Rote Armee in Ostpreußen eingebrochen. In Nemmersdorf hatten die Soldaten ein grausames Massaker an der deutschen Zivilbevölkerung verübt, bevor sie wieder zurückgedrängt wurden.

Am 7. Oktober 1944 waren im Rahmen der neuen Luftoffensive gegen das Reich mehr als 3000 alliierte Maschinen gleichzeitig über Deutschland im Einsatz. Unterdessen konnten die Alliierten sogar zwei 1000-Bomber-Angriffe gleichzeitig führen. Die Briten flogen am 8. Oktober Duisburg an, die Amerikaner Köln. Bei diesen Tagesangriffen wurden die Bomber durch eine fast gleich große Anzahl von Jagdmaschinen geschützt, so dass die Luftwaffe mit ihren veralteten Jägern keine Chance hatte. Hinter den Kulissen, in der Luftwaffenführung, tobte ein heftiger Streit um den Düsenjäger Me 262, der nun in größerer Stückzahl zum Einsatz kommen sollte, um die verlorene Luftherrschaft über dem Reich wiederherzustellen. Durch Hitlers Befehl, die Maschinen als »Blitzbomber« auszurüsten und gegen England einzusetzen, wurde ihr strategischer Nutzen verspielt. Die Alternative eines billigen »Volksjägers«, der im Frühjahr 1945 in großer Zahl zur Verfügung stehen sollte, konnte niemals realisiert werden.

Von der Me 262 wurden insgesamt rund 1000 Maschinen durch die Luftwaffe übernommen, 186 wurden abgeschossen, mehr als 400 machten Bruch. Viele der technisch anfälligen Strahlflugzeuge kamen durch den Mangel an Treibstoff und erfahrenen Piloten gar nicht erst in die Luft. Beim ersten Einsatz von vier Me 262 am 4. Oktober 1944 wurden zwei bereits beim Start von kanadischen Spitfire-Maschinen getroffen, eine weitere ging bei der Landung verloren.[38] Nur rund 200 Maschinen nahmen im Frühjahr 1945, nachdem Hitler im November davor den Jagdeinsatz erlaubt hatte, an gelegentlichen Luftkämpfen teil. Doch war der Verlust der eigenen Düsenjäger meist höher als der der alliierten Bomber. Die Geschichte der Me 262 reihte sich damit in die lange Liste vermeintlich »verpasster Chancen« deutscher Kriegführung ein, über die nach dem Ende des Zweiten Weltkrieges immer wieder diskutiert worden ist.

Im Herbst 1944 eröffneten die Amerikaner eine erfolgreiche Bomberoffensive zur Zerstörung der deutschen Verkehrswege. Nachdem sie die Luftwaffe praktisch zu Boden geschlagen und durch die Vernichtung der deutschen Treibstoffversorgung deren Wiederaufstieg verhindert hatten, richteten sich die Angriffe der US-Bomber gegen die Versorgungsadern der deutschen Kriegsindustrie; die amerikanischen Experten hatten die zentrale Bedeutung der

Eine Vorserienversion der Me 262 mit Feststoff-Startraketen.

Kohleverteilung erkannt. Zu Beginn des Winterhalbjahres flogen die Bomber Angriffe gegen Eisenbahnknotenpunkte und Verladestationen, gegen die Binnenschifffahrt und andere Einrichtungen. Trotz erneut einsetzender Schadensbehebungen auf deutscher Seite wurden die Verbindungen zwischen Rüstungsbetrieben und Bergwerken Stück für Stück unterbrochen. Das trug entscheidend dazu bei, die gesamte Rüstungsproduktion innerhalb kurzer Zeit lahm zu legen. Auch wenn in einzelnen Werkstätten und zerstörten Fabrikhallen im Rahmen eines »Notrüstungsprogramms« weitere Waffen und andere Kriegsgeräte montiert wurden – das »Rüstungswunder« Speers verflüchtigte sich unter den Schlägen der amerikanischen Bomber.

In diesem Zusammenhang muss an die Diskussion um eine Bombardierung von Auschwitz erinnert werden. Am 13. September 1944 hatten die Amerikaner zum ersten Mal ihre Chance genutzt, die fast fertigen Hydrieranlagen in der Nachbarschaft des größten deutschen Vernichtungslagers zu attackieren. Erst jetzt waren sie militärisch in der Lage, diesen Komplex in Ostoberschlesien ernsthaft anzugreifen. Es blieb dennoch ein technisch schwieriges Unterfangen, weshalb sich die alliierten Befehlshaber vier Wochen später sträubten, Bomber mit Hilfsgütern für die Aufständigen in die polnische Hauptstadt zu entsenden. Im Falle Warschaus erzwangen die Politiker den Einsatz, im Falle von Auschwitz nicht.

Roosevelt und Churchill waren darüber unterrichtet, dass Hitler den Bau der größten Hydrieranlage der Welt nutzte, um die nicht arbeitsfähigen KZ-Sklaven »fabrikmäßig« zu ermorden. Bis in die Gegenwart hinein wird die alliierte Entscheidung, die Todesfabrik nicht anzugreifen, kritisiert. Roosevelt war offenbar davon überzeugt, dass die Nazis das KZ »nur ein kleines Stück die Straße hinunter« verlegen würden.[39] Die Meinung, eine Zerstörung der Eisenbahnverbindungen hätte den Massenmord an dieser Stelle beenden können, ist wenig überzeugend. Der Holocaust war ein derartig integrativer Teil des NS-Systems, dass er nicht durch einen punktuellen Bombeneinsatz hätte gestoppt werden können. Und Angriffe gegen Konzentrationslager vermieden die Amerikaner generell, um die Häftlinge nicht durch fehlgeleitete Bomben zu töten. Wohin hätten die hilflosen Sklaven des SS-Imperiums auch fliehen sollen? Nur die rasche Beendigung des Krieges und der Vormarsch alliierter Bodentruppen konnte den Überlebenden wirklich helfen. Die Zerstörung der deutschen Kriegswirtschaft leistete dazu einen wesentlichen Beitrag. Wenn Speer und seine Industriellen bemüht waren, im Bombenhagel eine minimale Produktion zu garantieren, dann galt ihre Sorge nicht den ausländischen Zwangsarbeitern. Sie nutzten vielmehr die Chance, die deutschen Stammbelegschaften der Betriebe zusammenzuhalten und zu verhindern, dass die, für einen Wiederanlauf nach Kriegsende notwendigen Arbeitskräfte in letzter Minute für den »Volkssturm« rekrutiert wurden. Trotzdem kam es zur millionenfachen Freisetzung von Arbeitskräften als Folge von Betriebseinschränkungen, wobei man aber vorrangig zunächst »die Fremden« abschob. Ausländische Zwangsarbeiter und Kriegsgefangene gerieten ebenso wie Millionen Deutsche, die aus den Städten geflüchtet waren, in den Strudel des Zusammenbruchs.

Die Niederwerfung Deutschlands

Die Alliierten hatten sich den militärischen Sieg über Deutschland leichter vorgestellt. Feldmarschall Montgomery, der die britischen Truppen auf dem Vormarsch ins Reich kommandierte, wollte noch im Herbst 1944 durch einen schnellen Vorstoß ins Ruhrgebiet ein Ende des Krieges herbeiführen. Der gescheiterte Rheinübergang bei Arnheim, insbesondere aber die vorsichtige Strategie des amerikanischen Oberbefehlshabers Eisenhower bremsten den Vormarsch und verschafften Hitler wieder etwas Luft. Dass die »faschistische Bestie« ihre Gefährlichkeit nicht völlig eingebüßt hatte, bewies die überraschende deutsche Offensive in den Ardennen.

Zum Jahreswechsel 1944/45 gerieten die amerikanischen Bodentruppen zeitweilig in schwere Bedrängnis. Durch einen Vorstoß auf Antwerpen wollte Hitler die alliierten Kräfte spalten. Begünstigt nur durch die Witterung, die die alliierten Luftflotten an den Boden band, sollten sich die Panzer den Treibstoff beim Gegner holen. Das Blatt wendete sich schnell, als die alliierten Flieger wieder eingreifen konnten. Um Angriffe auf die Bodentruppen zu verhindern, holte die Luftwaffe zu ihrem letzten großen Schlag aus. Wie in alten Zeiten wurde eine größere Zahl von Kampfflugzeugen zusammengezogen und gegen die alliierten Feldflugplätze eingesetzt. Stunden später bombardierten 569 viermotorige amerikanische Fernbomber, die in England gestartet waren, die Rheinbrücken bei Koblenz, Neuwied und Remagen.

In den letzten Kriegsmonaten wurden mehr Bomben über Deutschland abgeworfen als in den fünf Jahren zuvor. Die deutsche Kriegsmaschinerie sollte im Bombenhagel verbrennen und für alle Zeiten pulverisiert werden. Damit steuerten die Alliierten ihr wichtigstes Ziel an: den Vormarsch der Bodentruppen so zu unterstützen, dass die Kämpfe nicht in einem Blutbad erstickten und Hitler die Chance zu gefährlichen Gegenschlägen bekäme. Durch die Zerstörung der Verkehrsanlagen wurden Truppenverschiebungen auf deutscher Seite nahezu unmöglich gemacht, ebenso die Vorbereitung eines Gaskrieges, mit dem der Zweite Weltkrieg in letzter Minute eine dramatische Wende hätte nehmen können.

Die nun fast ungehinderten Bombenangriffe richteten sich gegen das deutsche Hinterland der Front. Tiefflieger kreisten unablässig über frontnahen Städten und Dörfern. Sie machten jede Bewegung der Wehrmacht bei Tageslicht unmöglich. Wo immer sich Kommandostellen und Truppen zum Abwehrkampf einrichteten, wurden sie attackiert und zerstört. Im frontnahen Bereich herrschte praktisch permanenter Luftalarm. Die alliierten Jagdbomber griffen alles an, was Wirkung versprach, und machten zwischen Soldaten und Zivilisten kaum noch einen Unterschied. Aus militärischer Sicht spielte das auch keine Rolle mehr, da die Nazis mit der totalen Mobilisierung der Bevölkerung und der Absicht, auch Frauen und Kinder in den Kampf zu werfen, von sich aus jede Unterscheidung aufgehoben hatten.

Durch die regelmäßige Bombardierung der meist ohnehin schon schwer zerstörten Rüstungszentren und industriellen Großstädte in der Tiefe des deutschen Hinterlandes sorgte die strategische Bomberflotte dafür, dass die Anstrengungen Speers und seiner Rüstungsbeauftragten weitgehend zunichte gemacht wurden. Wo noch Raketen, Panzer und Flugzeuge zusammengebaut werden konnten, gelangten sie nicht mehr zur Front. Auch die Bemühungen der Wehrmachtführung, immer neue Einheiten aufzustellen, auszurüsten und an die einstürzenden Fronten zu werfen, endeten im Chaos des Bombenkrieges. Hitlers letztes Aufgebot, der »Volkssturm« von Kindern und Greisen, scheiterte ebenso bis auf wenige Ausnahmen, weil diese Gruppen nicht bewaffnet werden konnten und vielerorts von einsichtigen Verantwortlichen wieder nach Hause geschickt wurden. Millionen deutscher Jungen und Männer verdanken diesem Umstand ihr Überleben.

Dass die Alliierten das Chaos des deutschen Zusammenbruches durch pausenlose Bombenangriffe im wörtlichen Sinne »anheizten«, war bei nüchterner Betrachtung militärisch durchaus sinnvoll. Der Einwand, Deutschland hätte doch praktisch schon am Boden gelegen und der Bombenhagel auf die Städte habe das Leiden der Zivilbevölkerung nur unnötig vergrößert, scheint begründet. Zu bedenken ist aber, dass Amerikaner und Briten im raschen Ende des Krieges in Europa lediglich ein Etappenziel sahen; auch Japan sollte noch niedergerungen werden. Ein weiterer strategischer Gesichtspunkt kam hinzu: Nach

Sowjetische Schlachtfliegerkräfte im Winter 1945.

dem Zurückwerfen der deutschen Ardennen-Offensive Anfang Januar 1945 mussten die Alliierten erst noch ihren Aufmarsch an der Rheinlinie organisieren, bevor sie dann Mitte März mit der Schlussoffensive ins Zentrum des Reiches vordringen konnten. Stalin hatte seinen Angriff auf die Reichsgrenze im Osten bereits am 12. Januar gestartet. Nach dem Abschneiden Ostpreußens und der Wegnahme des oberschlesischen Industrierreviers war die deutsche Ostfront praktisch aufgerissen worden. Beim Rückzug von der Weichsel an die Oder brachte die Wehrmacht unter äußerster Anstrengung den russischen Vormarsch Mitte März noch einmal kurzzeitig zum Stehen.

Hitler verkroch sich in seinem Führerbunker unter der Reichskanzlei und flüchtete sich in Illusionen. Dazu gehörte die Entwicklung eines »Hochgeschwindigkeits-Großbombers mit weiter Flugstrecke und großer Bombenladung«. »Bis zum serienmäßigen Ausstoß eines solchen Großbombers müssen die schon vorhandenen Strahlflugzeuge mit möglichst großer Bombenlast und Reichweite für den Einsatz als Bomber herangezogen werden«, legte er noch Ende Januar im Gespräch mit Speer fest.[40] Die vorhandenen Düsenjäger sollten also nicht die deutschen Städte schützen, sondern den Vergeltungsdrang des »Führers« befriedigen. Bis große Düsenbomber entwickelt waren, die New York oder Moskau erreichen konnten, verging noch mehr als ein Jahrzehnt. Für Visionen dieser Größenordnung gab es im März 1945 in Deutschland kaum mehr als einige Blaupausen in den Entwicklungsbüros von Heinkel und Messerschmitt. Die Geschichte nahm einen anderen Verlauf: Zu diesem Zeitpunkt lag die Initiative fest in den Händen der Alliierten; sie durchbrachen die Rheinlinie. Bei ihrem Vorstoß in die Tiefe gelang es ihnen, im Ruhrgebiet den größten Teil des deutschen Westheeres einzuschließen. Unter der Führung des besten deutschen Abwehrspezialisten, Feldmarschall Model, hatte sich aber fast eine Million Mann in den Trümmerwüsten zur Verteidigung eingerichtet. Gleichzeitig musste Eisenhower die Gefahr in Süddeutschland im Auge behalten, wo die Nazis fieberhaft bemüht waren, sich notfalls mit starken Kräften auf die »Alpenfestung« zurückzuziehen. Solche strategischen Verteidigungszonen, zu denen der nordwestdeutsche Raum zusammen mit Dänemark und Norwegen ebenso gehörte wie Oberitalien, hätten den alliierten Sieg sicher nicht verhindern, aber doch erheblich verzögern können. Von fanatisierten »Werwölfen« war die Rede, die einen erbarmungslosen Partisanenkrieg im Rücken der Alliierten entfesseln wollten. Es kam deshalb darauf an, den unbesetzten Teil Deutschlands so unter Druck zu setzen, dass den Verteidigern kein Spielraum blieb.

Auch das Zentrum Deutschlands mussten die Alliierten im Auge behalten. Die Hauptstadt Berlin mit noch funktionierenden Kommandobunkern und wichtigen Rüstungsbetrieben hätte sich zu einem Festungsbereich für den »Endkampf« entwickeln können. Die kriegsmüde Mehrheit der Deutschen war noch immer Hitlers fanatischem Willen ausgeliefert. Die »fliegenden Standgerichte« sorgten dafür, dass Befehle aus dem Führerbunker ausgeführt wurden. Aus allen Regionen evakuierte man eiligst »Spitzenkampfstoffe« aus den Munitionslagern und brachte sie auf Binnenschiffen nach Mittel- und Norddeutschland. Aus dem Kurland-Kessel im Baltikum sowie aus Dänemark und Norwegen zog die Wehrmacht kampfkräftige Truppenverbände ab. Der einzige schlagkräftige Großverband der Wehrmacht, die 6. SS-Panzerarmee, war aus den Ardennen nach Mitteldeutschland beordert und hier wieder »aufgefrischt« worden. Die Industrie in Sachsen und in Böhmen produzierte auf Hochtouren, soweit das der Mangel an Elektrizität, Rohstoffen und funktionierenden Fabriken überhaupt noch zuließ. Und zudem fielen auf Südengland die blind zuschlagenden deutschen V-Waffen, gegen die es keine Abwehr gab und die unter der britischen Bevölkerung Angst und Schrecken verbreiteten.

Während Eisenhower dazu neigte, den Schwerpunkt der alliierten Schlussoffensive nach Süddeutschland zu legen, drängten die Briten unverändert auf einen direkten Vorstoß auf Berlin. Dafür gab es gute strategische und politische Gründe. Schließlich hatten sie den Krieg gegen Hitler am längsten geführt und konnten daher die Siegeskrone beanspruchen. Den letzten Hort des deutschen Widerstandes in einem schnellen Vorstoß niederzuwerfen und die Reichshauptstadt vor den Russen einzunehmen, das würde auch ein wichtiges Signal für Stalin sein, der bei der Regelung der Nachkriegsverhältnisse in Europa immer größere Schwierigkeiten machte. In der Wehrmachtführung

Sowjetische Schlachtflieger über Berlin, April 1945.

war man durchaus geneigt, die Front im Westen zu öffnen, im Osten aber zu halten, um eine »Bolschewisierung« Deutschlands zu verhindern.[41]

Rüstungsminister Speer sorgte sich darum, dass es nach dem Durchbrechen der Rheinlinie zu sinnlosen Kämpfen im Westen kommen könnte. Er befürchtete, dass übereifrige Soldaten oder fanatische Parteifunktionäre in letzter Minute Brücken, Versorgungsleitungen, Kraftwerke und andere lebenswichtige Einrichtungen zerstören würden. Schon längst hatte sich Speer darum gekümmert, das Überleben der Bevölkerung und den Wiederaufbau abzusichern. Er konnte sich dabei auf die Unterstützung der Industrie verlassen. Vermutlich hoffte Speer, sich den Alliierten als Vermittler eines Waffenstillstandes und Experte für den Wiederaufbau andienen zu können. Doch Hitler ließ sich die Macht nicht aus der Hand nehmen. Mit seinem »Nero«-Befehl vom 30. März 1945 befahl der Diktator die rücksichtslose Zerstörung von Versorgungseinrichtungen und Fabriken. Die »Politik der verbrannten Erde« sollte auch auf Deutschland angewendet werden. Aus Hitlers Sicht hatten die Deutschen versagt und deshalb kein Recht auf Überleben; dem »stärkeren Ostvolk« solle nun die Zukunft gehören.[42] Nur mit Mühe konnte Speer eine Abschwächung des Befehles erreichen. Durch ein Gespräch mit Model trug er dafür Sorge, dass die Kämpfe im Ruhrgebiet rasch beendet wurden. In anderen Regionen gelang es einigen Betriebsführern, die Sprengungen zu verhindern.

Nach dem Luftangriff vom 23. Februar 1945 war Pforzheim zu 60 Prozent zerstört.

Die Entscheidung über das weitere Vorgehen der Alliierten war noch nicht gefallen, als am 26. Januar 1945 der britische Air Staff als Reaktion auf den Beginn der sowjetischen Winteroffensive an der Weichsel die Verlagerung der strategischen Bombenangriffe auf den mittel- und ostdeutschen Raum sowie die Auslösung der Operation »Thunderclap« vorschlug. Für die Offensive stand ein gewaltiges Vernichtungspotential zur Verfügung. Die Amerikaner waren im Besitz von über 7000 Jagdflugzeugen und Bombern, die Briten hatten 1500 schwere Bomber, die Riesenbomben bis zu einem Gewicht von 10 t abwerfen konnten.[43] Man erörterte Vorschläge für ein viertägiges massives Bombardement von Berlin. Niemand glaubte zwar noch daran, dass auf diese Weise eine sofortige Kapitulation erreichbar sein würde, zumindest aber sollten die deutschen Truppen an der Ostfront und im Raum Berlin in ihrer Moral erschüttert werden.

Offiziell erklärtes Ziel war es also, die deutschen Truppenbewegungen zu unterbinden und die sowjetische Weichsel-Oder-Operation zu unterstützen – eine ähnliche Operation, wie sie die Alliierten selbst zur Absicherung ihrer Invasion in Frankreich mit großem Erfolg unternommen hatten. Dazu sollten u. a. auch Posen und Breslau angegriffen werden, wo sich wichtige Rüstungsbetriebe und militärische Einrichtungen befanden. Der Oberbefehlshaber der

Der Pariser Platz in Berlin in Schutt und Asche.

britischen Luftstreitkräfte Charles Portal fand es aber wenig sinnvoll, Truppenbewegungen mit schweren Bombern anzugreifen, und schlug stattdessen weitere Angriffe auf die Hydrierwerke vor. Harris, mit Unterstützung Churchills, sah in der Zerstörung der Städte den besten Weg, um feindliche Kräfteverschiebungen zu verhindern, und brachte für weitere Flächenangriffe die Zielorte Dresden, Leipzig und Chemnitz ins Gespräch.[44] Am 28. Januar 1945 verständigten sich die britischen und amerikanischen Befehlshaber auf folgenden Kompromiss: Höchste Priorität nahmen die Hydrierwerke ein, es folgten Städteziele im gesamten Ruhrgebiet, außerdem München, Hamburg und – Berlin. Als mögliche Ausweichziele mit industriellen Ballungen wurden u. a. Städte wie Kassel und Nürnberg genannt.

Aus dem alles erlösenden »Donnerschlag« war eine Serie von erprobten Großangriffen geworden. Der erste richtete sich wieder einmal gegen die deutsche Hauptstadt, die am 1. Februar von Goebbels zur Festung erklärt worden war. Zwei Tage später flogen 937 »Fliegende Festungen« der Amerikaner – parallel zu einem Bombardement auf Magdeburg – einen schweren Tagesangriff auf das Zentrum von Berlin, um die Stadt sturmreif zu bomben. Das britische Bomber Command wollte mit seinen Nachtangriffen wegen der ungünstigen Mondphase noch etwas warten. Die Amerikaner trafen vor allem

In den Straßen von Dresden werden die Leichen der Opfer verbrannt.

den Wohnbezirk Kreuzberg, wo ein wahrer Feuersturm ausgelöst wurde. Nach zeitgenössischen Angaben der deutschen Polizei wurden dabei 2893 Menschen getötet.[45] Spätere Schätzungen reichen bis zu 22 000 Toten. Unter ihnen befand sich auch der berüchtigte Präsident des Volksgerichtshofes, Roland Freisler, der in seinem Luftschutzkeller von einem Balken erschlagen wurde – was vermutlich Hunderten von Untersuchungshäftlingen das Leben rettete.

Die strategisch wichtigen Bahnverbindungen waren innerhalb von 48 Stunden wiederhergestellt, was aus heutiger Sicht auch diese Angriffe als sinnlose Terrorakte erscheinen lässt. Durch den Abzug der Berliner Flak an die Oderfront wurden weitere schwere Angriffe der Amerikaner erleichtert, die allerdings in größeren zeitlichen Abständen erfolgten. Der Plan einer viertägigen Serie mit vereinigten Bomberflotten wurde fallen gelassen. Die 8. USAAF steigerte die Abwurfmenge von 2266 t am 3. Februar über 2795 t am 26. Februar bis auf 3091 t am 18. März.[46] Andere Städte traf es im Zuge dieser Offensive noch viel schlimmer, und zwar nicht nur in Ostdeutschland.

Mit der Großaktion »Clarion« sollte am 22. und 23. Februar das gesamte Verkehrsnetz in Westdeutschland lahm gelegt werden, um den Rheinübergang vorzubereiten und die Kampfmoral der Deutschen zu zerstören. Dazu wurden

Lothar Metzger (l.)
Als neunjähriger Junge erlebte er den Angriff
auf Dresden vom 13./14. Februar 1945.

»Meine Mutter hatte den Korb mit den Zwillingen. Wir gingen gerade auf der Kellertreppe nach oben, da kam uns plötzlich von der anderen Seite eine Masse von Menschen entgegen. Nun entstand furchtbare Panik. Verletzte haben geschrien, alle wollten die Kellertreppe hoch. Wir wurden buchstäblich hoch geschoben. Meine Mutter hat gekämpft, wollte den Korb mit den Zwillingen nicht verlieren. Aber das war nicht möglich. Er ist ihr aus den Händen gerissen worden – meine beiden kleinen Geschwister sind verbrannt.

Die Menschen sind übereinander gestiegen, es gab Schlägereien, alle wollten aus diesem Keller raus. Die Straßen brannten, Menschen rannten durch die Gegend, und es war ein furchtbarer Feuersturm – unbeschreiblich, was das für ein Feuersturm war! Ich habe die Wirbel an den Kreuzungen gesehen, ich habe gesehen, dass Leute in den Wirbel reingezogen wurden. Unbeschreiblich, was da für ein Wind war. Wirklich Sturm! Dann sah ich, dass unsere vierte Etage nicht mehr da war. Das ganze Haus brannte. Brennende Menschen, Schreie, Tote, Sterbende, die Häuser brachen zusammen, Explosionen. Die Straßen waren voller Flüchtlinge. Die kamen aus Schlesien, Flüchtlingstrecks mit Kühen und Wagen und Pferden. Die standen da und brannten. Wehrmachtautos, Soldaten, alle liefen hilflos durch die Gegend.«

fast 9000 Flugzeuge täglich eingesetzt. Das Bomber Command wiederholte den Masseneinsatz Mitte März gegen das Ruhrgebiet. Die Briten warfen am 11. März 1945 auf ihr »beliebtestes« Ziel, die Stadt Essen, 4737 t Sprengbomben, einen Tag später auf Dortmund sogar 4898 t.[47] Zahlen und Orte widersprechen der alten These von der antisowjetischen Zielsetzung der neuen Städteoffensive.

Die politische Deutung und moralische Verurteilung der letzten Phase des Bombenkrieges resultiert vor allem aus den wenig überzeugenden Motiven für den Angriff auf Dresden. In der Großstadt an der Elbe gab es keine bedeutsame Rüstungsindustrie, und das Kasernenviertel im Norden blieb erstaunlicherweise verschont. Der Hauptbahnhof im Zentrum und die Bahnanlagen waren zweifellos militärisch wichtige Ziele, ebenso die Elbbrücken. Luftmarschall Harris hatte die modifizierte Operation »Donnerschlag« eigentlich gleich gegen Dresden richten wollen. Eine noch weitgehend unzerstörte Stadt war aus seiner Sicht für das Unternehmen besser geeignet als die Trümmerwüsten anderer Städte. Doch die Wetterbedingungen verbesserten sich erst Mitte Februar, so dass die Amerikaner mit den Bombardierungen von Berlin, Magdeburg und Chemnitz begonnen hatten.

Die Briten setzten in der Nacht zum 14. Februar 1945 in zwei Wellen mit einem dreistündigen Abstand 796 Lancaster-Bomber ein, die schwere Verwüstungen im Bahnbereich und in der angrenzenden Innenstadt von Dresden anrichteten. Das Inferno wurde am nächsten Tag noch gesteigert, als die Amerikaner mit 311 »Fliegenden Festungen« den Angriff wiederholten. Die Briten hatten 1472 t Spreng- sowie 1262 t Brandbomben und die Amerikaner noch einmal 781 t abgeworfen, eigentlich keine ungewöhnlich große Menge für ein solches Ziel. Sie reichte aus, um den gefürchteten Feuersturm zu entfachen.

Was machte die Bombardierung von Dresden zum Jahrhundertereignis? Das vollständige Ausbrennen einer historischen Altstadt mit zahlreichen Kunstschätzen? – Diese Erfahrung hatten andere Städte, nicht nur in Deutschland, längst hinter sich. Dass dem Angriff so viele Menschen zum Opfer fielen, die vor der Roten Armee geflüchtet waren? Die Fluchtbewegung hinter der deutschen Ostfront zu schonen, bei der sich militärische und zivile Kolonnen vermischten, dazu hatten die Alliierten keine Veranlassung. Sie waren auch im Westen ohne Rücksicht vorgegangen. Es ist die Zahl von rund 25 000 Toten innerhalb weniger Stunden, die dem Großangriff seine spektakuläre Bedeutung verlieh. Spätere Schätzungen und Gerüchte ließen die Zahl schnell auf über Hunderttausend ansteigen. Opferzahlen im Bombenkrieg sind selten exakt und zuverlässig. Die unbekannte Masse von Flüchtlingen, die sich in den Straßen Dresdens aufhielt, verlieh den Spekulationen natürlich Nahrung. Die Wehrmacht wollte die Stadt zur Festung ausbauen und nutzte sie als Drehscheibe für die Ostfront. Pausenlos wurden neue Truppen an die Front geschickt. Für die Behauptung, alliierte Tiefflieger hätten Überlebende des Angriffs im Stadtgebiet beschossen, wurden Beweise bislang nicht erbracht.

2010 hat eine vom Stadtrat beauftragte Historikerkommission als Ergebnis aufwändiger Untersuchungen eine Größenordnung von 25 000 Opfern festgestellt. Mutmaßungen über eine sehr viel größere Opferzahl ließen sich nicht erhärten. Bergung und Registrierung der Leichen verliefen relativ geordnet. Trotz des verbrannten Zentrums ging das Leben in der Stadt weiter.

Für die Technokraten des Bombenkriegs auf der alliierten Seite ein »schöner Erfolg« und ein Beweis für die Leistungsfähigkeit der strategischen Bomberwaffe? Die extrem hohe Verlustziffer war jedenfalls nicht allein auf den alliierten Einsatz zurückzuführen. Dazu hat auch die jahrelange sträfliche Vernachlässigung der Luftschutzmaßnahmen in der Stadt beigetragen.

Nach ihrer Identifizierung mussten fast 7000 Leichen auf Stahlrosten mitten in der Stadt schnellstens verbrannt werden, um den Ausbruch von Seuchen zu verhindern. Das Schutt- und Trümmergebiet erstreckte sich über 20 km^2 und umfasste 75 Prozent des Stadtzentrums. Obwohl der Wehrmachtbericht am 14. Februar 1945 lediglich »Terrorangriffe gegen das Stadtgebiet von Dresden« gemeldet hatte, war die NS-Führung geschockt, zumal in der Auslandspresse der Eindruck erweckt wurde, dass dies der Beginn eines Terrors sei, der

John Clark
Amerikanischer Kopilot. Er flog über 30 Bomber-
einsätze in Deutschland.

»Wir sollten Dresden am 13. Februar bombardieren, was nichts Besonderes war. Wir gingen an Bord der Maschine und machten uns startklar. Doch da stiegen vom Kontrolltower zwei Raketen auf; der Einsatz war abgeblasen. Wir haben nie erfahren, warum. Das Wetter war schlecht in England, vielleicht deswegen.

Die Taktik der Alliierten war damals so, dass wir Amerikaner tagsüber und die Briten nachts im Einsatz waren. So konnten wir die deutschen Ziele rund um die Uhr bombardieren. Wir blieben erstmal am Boden und gingen zu unseren Unterkünften. Als ich mich später hinlegte, hörte ich das typische Motorbrummen der britischen Lancaster-Bomber. Da dachte ich, es hat wohl aufgeklart, die Briten fliegen ja doch! Was ich hörte, war die Royal Air Force auf ihrem Weg nach Dresden.

Am nächsten Tag flogen wir einen Angriff auf Chemnitz. Unsere Route führte uns südlich an Dresden vorbei. Bis heute sehe ich diese riesige Rauchsäule von fünf Meilen Durchmesser. Sie erstreckte sich vom Boden bis auf unsere Flughöhe von 8000 m, spitz zulaufend bis zum Horizont im Nordwesten. Ich war ziemlich erstaunt, an einen Feuersturm dachte ich aber nicht, davon wussten wir noch gar nichts. Bei unserer Rückkehr nach England schrieben wir einen Bericht. Dann hörte ich nichts mehr darüber für die nächsten 15 Jahre.«

Hitlers Sturz beschleunigen sollte. Goebbels forderte die sofortige Hinrichtung von 10 000 alliierten Kriegsgefangenen.[48] Der »Führer« ließ seinen Bunker in Berlin verstärken und beauftragte das Oberkommando der Wehrmacht zu prüfen, ob Deutschland von sich aus sämtliche völkerrechtlichen Verpflichtungen kündigen und zu einer hemmungslosen Kriegführung schreiten könnte.

Doch in der militärischen Führung rechneten die meisten schon insgeheim damit, in irgendeiner Weise mit den Westmächten ins Gespräch zu kommen. Die Generale sahen keinen Sinn darin, sich selbst und das deutsche Volk in einem wahnwitzigen Inferno aufzuopfern. Es gab überzeugende Argumente, die auch Hitler die militärischen Nachteile einer solchen Eskalation nahe gebracht hätten.[49] Aber Goebbels, der sich – im Gegensatz zu den Generalen – entschlossen hatte, mit dem »Führer« zusammen unterzugehen, griff zu seiner Propaganda-Waffe.

Die Nachrichten über das Ausmaß der Katastrophe veranlassten die Presse in den neutralen Staaten Europas, den militärischen Zweck der Bombardierungen zu hinterfragen. Das Internationale Rote Kreuz regte an, Sanitätszonen zu bilden und bestimmte Städte zu Lazarett-Städten zu erklären, die Schutzzonen für Zivilisten hätten werden können. An einem verbesserten Schutz für die deutsche Zivilbevölkerung war die Naziführung jedoch nicht interessiert. Noch während der Kämpfe im Berliner Zentrum sandte Wilhelm Keitel, Chef des OKW, ein Fernschreiben an den Oberbefehlshaber West, in dem jede weitere Erörterung dieser Möglichkeiten oder gar die Verbindungsaufnahme mit dem Feind verboten wurden, weil es in der augenblicklichen Lage als »Schwächezeichen« hätte ausgelegt werden können.[50]

Die internationale Reaktion veranlasste das britische Parlament, am 6. März 1945 erneut über den strategischen Bombenkrieg zu debattieren, und die Regierungsvertreter hatten größere Mühe denn je, die alliierte Praxis zu verteidigen. Churchill erkannte die Gefahr eines Stimmungsumschwunges und versuchte, mit einem ungewöhnlichen Memorandum die eigene Regierung aus der Schusslinie zu nehmen.

> Aus dem Memorandum Churchills für den Stabschef der RAF, Sir Charles Portal, vom 28. März 1945:
> »Mir scheint der Zeitpunkt gekommen zu sein, dass man das Problem der Bombardierung deutscher Städte um des wachsenden Terrors willen – denn darum geht es doch, auch wenn andere Motive vorgeschoben werden – neu überdenken sollte. Sonst werden wir in den Besitz eines völlig zerstörten Landes kommen.«
> Die Zerstörung Dresdens hinterlasse »einen ernsten Zweifel an der Art und Weise des alliierten Bombenkrieges«. »Ich bin der Meinung«, so Churchill, »dass in Zukunft militärisch wichtige Ziele verstärkt in Erwägung gezogen werden müssen, weit mehr in unserem eigenen Interesse als in dem des Gegners.« Der Premier halte »eine genauere Konzentration der Angriffe auf militärisch relevante Ziele (...) für notwendiger als weitere Terrorakte und zügellose Zerstörung, so eindrucksvoll diese auch sein mögen«.[51]

Nach einhelligem Protest der britischen Luftmarschälle gegen die einseitige Schuldzuweisung an die Militärs korrigierte Churchill seinen schriftlichen Auftrag und beschränkte sich auf sachliche Erwägungen. Harris zeigte sich völlig indifferent. Für den militärischen Technokraten des Bombenkrieges waren die noch nicht zerstörten deutschen Städte keinen einzigen Knochen eines britischen Grenadiers wert.[52]

> Churchills Telegramm vom 1. April 1945:
> »Mir scheint, dass der Zeitpunkt gekommen ist, da man die Frage des so genannten Flächenbombardements im Hinblick auf unsere eigenen Interessen überprüfen sollte. Wenn ein gänzlich ruiniertes Land unter unsere Kontrolle gelangt, wird es dort einen großen Mangel an Unterbringungsmöglichkeiten für uns und unsere Alliierten geben, und wir werden nicht in der Lage sein, Baumaterial für unseren eigenen Bedarf aus Deutschland bekommen zu können, weil eine zeitweilige Versorgung für die Deutschen selbst gewährleistet werden müsste.
> Wir müssen darauf achten, dass unsere Angriffe auf lange Sicht uns selbst nicht mehr schaden als den unmittelbaren Kriegsanstrengungen des Feindes. Bitte lassen Sie mich ihre Ansichten wissen.«[53]

Dresden nach dem Bombenangriff vom 14. Februar 1945.

Hans Gerstung
Als Junge musste er nach dem Angriff auf Pforzheim bei der Trümmerbeseitigung helfen.

»Wir haben versucht, zwei bis drei Tage nach dem Angriff in die Innenstadt zu kommen, wo Verwandte von uns gewohnt haben. Wir fanden Berge von Eisenträgern und Mauerresten, mehr als stockwerkhoch, da war kein Durchkommen. Viel schlimmer noch war die Hitze, nirgendwo konnte man reingehen, wir haben's immer wieder probiert, es ging nicht.

Nach zehn Tagen haben wir das Haus am Leopoldsplatz, in der Stadtmitte, betreten. Es stand nur noch als Gerippe da, auf dem Boden lagen ausgeglühte Pulver- oder Mauerreste. Wir haben mehrere kleine Körper gefunden. Unter anderen zwei, die sehr eng aneinander gepresst waren. Meine Eltern sagten: ›Das ist Tante Anna, und Onkel Richard, wir erkennen das an den Kleiderresten.‹ Sie waren zwischen ihren Oberkörpern erhalten geblieben, in mehreren Schichten – unglaublich, ich seh das Karo von diesem Kleid heute noch! Die Köpfe der beiden waren geschrumpft, Beine waren nicht mehr dran, und die Arme waren auch geschrumpft. So lagen sie da, beide zusammen. Die fast verglühten Körper waren noch so heiß, dass wir sie gar nicht mitnehmen konnten; wir mussten sie dort liegen lassen.

Nach weiteren vier, fünf Tagen sind wir wieder zum Haus, mit einer großen Holzkiste, haben beide da rein gelegt und über die Trümmer getragen. Als wir wieder auf begehbare Wege kamen, besorgten wir uns einen Leiterwagen und brachten sie auf den Friedhof.«

Dresden wurde nicht zum Endpunkt für »Terrorakte und zügellose Zerstörung«, die der britische Premierminister mit bemerkenswerter Offenheit intern eingestand. Am 16. März 1945 hatte man Würzburg durch einen schweren Nachtangriff zu 85 Prozent zerstört. In dem Feuersturm kamen 5000 Menschen ums Leben. Am 22. März fiel das Zentrum von Hildesheim einem ähnlichen »Terrorakt« zum Opfer, am 27. März große Teile von Paderborn, am 14. April der historische Stadtkern von Potsdam. Und selbst die Trümmerwüste von Dresden wurde am 17. April noch einmal angegriffen.

In diesen Tagen traf es im Zuge der Kampfhandlungen auch kleinere Städte, deren militärische bzw. rüstungswirtschaftliche Bedeutung für die Wehrmacht scheinbar gering war. Man muss aber im Auge behalten, dass in den vergangenen Monaten Tausende von Betrieben aus den zerstörten Großstädten evakuiert worden waren. In den mittleren und kleineren Städten hatte man inzwischen alle Möglichkeiten genutzt, um z. B. Zulieferungen für die Rüstungsbetriebe zu organisieren. Selbst in Lazaretten sowie in Heimarbeit arbeiteten Hunderttausende an Transportkörben für Granaten, Flakzünder usw. Ein

Willi Reschke
Flieger im Einsatz zur Reichsverteidigung
gegen schwere amerikanische Bomber.

»Am 7. Juli 1944 haben wir diesen Verband im Raum
Preßburg angegriffen. Es waren keine Begleitjäger dabei. Ich bin allein geflogen. Ich habe den Verband nicht
gefunden und wollte schon nach Hause fliegen, weil es
sowieso wenig Zweck hatte, einen viermotorigen Verband allein anzugreifen. Doch da sah ich ganz hinten
eine ›Liberator‹, keine andere Maschine. Ich habe über-
legt, ob ich sie angreifen sollte. Es war vorauszusehen,
dass ich notlanden musste, weil ich Treffer gekriegt
hatte. Mit dem letzten Geschwindigkeitsüberschuss, den ich hatte, kam mir der Gedanke: Du nimmst das rechte Leitwerk der feindlichen Maschine mit! Das ist mir
tatsächlich gelungen; mit meinem Propeller und mit der linken Fläche habe ich es
weggerissen. Ich musste allerdings ziemlich gegensteuern, weil ich in die Strudel der
Luftschrauben reingekommen bin. Jedenfalls habe ich es geschafft, dieses Leitwerk
wegzureißen. Ich musste dann meine ganze Kraft aufwenden, um in 4000 m Höhe
auszusteigen. Die beiden Maschinen sind abgestürzt.

Diese Geräusche, die bei dem Zusammenprall entstehen, wird man wochenlang
nicht mehr los. Dieses Krachen und Splittern der beiden Flugzeuge, die aufeinander
prallten. Das wird man nicht mehr los.

Das war so eine Kampagne damals: der Rammstoß mit einem Jäger. Gleich nach
diesem Erlebnis habe ich gesagt, von mir aus kann rammen, wer will – ich nicht mehr.
Und ich habe auch nie mehr an einem solchen Einsatz teilgenommen.«

---

besonderer Fall war Oranienburg. Die Kleinstadt nördlich von Berlin wurde
am 15. März 1945 von 675 »Fliegenden Festungen« verwüstet. Das Ziel der
Amerikaner waren die Auer-Werke, wo Uranerze aufbereitet wurden. Das
Phantom einer deutschen Atombombe hatte sich für die Alliierten längst ver-
flüchtigt, aber der Leiter des amerikanischen Atomprojektes, General Leslie
Groves, wollte verhindern, dass die verbündeten Russen in die Lage versetzt
werden könnten, eigene Anstrengungen mit Hilfe deutscher Technologie zu
unternehmen.[54] Speer glaubte Anfang April eine Umstellung der amerikanischen Bombenpolitik zu erkennen, die nicht mehr auf Grundpfeiler der deutschen Rüstungswirtschaft zielte, sondern auf moderne Leichtindustrien im
Berliner Raum, in Sachsen und Thüringen, die zur Beute der Roten Armee werden würden.[55] Chemnitz wurde am 5. März eingeäschert, wobei 3700 Menschen starben, Dessau am 7. März mit 668 Toten. Die berühmten Junkers-
Flugzeugwerke der Stadt waren da längst ausgelöscht worden.

Diese schwersten Brandbombenangriffe während des Zweiten Weltkrieges
blieben nicht auf Ostdeutschland beschränkt. Am 23. Februar 1945 war Pforz-

heim zu 60 Prozent zerstört worden. Wieder gab es mehrere Tausend Tote. Zuletzt traf es die Großstädte Bremen und Kiel, die am 22. April bzw. am 3. Mai 1945 zum wiederholten Male, gleichsam routinemäßig vom Bomber Command »abgearbeitet« wurden. In allen diesen Fällen gab es durchaus auch triftige militärische Gründe für die Angriffe, etwa die Absicht, das Auslaufen der neuen deutschen U-Boote zu verhindern, und selbstverständlich erhielten die Piloten für ihren Einsatz militärische Zielpunkte, so etwa in Potsdam das Bahnhofsgelände. Aber angesichts der völligen Agonie der Wehrmacht, die den alliierten Vormarsch überhaupt nicht mehr gefährden konnte und sich in einem Prozess vollständiger Auflösung befand, fällt es schwer, solche Routineangriffe nicht als »Terrorakte und zügellose Zerstörung« zu begreifen.

Gleichwohl mussten die Bomberbesatzungen bei ihren Einflügen stets um ihr Leben fürchten, auch wenn die Luftwaffe nur noch sporadisch energischen Widerstand leistete. Am 7. April startete sie beispielsweise noch das »Unternehmen Werwolf«, um durch einen Masseneinsatz den Bombern wenigstens einmal eine vernichtende Niederlage beizubringen. Dazu schickte die Luftwaffenführung 183 so genannte Rammjäger in die Luft, die sich ungeachtet des feindlichen Abwehrfeuers auf die »Fliegenden Festungen« stürzen und durch einen Rammstoß zum Absturz bringen sollten. Diese primitivste Form der Luftabwehr im Bombenkrieg bedeutete für die Piloten in den meisten Fäl-

Zivilisten und Soldaten flüchten aus Ostpreußen vor der Roten Armee über die Ostsee in Richtung Westen, etwa April/Mai 1945.

Eva Sepp
Mit ihren Eltern ging sie auf die Flucht
von Königsberg über die Ostsee.

»Von Pillau aus haben wir einen Platz gekriegt auf dem Schiff ›Andross‹, ein Frachter. Von da aus ging es dann Richtung Dänemark, über die Ostsee. Unterwegs hatten wir viele Aufenthalte durch Minengefahr, so dass wir erst am 12. März 1945 in Swinemünde ankamen.

An diesem Tag hörte ich, dass der Koch Nudelsuppe gekocht hatte für die Besatzung. Und diese Suppe aß mein Vater so gern, also habe ich den Koch gefragt, ob meine Eltern mitessen könnten. Er sagte, es sei möglich, und ich holte meine Eltern aus dem Frachtraum. Meine Mutter wollte erst nicht, weil es so beschwerlich war, die Leiter hochzuklettern. Als wir am Tisch saßen, fielen die ersten Brandbomben auf das Schiff. Der Bug brannte, und das Schiff brach auseinander, die Ladeflächen wurden überflutet. Im Frachtraum wollten alle die Leiter hochklettern, die brach zusammen, weil sie dem Gewicht nicht standhalten konnte. Da haben die Matrosen versucht, Seile herunterzulassen, aber niemand kam da noch hoch, sie rissen sich ja gegenseitig von den Seilen. Die Leute an Deck oben sind über ein Brett auf das Schiff gelaufen, an das wir angelegt hatten. Einige fielen zwischen die beiden Schiffe und sind ertrunken.

Danach begann noch einmal eine Zitterpartie. Wir sind von Swinemünde aus die Straße lang gelaufen, immer begleitet vom Bombenhagel. Dann waren wir so erschöpft, dass wir in Heringsdorf in einem Hotel regelrecht zusammenbrachen. Da waren Hunderte von Leuten, die auf Fluren und auf Treppen saßen. Wir hatten, Gott sei Dank, ein Zimmer bekommen, meine Eltern und ich. Da konnten wir uns eine Nacht lang ausruhen.«

len das »Selbstopfer«, wie es im offiziellen Sprachgebrauch hieß. Die Rammjäger wurden durch ein Düsenjäger-Geschwader geschützt, um überhaupt in die Nähe der Bomber zu gelangen. Bei der Luftschlacht über dem Steinhuder Meer konnten 23 Bomber vernichtet werden – der Totalverlust in den eigenen Reihen lag bei 133.

Offiziell erklärten die Vereinigten Stabschefs die strategische Luftoffensive gegen Deutschland am 16. April 1945 für abgeschlossen. An diesem Tag trat die Rote Armee zum Sturm auf Berlin an, und im Hintergrund liefen bereits Geheimkontakte von deutscher Seite zu den Alliierten über eine Kapitulation. Selbst Heinrich Himmler machte sich Illusionen, mit den Westmächten »ins Geschäft« kommen zu können. Tausende von KZ-Häftlingen wurden unter mörderischen Bedingungen im Süden in Richtung »Alpenfestung«, im Norden Richtung Küste getrieben – gleichermaßen als Unterpfand für Verhandlungen wie als Geiseln. Zuletzt pferchte man hier rund 9000 Überlebende im Hafen von Lübeck auf nur drei Schiffe: Es handelte sich um Juden, politische

Häftlinge und russische Kriegsgefangene, dazu kamen 850 jüdische Frauen aus dem KZ Stutthof. Die alliierte Luftaufklärung identifizierte diese Schiffe irrtümlich als Teil einer möglichen Evakuierung der Nazis nach Dänemark und Norwegen; sie wurden am 3. Mai 1945 von Fliegern angegriffen und versenkt – eine Tragödie, bei der mehr als 6000 Menschen ums Leben kamen.

In den letzten Kriegstagen erreichte die größte Evakuierungsaktion der Geschichte ihren Höhepunkt. Die Kriegsmarine bemühte sich schon seit Wochen darum, rund zwei Millionen Menschen aus den von der Roten Armee bedrohten Ostgebieten über die Ostsee nach Westen zu transportieren. Auch wenn sich darunter Soldaten und Verwundete befanden, war der militärische Nutzen für die Wehrmacht gering, denn es handelte sich hauptsächlich um Frauen und Kinder. Die humanitäre Aktion konnte nur im militärischen Rahmen stattfinden und wurde daher auch zum Angriffsziel. Der kleine Hafen von Swinemünde war als Marinestützpunkt die wichtigste Zwischenstation auf dem Weg nach Kiel oder Dänemark. Im Zuge der Operation »Donnerschlag« hatten die Amerikaner am 12. März 1945 die vergleichsweise riesige Menge von 1456 t Bomben auf den Hafen abgeworfen, um die russische Front zu entlasten. Einer der Bombenteppiche traf die in den Straßen der Stadt lagernden Flüchtlinge. Allen späteren Gerüchten und Spekulationen zum Trotz zeigen nüchterne Untersuchungen, dass der Angriff nicht den Flüchtlingen gegolten hat und nicht als reiner Terror geplant war. Auch Schätzungen, die bis zu 23 000 Tote vermuten, halten einer Überprüfung nicht stand; es starben zwischen 3000 und 4000 Menschen.[56] Die meisten endeten anonym in einem Massengrab außerhalb des Ortes, denn die nächsten Flüchtlinge rückten bereits nach. Da der Ort 1945 an Polen fiel und damit seinen Namen wechselte, fand dieses Inferno bis in die jüngste Gegenwart keinen Zugang ins öffentliche Bewusstsein.

Das gilt auch für Bombenangriffe, die in der letzten Phase des Krieges von sowjetischer Seite gestartet wurden. Sie richteten sich vorwiegend gegen militärische Ziele und als »Festungen« verteidigte deutsche Städte wie Breslau und Königsberg. Für die Berliner Operation wurden allein fast 2200 Bombenflugzeuge eingesetzt.[57] Bei den zweiwöchigen Kämpfen um die Reichshauptstadt kamen durch sowjetische Bomben, Raketen und Granaten mehr Menschen ums Leben als bei den alliierten Luftangriffen in den vorangegangenen fünf Jahren. Die sowjetische Geschichtspropaganda hat für Jahrzehnte kaum ein Wort über eigene Luftangriffe auf die deutsche Zivilbevölkerung verloren, umso mehr setzte sie die Goebbels-Propaganda fort und prangerte den Fall Dresden als beispielhaft für die angeblich unveränderte Terrorstrategie der NATO-Luftstreitkräfte an.

Der Bombenkrieg erreichte seinen mörderischen Höhepunkt nicht in Deutschland und war mit dem 8. Mai 1945 lediglich in Europa beendet. Während sich die britische Luftkriegführung in den letzten Kriegstagen vom Kon-

Amerikanischer B-25-Bomber über einer japanischen Insel im Pazifik, etwa 1944.

zept der Terrorangriffe gegen die Zivilbevölkerung löste, übernahmen die Amerikaner die Taktik der Brandbombenangriffe auf Flächenziele im Pazifik. Major General Curtis Emerson LeMay hatte die Methode in Europa kennen gelernt. Als er im Januar 1945 das XXI. US Bomber Command übernahm, sorgte er für eine Umstellung der Luftkriegstaktik im Fernen Osten. Um Verluste an Bodentruppen bei einer etwaigen Invasion Japans zu reduzieren, sollten seine Bomberbesatzungen bereit sein, bei einer letzten Luftoffensive eine große Zahl von Japanern zu töten. Die Städte galten aufgrund ihrer Bauweise als leicht entflammbar. Ab Februar 1945 wurden sie in nächtlichen Angriffen aus großer Höhe mit Brandbomben beworfen, deren Einsatz sich im Verhältnis zu Sprengbomben auf 70 Prozent erhöhte. Zuvor warnte man die Einwohner durch Flugblätter. Mit der psychologischen Kriegführung sollte das Vertrauen in die japanische Führung und deren Fähigkeit zur Verteidigung des Mutterlandes untergraben werden.

Allein am 9. März 1945 zerstörte der Angriff von B-29-Fernbombern auf Tokio 16 Quadratmeilen des Stadtgebietes. Die Zahl der Toten wird auf 78 000 geschätzt. Für sie gab es keine wirksamen Schutzmaßnahmen.[58] Die Angriffe wiederholten sich am 7., 12. und 14. April. Auch dieser »Donnerschlag« führte nicht zur sofortigen Kapitulation. Am 2. Juli kündigte der japanische Rundfunk an, dass die sechs Millionen Einwohner der Stadt bis auf 200 000 unentbehrliche Spezialisten evakuiert werden sollten. An diesem Tag warfen rund 600 »Superfortress« der Amerikaner 3628 t Brandbomben auf weitere Großstädte. Die Strategie, durch Schockangriffe für eine Entvölkerung der Großstädte zu sorgen und damit die Organisation der feindlichen Verteidigung zu überlasten, schien aufzugehen.

Die Amerikaner hatten allen Anlass, im Unterschied zum Einmarsch in Deutschland, einen fanatischen Widerstand von Teilen der feindlichen Armee zu fürchten, der sich mit primitivsten Mitteln und unter rücksichtsloser Aufopferung der Zivilbevölkerung formierte. Am 1. April 1945 hatten 182 000 US-Soldaten Okinawa, die erste Insel des japanischen Mutterlandes, gestürmt. Die zahlenmäßig und materiell weit unterlegenen Verteidiger leisteten bis zum 21. Juni heftigsten Widerstand. Nur 10 Prozent der Soldaten gingen schließlich in Gefangenschaft. Auch ein Großteil der Zivilbevölkerung war gezwungen worden, sich an der Verteidigung zu beteiligen und Selbstmord zu begehen. Rund 1900 Kamikaze-Flieger opferten vergeblich ihr Leben, um die amerikanische Invasionsflotte zu treffen.

Bei ihren Vorbereitungen zur Landung auf den japanischen Hauptinseln waren sich die Amerikaner zwar ihres Sieges sicher, doch rechneten sie mit bis zu 500 000 eigenen Opfern. Deshalb prüften sie verschiedene Pläne, die japanische Reisernte z. B. mit biologischen Kampfmitteln zu vernichten und so die vom Hunger bedrohte Bevölkerung zur Kapitulation zu zwingen. Doch ein solcher Plan hätte den Krieg vermutlich auf ungewisse Zeit verlängert, was die US-Regierung nicht riskieren konnte. Günstigere Aussichten versprach die Städte-Offensive. Immerhin gab es in Japan – anders als in Deutschland – eine interne politische Opposition, deren Engagement für ein Ende des Krieges durch die spektakulären Bombenangriffe auf das Mutterland Argumentationshilfe erhielt. Das politische Ringen hinter den Kulissen blieb lange unentschieden, und ein Staatsstreich radikaler Militärs war bis zur letzten Minute nicht ausgeschlossen.

Am 17. Juli trafen sich die Staatsmänner der Anti-Hitler-Koalition in Potsdam, um über das Schicksal von Deutschland nach dem Sieg der Alliierten zu beraten. Für US-Präsident Harry S. Truman, der dem verstorbenen Roosevelt in dessen Amt gefolgt war, musste ein Ende des Krieges im Pazifik eine mindestens ebenso wichtige Frage sein. Deshalb drängte er Stalin zur Aufgabe seiner Neutralitätspolitik. Der sowjetische Diktator erklärte Japan aber erst am 8. August den Krieg. Bereits am 26. Juli, zum Abschluss der Potsdamer Konferenz, hatten die Teilnehmer Tokio zur bedingungslosen Übergabe aufgefordert. Um dieser Forderung Nachdruck zu verleihen, hatten die Amerikaner eine weitere Serie von schweren Städteangriffen geflogen. So traf das bereits verbrannte Tokio am 18. Juli ein erneuter vernichtender Schlag von rund 2000 alliierten Bombern. Am 24. Juli wurden Nagoya und Osaka bombardiert, am 1. August Nagasaki. Einen Tag später erfolgte der stärkste Bombenangriff des Zweiten Weltkrieges überhaupt, als 800 B-29 vier japanische Städte und das Ölzentrum Kawasaki mit 5442 t Brandbomben attackierten. Am

Hiroshima nach der Atombombenexplosion vom 6. August 1945.

3. August schließlich gab Admiral Nimitz bekannt, dass die B-29-Bomber alle bedeutenden Häfen vermint und damit die Blockade Japans vollendet hatten.

Die japanische Führung zeigte sich unter diesen Umständen zur Kapitulation bereit, auch wenn sie noch um Rücksichten auf das Prestige des Kaisers feilschte. Allerdings verfügte die amerikanische Luftwaffe über eine höchst geheime Trumpfkarte, um mit einem gewaltigen Schlag ihre Knock-out-Serie zu krönen. Gegen Deutschland konnte die Atombombe nicht gerichtet werden, weil ein erfolgreicher Test der Superwaffe erst am 16. Juli 1945 gelungen war. Über die Berechtigung zum Einsatz dieser Bombe wird bis heute heftig gestritten. Der Zeitfaktor spielte für die US-Regierung zweifellos eine ebenso wichtige Rolle wie die Sorge vor eigenen Opfern, sollte die Invasion Japans doch noch notwendig werden. Nicht zuletzt stand die Administration unter dem Zwang, den für die Entwicklung der Atombombe enorm hohen finanziellen Aufwand gegenüber dem Kongress zu rechtfertigen. Mit den Bildern vom Test in Los Alamos wäre das vermutlich kaum gelungen.

Die Vernichtungskraft der neuen Bombe am »lebenden Objekt« zu beweisen schien vorteilhafter zu sein, als eine bloße Demonstration über der Bucht von Tokio. Abgesehen von wertvollen technischen Daten über die Wirkung der Bombe bliebe eine Ruine als Mahnmal, das die Japaner für alle Zeiten an ihre Niederlage erinnern und der Welt die amerikanische Omnipotenz vor Augen führen konnte – insbesondere dem sowjetischen Verbündeten, der unverhohlen nach mehr Macht und Einfluss strebte, als für die Weltordnung der Zukunft erträglich war. Über die sachlichen und moralischen Bedenken einiger Wissenschaftler und Politiker setzte sich Präsident Truman schließlich hinweg.

Den größten Prestigeerfolg versprach der Abwurf auf eine jener Städte, die eigens für diesen Zweck bislang verschont worden waren; am 6. August 1945 zündeten die Amerikaner die erste Atombombe über Hiroshima. Fünf Quadratmeilen der Innenstadt verbrannten total. In Sekunden starben fast 40 000 Menschen, viele noch Stunden, Tage oder Jahre später an der radioaktiven Verstrahlung. Am 9. August folgte der Einsatz der zweiten Bombe über Nagasaki. Hier starben bis zum Jahresende 70 000 Menschen. Militärisch war der Erfolg sofort sichtbar. In Tokio setzten sich endlich die Politiker gegen die Militärs durch. Mit knapper Mehrheit beschloss das Kabinett die Kapitulation. Dass die UdSSR zwei Tage nach Hiroshima die Kriegserklärung ausgesprochen und die Mandschurei in einem Blitzkrieg besetzt hatte, spielte dabei keine Rolle mehr. Am 2. September 1945 beendete die japanische Unterschrift auf der Kapitulationsurkunde den Zweiten Weltkrieg. Den Preis dafür zahlten nicht zuletzt die Opfer der bis heute einzigen Atombomben-Einsätze.

Hiroshima war das Fanal zu einem enthemmten Bombenkrieg, der die kühnsten Träume der Technokraten und Propagandisten um ein Vielfaches übertraf. Der Schrecken einer neuen, revolutionären Kriegführung aus der Luft, den deutsche Zeppeline und Gotha-Bomber im Ersten Weltkrieg verbreitet hatten, war nicht groß genug, dass Militärs und Politiker der Entwicklung des strategischen Bombenkrieges starke Fesseln anlegten. Der Gaskrieg dagegen fand keine Wiederholung im Zweiten Weltkrieg; selbst Adolf Hitler, der sich vieler Verbrechen an der Menschheit schuldig gemacht hat, widerstand dieser Versuchung.

Der strategische Bombenkrieg trieb die Totalisierung des Krieges im 20. Jahrhundert auf die Spitze. Fast zwei Jahrzehnte brauchte es, Bomberflotten zu bauen sowie geeignete Einsatzverfahren und -instrumente zu entwickeln, um eine Großstadt mit einem Schlag zu vernichten und Zehntausende von Menschen zu töten. Es war ein Wettrüsten voller Irrtümer und Fehlschläge, und es war keine Einbahnstraße. Immer wieder kam es zu wichtigen Weichenstellungen, die den Verfechtern des Terrorbombens gegen die Zivilbevölkerung den Weg freimachten oder versperrten. Die Geschichte hat gezeigt, dass einzelne Fehlentscheidungen weitreichende Folgen haben konnten – Hitler fehlte 1941/42 eine Bomberflotte, mit der er seine Serie von Blitzkriegen hätte vollenden können – und sie wirft ein Licht auf die Komplexität moderner Kriegführung: Als der deutsche Diktator die Bomber durch die Massenproduktion von Raketen ersetzen wollte, fehlten ihm Jagdflugzeuge, um die Produktionsstätten gegen die feindlichen Bomber zu verteidigen.

Theoretiker des Terrorbombens wie Douhet und Praktiker wie Harris hatten sich das einfacher vorgestellt. Wo die Mittel nicht ausreichten, die Kriegsmaschinerie des Feindes zu zerstören, sollte die Bevölkerung durch mörderische Flächenangriffe in Angst und Schrecken versetzt werden. Aber niemand konnte zuverlässig prognostizieren, welches Ausmaß von Tod und Vernichtung die Menschen zum Aufstand gegen ihre Regierung veranlassen bzw. den Feind zur Aufgabe zwingen würde; die Experimente der Deutschen in Warschau, Rotterdam, London und Belgrad sowie die der Briten gegen Berlin, Essen, Mailand und Budapest zeitigten widersprüchliche Ergebnisse.

Briten und Amerikaner setzten im Kampf gegen die braune Tyrannei, die in den ersten beiden Kriegsjahren ganz Europa unterworfen hatte und nach der Weltherrschaft strebte, auf das einzige Kriegsinstrument, mit dem der Menschheitsfeind in seinem »Herzen« getroffen werden konnte. Anfangs verfügten die Alliierten nicht über ausreichend Fähigkeiten, den Feind mit einem Schlag niederzustrecken. Manche Illusion wurde von der hartnäckigen Luftabwehr und dem Organisationstalent der Nazis zunichte gemacht. Die alliierten Bomberflotten verwickelten die Kriegsmaschinerie des »Dritten Reiches« in einen mehrjährigen, verlustreichen Kampf. Es war eine Materialschlacht, die lange unentschieden hin und her wog. Erst im Frühjahr 1944 wurde die deutsche Luftwaffe praktisch zu Boden gezwungen, und nun konnten die Bomber ins Zentrum des Reiches vorstoßen, die Kriegswirtschaft systematisch zerstören und die deutsche Kampfmoral zermürben. Die Alliierten erlitten auf diesem Weg zum Sieg einzelne Niederlagen, und sie machten Fehler. Vielleicht wäre der Erfolg schneller möglich gewesen, aber sicher ist:[59]

- Ohne die amerikanischen und britischen Bomber hätte der Zweite Weltkrieg mit Sicherheit ein oder zwei Jahre länger gedauert;
- im Gegensatz zum Ersten Weltkrieg waren die Bomber zwischen 1939 und 1945 zu einem wichtigen Element der Kriegführung geworden. Auch wenn sie nie kriegsentscheidend wurden, so bahnten sie doch den Truppen der Anti-Hitler-Koalition den Weg. Ohne ihren Einsatz gegen deutsche Rüstungsfabriken, Treibstoffwerke und Bahnanlagen sowie andere militärisch wichtige Ziele wäre das Blutvergießen auf den Schlachtfeldern für beide Seiten erheblich größer gewesen;
- als umkämpfte Festungen und verteidigte Kraftzentren waren die Großstädte – nicht nur in Deutschland – oft Schauplatz blutiger Gemetzel, auch ohne den Einsatz strategischer Bomber. Die Unterscheidung zwischen unbeteiligten Zivilisten und Kombattanten ließ sich im modernen und industrialisierten Krieg nicht immer durchhalten. Auch eine Strategie, die auf die Moral der Bevölkerung zielte, war einem höheren Ziel verpflichtet: dem Sieg und dem Ende des Krieges;

– der unterschiedslose Bombenkrieg des Zweiten Weltkrieges führte in einigen Fällen zu Grenzüberschreitungen, die eine Diskussion über Moral und Unrecht rechtfertigen. Allgemein besteht die Ansicht, dass zumindest das massive alliierte Bombardement im Frühjahr 1945 alle Anzeichen sinnlosen Terrors trug. Im Falle Deutschlands blieb es den Truppen der Anti-Hitler-Koalition nicht erspart, das Land Meter für Meter bis zu den Stufen des Bunkers unter der Reichskanzlei in Berlin erobern zu müssen. Im Falle Japans reichte das brutale Bombardement auf die Großstädte aus, um den Feind zur Kapitulation zu zwingen.

Der Bombenkrieg fügte Millionen Menschen unermessliches Leid zu. Eine Verkürzung der Erinnerung auf deutsche Frauen, Kinder und Greise, die Opfer dieses schmutzigen Krieges geworden sind, wäre – 60 Jahre nach den Ereignissen – unhistorisch. Das hieße, unzählige ausländische Zwangsarbeiter und Kriegsgefangene, KZ-Häftlinge und Soldaten zu übersehen, die ebenfalls im Bombenhagel getötet oder verletzt und traumatisiert worden sind. Es würde auch jene ausschließen, die den Bombenkrieg stellvertretend für ihre Nationen führen mussten, als Bordbesatzungen, Jagdpiloten, Flaksoldaten oder »Blitzmädchen«. Ihr Tod unterschied sich meist nicht von dem der Schutzsuchenden in den Kellern und Bunkern. Die »Heimatfront« war nicht wehrlos und nicht »zivil«. Auch in seinem Ausmaß war der Bombenkrieg nicht schrecklicher oder tödlicher als der Krieg an anderen Fronten, und er betraf nicht nur die Deutschen.

Die Gesamtzahl der Toten im Bombenkrieg während des Zweiten Weltkrieges wird heute auf 1,5 Millionen geschätzt[60] – bei mehr als 50 Millionen Toten des Weltkrieges insgesamt. In Großbritannien starben ca. 60 000 Menschen im Bombenhagel. Hinzu kommen 160 000 alliierte Flieger. Die Deutschen zahlten einen hohen, aber nicht den höchsten Preis für die Erfahrung mit der neuen Form der Kriegführung. 3,6 Millionen Wohnungen wurden in Deutschland zerstört, mit ihnen unschätzbare materielle und kulturelle Werte. 7,5 Millionen Menschen waren »ausgebombt« und obdachlos. Diese Verluste sind das Ergebnis einer deutschen Aggressionspolitik, die einen totalen Krieg um die Weltherrschaft zu führen bereit gewesen ist. Fehleinschätzungen der deutschen Rüstungspolitik und Kriegführung haben es den Alliierten ermöglicht, mit dem Einsatz einer strategischen Bomberwaffe das Blatt zu wenden. Dabei gingen 57 000 deutsche Flugzeuge, meist Jäger, in der Reichsluftverteidigung verloren.

Bei nüchterner historischer Betrachtung gibt es keinen Anlass für eine Täter-Opfer-Debatte. Völlig verfehlt wäre es, von den Briten als den Hauptverantwortlichen für die Flächenangriffe auf deutsche Städte womöglich ein Schuldeingeständnis zu erwarten. Churchill hat Hitler besiegt, und dafür können wir ihm dankbar sein. Hoffnungen, die Deutschen selbst könnten sich dieser

Konstruiert für den Bombenkrieg unserer Tage: der »Tarnkappenbomber« F 117.

Bestie entledigen und zur Besinnung kommen, erfüllten sich jedenfalls nicht. Die Taktik der nächtlichen Flächenbombardements gegen die Zivilbevölkerung mag aus heutiger Sicht moralisch und militärisch fragwürdig erscheinen – aber sind sie deshalb schon ein Verbrechen? Es gab zweifellos Grenzüberschreitungen, so bei den Technokraten der neuen Waffe, die aber wie Harris in den eigenen Reihen umstritten waren und es schwer hatten, für ihre rücksichtslose Haltung Anerkennung zu finden. Auch verantwortliche Politiker ließen sich in der Hitze des gewaltigsten Ringens der Weltgeschichte zu manchen Äußerungen und Entscheidungen hinreißen, die aus heutiger Sicht erschrecken können. Sie haben sich der Mittel bedient, die ihnen Wissenschaft, Technik und Militärs zur Verfügung stellten, um einen Feind zu besiegen, der sich dieser Mittel ebenfalls bediente.

Sich an den Bombenkrieg in Deutschland zu erinnern heißt, über die Katastrophe nachzudenken, die von der nationalsozialistischen Kriegspolitik ausgelöst worden war. Die Opfer sind gewiss ein hoher Preis dafür, dass diese Menschheitsgefahr überwunden werden konnte. Die Erinnerungen an Warschau, Rotterdam und London, an Berlin, Hamburg und Dresden, an Tokio, Hiroshima und Nagasaki sowie viele andere betroffene Städte haben dazu beigetragen, die Strategie des Bombenkrieges nach 1945 zu »zähmen« und in ein internationales Rechtssystem zum Schutz der Zivilbevölkerung einzubetten. In dem 40-jährigen Kalten Krieg der größten Militärblöcke aller Zeiten sorgte diese Erinnerung dafür, dass alle theoretischen Szenarien von Atomstrategen und Militärplanern am Ende Theorie geblieben sind.

Der Versuch der Amerikaner, an ihre erfolgreiche Bombenstrategie im Zweiten Weltkrieg anzuknüpfen und zwischen 1965 und 1968 auf Nordvietnam zu übertragen, erwies sich als Fehlschlag. Die Zerstörung der Infrastruktur und Kriegswirtschaft des weit unterlegenen Feindes reichte allein nicht aus, um den Sieg zu erringen. Dennoch werden demokratische Industriegesellschaften bei gegenwärtigen und künftigen Konflikten auf ihre modernen Luftstreitkräfte setzen, um durch »Enthauptungs«-Schläge blutige Bodenkämpfe zu vermeiden. Hightech ermöglicht lasergesteuertes, präzises Bombardieren von Punktzielen, bei dem zivile Opfer ausgeschlossen oder auf ein Minimum reduziert werden können. Das mag wie hehres Wunschdenken klingen, aber es beweist, dass die historischen Erfahrungen verinnerlicht worden sind. Flächenbombardements auf Städte wird es mit Sicherheit nie wieder geben, es sei denn in Gestalt eines atomaren Terrorismus, einer möglichen neuen Geißel der Menschheit.

Anhang

Anmerkungen

Einleitung

1 Vgl. Hans Sperling: Die Deutschen Luftkriegsverluste, in: Wirtschaft und Statistik 12 (1962), S. 139–141; Rüdiger Overmans: Deutsche militärische Verluste im Zweiten Weltkrieg. München 1999; ders.: Personelle Verluste der deutschen Bevölkerung durch Flucht und Vertreibung, in: Dzieje Najnowsze (1994) 2, S. 51–65.

2 Ich stütze mich hier weitgehend auf das Serienwerk des Militärgeschichtlichen Forschungsamtes: Das Deutsche Reich und der Zweite Weltkrieg, 7 Bde. Stuttgart 1979 ff., dessen Abschlussband 10 gegenwärtig fertiggestellt wird, hier speziell auch auf die Forschungsarbeiten von Horst Boog. Das populärwissenschaftliche Werk des DDR-Historikers Olaf Groehler: Geschichte des Luftkriegs 1910 bis 1980. Berlin-Ost 1981, bzw. die politisch »entschärfte« Kurzfassung (Bombenkrieg gegen Deutschland. Berlin 1990) ist wegen der ideologischen Verzerrungen und Auslassungen nur mit Vorsicht zu benutzen. In der älteren Fassung fehlen ohnehin die Belege. Einen zuverlässigen Überblick liefert der amerikanische Historiker Williamson Murray: Der Luftkrieg von 1914–1945. Berlin 2000.

Angriff. Die deutsche Aggression 1939/40

1 Zur Geschichte des Totalen Krieges ist das Serienwerk des Deutschen Historischen Instituts in Washington zu empfehlen, hier Manfred F. Boemeke/Roger Chickering/Stig Förster (Hg.): Anticipating Total War. The German and American Experiences, 1871–1914. Cambrigde 2000.

2 Vgl. dt. Herbert George Wells: Der Luftkrieg. Leipzig 1909; Freifrau Bertha v. Suttner: Die Barbarisierung der Luft. Berlin 1912; Paul Scheerbart: Die Entwicklung des Luftmilitarismus und die Auflösung der europäischen Land-Heere, Festungen und Flotten. Berlin 1909.

3 Zit. nach: Jürgen Eichler: Luftschiffe und Luftschiffahrt. Berlin 1993, S. 130.

4 Siehe dazu ausführlich Erhard Geissler: Biologische Waffen – Nicht in Hitlers Arsenalen. Münster 1998.

5 Vgl. Rolf-Dieter Müller: Total War as a Result of New Weapons?, in: Roger Chickering/Stig Förster (Hg.): Great War, total war. Combat and Mobilization on the Western Front, 1914–1918. Cambridge 2000, S. 95–111.

6 Zahlen nach Groehler: Geschichte, S. 58.

7 Vgl. ebd., S. 71.

8 Major Genth: Der operative Luftkrieg im Weltkriege, insbesondere gegen England, in: Die Luftwaffe. Militärwissenschaftliche Aufsatzsammlung 2 (1937) H. 2, S. 10.

9 Vgl. ebd., S. 12.

10 Vgl. Robert Kluge: Der sowjetische Traum vom Fliegen. München 1997.

11 Vgl. Helmut Erfurth: Im Rhythmus der Zeit – Hugo Junkers und die zwanziger Jahre. Dessau 1994.

12 Rudibert Kunz/Rolf-Dieter Müller: Giftgas gegen Abd el Krim. Freiburg 1990, S. 207.

13 Vgl. Arthur Harris: Bomber Offensive. London 1947, S. 22 f.

14 Vgl. Giulio Douhet: Luftherrschaft. Berlin 1935.

15 Zit. nach: Groehler: Geschichte, S. 115, 117.

16 Vgl. Friedrich Andreas Fischer v. Poturzyn: General Balbo. Ein heroisches Leben. Berlin 1933.

17 Zit. nach: Groehler: Geschichte, S. 118.

18 Siehe umfassend dazu Heinz Marcus Hanke: Luftkrieg und Zivilbevölkerung. Der kriegsvölkerrechtliche Schutz der Zivilbevölkerung gegen Luftbombardements von den Anfängen bis zum Ausbruch des Zweiten Weltkrieges. Frankfurt a. M. 1991.

19 Vgl. Rainer F. Schmidt: Die Außenpolitik des Dritten Reiches 1933–1939. Stuttgart 2002, S. 25.

20 Siehe ausführlich dazu Karl-Heinz Völker: Die deutsche Luftwaffe 1933–1939. Stuttgart 1968.

21 Vgl. Schmidt: Außenpolitik, S. 159.

22 Siehe insgesamt dazu Lee Kennett: A History of Strategic Bombing. New York 1982; zu den Unterschieden siehe auch Tami Davis Biddle: Rhetoric and Reality in Air Warfare: The Evolution of British and American Ideas about Strategic Bombing, 1914–1945. Princeton 2002.

23 Vgl. Thomas M. Coffey: Lion by the Tail. The Story of the Italian-Ethiopian War. New York 1974.

24 Vgl. Rolf-Dieter Müller: Die deutschen Gaskriegsvorbereitungen 1919–1945. Mit Giftgas zur Weltmacht? In: Militärgeschichtliche Mitteilungen 1(1980), S. 25–54.

25 Vgl. General der Artillerie a. D. Hugo Grimme: Gedanken über den Luftschutz in den Kriegen seit 1918, in: Wissen und Wehr (1939), S. 514.

26 Vgl. Klaus A. Maier: Guernica 26. 4. 1937. Freiburg 1977; Hans-Henning Abendroth: Guernica. Ein fragwürdiges Symbol, in: Militärgeschichtliche Mitteilungen 41(1987), S. 111–126.

27 Vgl. Harris: Bomber Offensive, S. 40 f.

28 Vgl. Ernst Schmitz/Berthold Schenk Graf von Stauffenberg: Erlaubte Angriffsziele im Luftkrieg, in: Wissen und Wehr (1939), S. 521–528.

29 Vgl. Das Deutsche Reich, Bd. 1, S. 282.

30 Vgl. Richard J. Overy: From »Uralbomber« to »Americabomber«. The Luftwaffe and Strategic Bombing, in: Journal of Strategic Studies 1 (1979), S. 154–175; speziell Wolfgang W. Ellissen: Antiklopfmittel und Ottokraftstoff-Qualitäten in Deutschland 1923–1973. Hamburg 2002.

31 Vgl. Rolf-Dieter Müller: Kriegführung, Rüstung und Wissenschaft, in: Helmut Maier (Hg.): Rüstungsforschung im Nationalsozialismus. Göttingen 2002, S. 52–71; Ralf Schabel: Wenn Wunder den Sieg bringen sollen. Wehrmacht und Waffentechnik im Luftkrieg, in: Rolf-Dieter Müller/Hans-Erich Volkmann (Hg.): Die Wehrmacht. Mythos und Realität. München 1999, S. 396.

32 Vgl. Williamson Murray: Betrachtungen zur deutschen Strategie im Zweiten Weltkrieg, in: Müller/Volkmann: Wehrmacht, S. 307–330.

33 Vgl. Karl-Heinz Frieser: Blitzkrieg-Legende. München 1995.

34 Vgl. Rolf-Dieter Müller: »Flucht in den Krieg«? Die innere Krise des Reiches am Vorabend des Zweiten Weltkrieges, in: Jörg Hillmann (Hg.): »Der Fall Weiß«. Der Weg in das Jahr 1939. Bochum 2001, S. 33–52.

35 Hans Günter Brauch/Rolf-Dieter Müller (Hg.): Chemische Kriegführung – Chemische Abrüstung. Dokumente und Kommentare. Berlin 1985, S. 164.

36 Vgl. ebd., S. 156–168.

37 Vgl. Horst Boog: Unterschiedsloser Bombenkrieg bis 1942, in: ders. (Hg.): Luftkriegführung im Zweiten Weltkrieg. Ein internationaler Vergleich. Herford, Bonn 1993, S. 448 f.

38 Vgl. Das Deutsche Reich, Bd. 7, S. 322 (Beitrag Horst Boog).

39 Vgl. Boog: Bombenkriegslegenden, S. 22; dagegen Joachim Trenkner: Wieluń, 1. September 1939, in: Kettenacker (Hg.): Ein Volk von Opfern? Berlin 2003, S. 15–23.

40 Vgl. Das Deutsche Reich, Bd. 2, S. 130 (Beitrag Horst Rohde).

41 Vgl. Das Deutsche Reich, Bd. 6, S. 449 (Beitrag Horst Boog).

42 Vgl. Gerd R. Ueberschär/Wolfram Wette: Bomben und Legenden. Freiburg 1981.

43 Vgl. Hans-Adolf Jacobsen: Der deutsche Luftangriff auf Rotterdam (14. Mai 1940). Versuch einer Klärung, in: Wehrwiss. Rundschau 8 (1958), S. 257–294.

44 Vgl. Max Hastings: Bomber Command. London 1980, S. 18.

45 Zit. nach: Das Deutsche Reich, Bd. 6, S. 459 (Churchill in einem Schreiben an Lord Beaverbrook vom 5. Juli 1940).

46 Zit. nach: Richard Overy: Die Wurzeln des Sieges. Stuttgart, München 2000, S. 145.

47 Vgl. Weisung Nr. 17 für die Führung des Luft- und Seekrieges gegen England vom 1. August 1940, in: Hitlers Weisungen für die Kriegführung 1939–1945. München 1965, S. 75–82.

48 Vgl. Das Deutsche Reich, Bd. 7, S. 325.

49 Zit. nach: Generaloberst Franz Halder: Kriegstagebuch, Bd. 2. Stuttgart 1963, S. 49 f.

50 Zit. nach: Max Domarus (Hg.): Hitler. Reden und Proklamationen, Bd. 2. München 1965, S. 1580.

51 Vgl. Das Deutsche Reich, Bd. 2, S. 405.

52 Zit. nach: ebd., S. 390.

53 Zit. nach: ebd., Bd. 6, S. 461.

54 Vgl. ebd., Bd. 7, S. 326.

55 Zit. nach: Groehler: Geschichte, S. 284.

56 Vgl. Norman Longmate: The Bombers. The RAF Offensive against Germany, 1939–1945. London 1983, S. 94.

57 Vgl. Hitlers Weisungen, S. 100–103.

58 Vgl. Das Deutsche Reich, Bd. 7, S. 328.

59 Dass es der Luftwaffe mit dem »Blitz« nicht gelungen war, Großbritannien in die Knie zu zwingen, war seiner Auffassung nach kein Beweis gegen die Theorie von der kriegsentscheidenden Wirkung eines strategischen Bombenkrieges; vgl. Harris: Bomber-Offensive, S. 83.

60 Vgl. Das Deutsche Reich, Bd. 7, S. 328.

61 Vgl. Overy: Wurzeln des Sieges, S. 146.

62 Siehe dazu ausführlich Karl Gundelach: Die deutsche Luftwaffe im Mittelmeer 1940–1945. Frankfurt a. M. 1981, S. 168 ff.

63 Vgl. Spetzler: Luftkrieg und Menschlichkeit, S. 377.

64 Zit. nach: Das Deutsche Reich, Bd. 7, S. 330.

Gegenschlag. Die alliierten Bomberoffensiven 1941–1943

1 Zit. nach: Manfred Rexin: Die unheilige Allianz. Stalins Briefwechsel mit Churchill. Reinbek 1964, S. 49.

2 Vgl. Overy: Wurzeln des Sieges, S. 147.

3 Vgl. ebd., S. 146.

4 Vgl. ebd., S. 147.

5 Zit. nach: Tagebuchauszüge und dienstliche Notizen mit Äußerungen Hitlers über die Behandlung der Bevölkerungen von Leningrad, Moskau, Kiew und Stalingrad, in: Gerd R. Ueberschär/Wolfram Wette (Hg.): »Unternehmen Barbarossa«. Paderborn 1984, S. 332–336.

6 Zit. nach: Das Deutsche Reich, Bd. 4, S. 1073, Anm. 260.

7 Zit. nach: Heinz Dieter Hölsken: Die V-Waffen. Stuttgart 1984, S. 29.

8 Vgl. Günther W. Gellermann: Der Krieg, der nicht stattfand. Koblenz 1986, S. 146–149.

9 Vgl. Sir Charles Webster/Noble Frankland: The Strategic Air Offensive against Germany 1939–1945, Bd. 4. London 1961, S. 275.

10 Vgl. Das Deutsche Reich, Bd. 6, S. 471f.

11 Webster/Frankland: Strategic Air Offensive, Bd. 4, S. 135 ff.

12 Vgl. Das Deutsche Reich, Bd. 6, S. 466f.

13 Vgl. Webster/Frankland: Strategic Air Offensive, Bd. 4, S. 145–147.

14 Zit. nach: Das Deutsche Reich, Bd. 7, S. 330.

15 Zit. nach: ebd., Wehrmachtführungsstab, Luftkriegführung gegen die britischen Inseln, vom 14. April 1942.

16 Vgl. Schreiben Churchills vom 13. September 1942, in: Rexin, Briefwechsel, S. 106.

17 Zit. nach: Hans-Adolf Jacobsen/Hans Dollinger (Hg.): Der Zweite Weltkrieg in Bildern und Dokumenten, Bd. 3. München u. a. 1962, S. 161.

18 Zit. nach: Das Deutsche Reich, Bd. 9 (Beitrag Carola Fings; in Vorbereitung).

19 Vgl. Charles Messsenger: »Bomber«-Harris and the Strategic Bombing Offensive 1939–1945. London 1984, S. 98.

20 Vgl. The Times vom 11. Mai 1942; siehe auch Olaf Groehler: Der lautlose Tod. Berlin-Ost 1978, S. 206 f.

21 Der DDR-Historiker Groehler: Geschichte, S. 350, schreibt von 1017 Toten; der russische Historiker Lew Besymenki: »Bürger, Luftalarm«, in: Der SPIEGEL Special 1(2003) zum Bombenkrieg, S. 29, neuerdings von rund 40 000.

22 Siehe dazu ausführlich die Dissertation von Bernd Lemke: Luftschutz in Großbritannien und Deutschland 1923–1939. Freiburg 2003 (in Vorbereitung).

23 Vgl. Joseph Goebbels: Die Tagebücher. Sämtliche Fragmente, hg. von Elke Fröhlich, Teil 2, Bd. 15. München 1996, S. 379 (13. Februar 1945).

24 Siehe dazu am Beispiel Wiens Gerhard Botz: Wohnungspolitik und Judendeportation in Wien 1938 bis 1945. Wien, Salzburg 1975.

25 Vgl. Heinz Boberach (Hg.): Meldungen aus dem Reich, Bd. 13. Herrsching 1985, S. 5290 (30. Mai 1943).

26 Zit. nach: Das Deutsche Reich, Bd. 7, S. 198.

27 Churchill und Roosevelt, Erklärung vom Januar 1943 in Casablanca, in: Das Deutsche Reich, Bd. 7, S. 4.

28 Vgl. Francis H. Hinsley: British Intelligence in the Second World War, Bd. 2, London 1982, S. 615–627.

29 Vgl. Das Deutsche Reich, Bd. 7, S. 177.

30 Vgl. Tabelle in: Hans-Adolf Jacobsen/Hans D. Dollinger (Hg.): Der Zweite Weltkrieg in Bildern und Dokumenten, Bd. 2. München u. a. 1962, S. 294.

31 Zit. nach: Franz Winter: Die deutschen Jagdflieger. München (2. erw. Aufl.) 1993, S. 131.

Untergang. Die systematische Zerstörung Deutschlands 1944/45

1 Siehe dazu neuerdings die Sammlung von Augenzeugenberichten in: Nina Grontzki u. a. (Hg.): Als die Steine Feuer fingen. Der Bombenkrieg im Ruhrgebiet. Essen 2003.

2 Goebbels: Die Tagebücher, Teil 2, Bd. 8, S. 358.

3 Heinz Pettenberg: Starke Verbände im Anflug auf Köln. Köln 1985, S. 162 (Eintrag vom 29. Juni 1943).

4 Goebbels: Die Tagebücher, Teil 2, Bd. 7, S. 491.

5 Vgl. Brauch/Müller: Chemische Kriegführung, S. 182–184.

6 Zit. nach: Das Deutsche Reich, Bd. 5/2, S. 421.

7 Siehe dazu E. A. Hoffmann: Als das Feuer vom Himmel. Bomben auf Hamburg 1940–1945. Leer 1986.

8 Zit. nach: Dokumente deutscher Kriegsschäden, 5 Bde. Bonn 1958–1964, 1. Beiheft, S. 65.

9 Goebbels: Die Tagebücher, Bd. 9, S. 200 (Eintrag vom 1. August 1943).

10 Vgl. Rundschreiben vom 30. Mai 1944, in: Helmut Heiber (Hg.): Akten der Partei-kanzlei der NSDAP. Rekonstruktion eines verlorengegangenen Bestandes. Reges-ten. München, Wien 1983.

11 Vgl. Günter Neliba: Lynchjustiz an amerikanischen Kriegsgefangenen in der Opel-stadt Rüsselsheim (1944). Frankfurt a. M. 2000.

12 Meldungen aus dem Reich, Bd. 16, S. 6340 f.

13 Zit. nach: Helmut Heiber (Hg.): Hitlers Lagebesprechungen. Stuttgart 1962, S. 296.

14 Zit. nach: Das Deutsche Reich, Bd. 7, S. 367.

15 Zit. nach: ebd., S. 375.

16 Zit. nach: ebd., S. 376, Fernschreiben Görings vom 3. Dezember 1943.

17 Zit. nach: Manfred Griehl/Joachim Dressel: Heinkel He 177-277-274. Eine luft-fahrtgeschichtliche Dokumentation. Stuttgart 1989, S. 122.

18 Vgl. Das Deutsche Reich, Bd. 7, S. 349.

19 Vgl. ebd., S. 332, 362.

20 Vgl. Das Deutsche Reich, Bd. 8 (Beitrag Karl-Heinz Frieser; in Vorbereitung).

21 Die volkswirtschaftliche Examensarbeit von Werner Wolf: Luftangriffe auf die deutsche Industrie 1942–45. München 1985, bietet insgesamt zum Thema nur einen knappen Überblick.

22 Vgl. Das Deutsche Reich, Bd. 7, S. 52.

23 Vgl. Edward Jablonski: Doppelschlag gegen Regensburg und Schweinfurt. Stutt-gart 1975, S. 83, 143. Siehe umfassend auch Friedhelm Golücke: Schweinfurt und der strategische Luftkrieg 1943. Paderborn 1980.

24 Zit. nach: Das Deutsche Reich, Bd. 7, S. 62

25 Vgl. ebd., S. 59

26 Vgl. ebd., S. 82.

27 Vgl. Mark Connelly: Die britische Öffentlichkeit, die Presse und der Luftkrieg gegen Deutschland, 1939–1945, in: Kettenacker: Ein Volk von Opfern?, S. 88.

28 Zit. nach: Webster/Frankland: Strategic Air Offensive, Bd. 2, S. 47 f.; Groehler: Bombenkrieg, S. 179 f.

29 Zit. nach: Connelly: Öffentlichkeit, S. 87.

30 Vgl. Mark Seaman: Operation Foxley: The British Plan to Kill Hitler. London 1998.

31 Goebbels: Die Tagebücher, Bd. 10, S. 301 (Eintrag vom 16. November 1943).

32 Vgl. Martin Middlebroock: The Berlin Raids RAF Bomber Command Winter 1943–1944. London 1990, S. 377.

33 Zit. nach: Das Deutsche Reich, Bd. 5/2, S. 394.

34 Vgl. Boberach: Meldungen, Bd. 16, S. 6524 (SD-Bericht vom 11. Mai 1944).

35 Zit. nach: Brauch/Müller: Chemische Kriegführung – Chemische Abrüstung. Berlin 1985, S. 189 f.

36 Zit. nach: Groehler: Bombenkrieg, S. 334–336.

37 Zit. nach: ebd., S. 339.

38 Vgl. Groehler: Geschichte, S. 442.

39 Zit. nach: Der SPIEGEL Special 1(2003), S. 41.

40 Zit. nach: Willi A. Boelcke (Hg.): Deutschlands Rüstung im Zweiten Weltkrieg. Hitlers Konferenzen mit Albert Speer 1942–1945. Frankfurt a. M. 1969, S. 468 (20. Januar 1945).

41 Vgl. Jürgen Förster: Die Wehrmacht und das Ende des »Dritten Reiches«, in: Arnd Bauerkämper u. a. (Hg.): Der 8. Mai 1945 als historische Zäsur. Potsdam 1995, S. 50–65.

42 Zit. nach: Rolf-Dieter Müller/Gerd R. Ueberschär: Kriegsende 1945. Frankfurt a. M. 1994, S. 51.

43 Vgl. Overy: Wurzeln des Sieges, S. 165.

44 Vgl. Groehler: Bombenkrieg, S. 387. Groehler korrigiert hier seine frühere polemisch-ideologische Bewertung (vgl. ders.: Geschichte, S. 458).

45 Vgl. Groehler: Geschichte, S. 457; Höchstzahl in Andreas Hillgruber/Gerhard Hümmelchen: Chronik des Zweiten Weltkrieges. Frankfurt a. M. 1966, S. 144.

46 Vgl. Dietmar Arnold u. a.: Sirenen und gepackte Koffer. Bunkeralltag in Berlin. Berlin 2003, S. 105.

47 Vgl. Groehler: Bombenkrieg, S. 422.

48 Vgl. Ian Kershaw: Hitler, Bd. 2. Stuttgart 2000, S. 1007.

49 Vgl. Wehrmachtführungsstab betr. Kündigung völkerrechtlicher Abkommen vom 20. Februar 1945, Bundesarchiv-Militärarchiv Freiburg, RW 4/v.706. Der Luftwaffenführungsstab hielt es allenfalls für möglich, nach Terrorangriffen gefangene Flieger vor ein Standgericht zu stellen, Notiz vom 10. Februar 1945, ebd.

50 Zit. nach: Abschrift des Fernschreibens vom 27. April 1945, Militärarchiv Prag, Stellv. Generalkommando IV. AK.

51 Zit. nach: Müller/Ueberschär: Kriegsende, S. 39.

52 Vgl. Charles Messenger, in: Oxford Companion of the Second World War. 1995, S. 312.

53 Zit. nach: Müller/Ueberschär: Kriegsende, S. 41.

54 Vgl. Leslie R. Groves: Jetzt darf ich sprechen. Die Geschichte der 1. Atombombe. Köln, Berlin 1965.

55 Vgl. Groehler: Luftkrieg, S. 458.

56 Siehe hierzu Helmut Schnatz: Swinemünde 12. März 1945. München 2004.

57 Vgl. Groehler, Geschichte, S. 469.

58 Vgl. Stephen L. McFahrland: America's Pursuit of Precision Bombing, 1910–1945. Washington 1995, S. 199.

59 Ich stimme hier mit den wichtigsten Experten überein; vgl. die Argumente des britischen Wirtschaftshistorikers Richard Overy: Wurzeln des Sieges, S. 168–174, sowie des amerikanischen Luftkriegshistorikers Williamson Murray: Der Luftkrieg von 1914 bis 1945. Berlin 2000, S. 169–173. Auch der wichtigste deutsche Luftkriegshistoriker Horst Boog liegt in seinen Publikationen auf dieser Linie: siehe Beitrag in: Das Deutsche Reich und der Zweite Weltkrieg, Bd. 7, Stuttgart 2001, und zum Frühjahr 1945 im Abschlussband 10 des Serienwerkes (in Vorbereitung).

60 Oxford Companion of the Second World War, S. 290.

Literaturverzeichnis

Abendroth, Hans-Henning: Guernica. Ein fragwürdiges Symbol, in: Militärgeschichtliche Mitteilungen 41(1987), S. 111–126.

Akten der Parteikanzlei der NSDAP. Rekonstruktion eines verlorengegangenen Bestandes. Regesten, hg. von Helmut Heiber. München, Wien 1983.

Als die Steine Feuer fingen. Der Bombenkrieg im Ruhrgebiet, hg. von Nina Grontzki u. a. Essen 2003.

Amerikanische Kampflugzeuge des Zweiten Weltkriegs, Edition Dörfler. O. O. u. J.

Anticipating Total War. The German and American Experiences, 1871–1914, edit. by Manfred F. Boemeke/Roger Chickering/Stig Förster. Cambrigde 2000.

Arnold, Dietmar u. a.: Sirenen und gepackte Koffer. Bunkeralltag in Berlin. Berlin 2003.

Biddle, Tami Davis: Rhetoric and Reality in Air Warfare. The Evolution of British and American Ideas about Strategic Bombing, 1914–1945. Princeton 2002.

Aust, Stefan/Stephan Burgdorff (Hg.): Die Flucht. Über die Verteibung der Deutschen aus dem Osten. Stuttgart, München 2002.

Boog, Horst: Unterschiedsloser Bombenkrieg bis 1942, in: Luftkriegführung im Zweiten Weltkrieg. Ein internationaler Vergleich, hg. von Horst Boog. Herford, Bonn 1993, S. 435–468.

Botz, Gerhard: Wohnungspolitik und Judendeportation in Wien 1938 bis 1945. Wien, Salzburg 1975.

Brauch, Hans-Günter/Rolf-Dieter Müller (Hg.): Chemische Kriegführung – Chemische Abrüstung. Dokumente und Kommentare. Berlin 1985.

Connelly, Mark: Die britische Öffentlichkeit, die Presse und der Luftkrieg gegen Deutschland, 1939–1945, in: Lothar Kettenacker (Hg.): Ein Volk von Opfern? Berlin 2003, S. 72–92.

Dahms, Hellmuth Günther: Der Zweite Weltkrieg, Schriftenreihe Innere Führung, Beiheft 3(1986).

Das Deutsche Reich und der Zweite Weltkrieg, 7 Bde. Stuttgart 1979 ff.

Das große Flugzeugtypenbuch, hg. von Wilfried Kopenhagen/Rolf Neustädt. Berlin-Ost 1977.

Der 2. Weltkrieg. Bilder, Daten, Dokumente. München 1968.

Der Zweite Weltkrieg in Bildern und Dokumenten, hg. von Hans-Adolf Jacobsen/Hans Dollinger, Bd. 3. München u. a. 1962.

Deutsche Kampfflugzeuge des Zweiten Weltkriegs, Edition Dörfler. O. O. u. J.

Deutschlands Rüstung im Zweiten Weltkrieg. Hitlers Konferenzen mit Albert Speer 1942–1945, hg. von Willi A. Boelcke. Frankfurt a. M. 1969.

Die deutschen Geheimwaffen des Zweiten Weltkriegs, Edition Dörfler, Eggolsheim o. J.

Die deutschen Raketenflugzeuge 1935–1945. Augsburg 1995.

Dokumente deutscher Kriegsschäden, 5 Bde. Bonn 1958–1964.

Domarus, Max: Hitler. Reden und Proklamationen 1932–1945, kommentiert von einem deutschen Zeitgenossen, Bd. 2. München 1965.

Douhet, Giulio: Luftherrschaft. Berlin 1935.

Eichler, Jürgen: Luftschiffe und Luftschiffahrt. Berlin 1993.

Geissler, Erhard: Biologische Waffen – Nicht in Hitlers Arsenalen. Münster 1998.

Ellissen, Wolfgang W.: Antiklopfmittel und Ottokraftstoff-Qualitäten in Deutschland 1923–1973. Hamburg 2002.

Erfurth, Helmut: Im Rhythmus der Zeit – Hugo Junkers und die zwanziger Jahre. Dessau 1994.

Färber, Mathias: Zweiter Weltkrieg in Bildern. St. Gallen 1999.

Förster, Jürgen: Die Wehrmacht und das Ende des »Dritten Reiches«, in: Der 8. Mai 1945 als historische Zäsur, hg. von Arnd Bauerkämper u.a. Potsdam 1995, S. 50–65.

Friedrich, Jörg: Der Brand. Deutschland im Bombenkrieg 1940–1945. München 2002.

Ders.: Brandstätten. Der Anblick des Bombenkriegs. München 2003.

Frieser, Karl-Heinz: Blitzkrieg-Legende. München 1995.

Gellermann, Günther W.: Der Krieg, der nicht stattfand. Koblenz 1986.

Genth, Major: Der operative Luftkrieg im Weltkriege, insbesondere gegen England, in: Die Luftwaffe. Militärwissenschaftliche Aufsatzsammlung 2(1937) Heft 2, S. 3–15.

Goebbels, Joseph: Die Tagebücher. Sämtliche Fragmente, hg. von Elke Fröhlich, Teil 2: Diktate 1941–1945, 15 Bde. München 1993–1996.

Golücke, Friedhelm: Schweinfurt und der strategische Luftkrieg 1943. Paderborn 1980.

Griehl, Manfred/Joachim Dressel: Heinkel He 177-277-274. Eine luftfahrtgeschichtliche Dokumentation. Stuttgart 1989.

Groehler, Olaf: Bombenkrieg gegen Deutschland. Berlin 1990.

Ders.: Der lautlose Tod. Berlin-Ost 1978.

Ders.: Geschichte des Luftkriegs 1910 bis 1980. Berlin-Ost 1981.

Groves, Leslie R: Jetzt darf ich sprechen. Die Geschichte der 1. Atombombe. Köln, Berlin 1965.

Gundelach, Karl: Die deutsche Luftwaffe im Mittelmeer 1940–1945. Frankfurt a.M. 1981.

Halder, Franz: Kriegstagebuch. Tägliche Aufzeichnungen des Chefs des Generalstabes des Heeres, 1939–1942, bearb. von Hans-Adolf Jacobsen, Bd. 2. Stuttgart 1963.

Hanke, Heinz Marcus: Luftkrieg und Zivilbevölkerung. Der kriegsvölkerrechtliche Schutz der Zivilbevölkerung gegen Luftbombardements von den Anfängen bis zum Ausbruch des Zweiten Weltkrieges. Frankfurt a.M. 1991.

Harris, Arthur: Bomber Offensive. London 1947.

Hastings, Max: Bomber Command. London 1980.

Hillgruber, Andreas/Gerhard Hümmelchen: Chronik des Zweiten Weltkrieges. Frankfurt a.M. 1966.

Hinsley, Francis H.: British Intelligence in the Second World War. Its Influence on Strategy and Operations, 4 Bde. London 1979–1988.

Hitlers Lagebesprechungen, hg. von Helmut Heiber. Stuttgart 1962.

Hitlers Weisungen für die Kriegführung 1939–1945. Dokumente des Oberkommandos der Wehrmacht, hg. von Walther Hubatsch. München 1965.

Hoffmann, E. A.: Als das Feuer vom Himmel fiel. Bomben auf Hamburg 1940–1945. Leer 1986.

Hölsken, Heinz Dieter: Die V-Waffen. Entstehung, Propaganda, Kriegseinsatz. Stuttgart 1984.

Jablonski, Edward: Doppelschlag gegen Regensburg und Schweinfurt. Stuttgart 1975.

Jacobsen, Hans-Adolf: Der deutsche Luftangriff auf Rotterdam (14. Mai 1940). Versuch einer Klärung, in: Wehrwissenschaftliche Rundschau 8(1958), S. 257–294.

Kennett, Lee: A History of Strategic Bombing. New York 1982.

Kershaw, Ian: Hitler, Bd. 2. Stuttgart 2000.

Kluge, Robert: Der sowjetische Traum vom Fliegen. München 1997.

Knopp, Guido: Hitlers Helfer. München 1996.

Kucklick, Christoph: Feuersturm. Der Bombenkrieg gegen Deutschland. Hamburg 2003.

Kunz, Rudibert/Rolf-Dieter Müller: Giftgas gegen Abd el Krim. Freiburg 1990.

Lemke, Bernd: Luftschutz in Großbritannien und Deutschland 1923–1939. Freiburg 2003.

Longmate, Norman: The Bombers. The RAF Offensive against Germany, 1939–1945. London 1983.

Maier, Klaus A.: Guernica 26. 4. 1937. Freiburg 1977.

McFahrland, Stephen L.: America's Pursuit of Precision Bombing, 1910–1945. Washington 1995.

Meldungen aus dem Reich. Die geheimen Lageberichte des Sicherheitsdienstes der SS, hg. von Heinz Boberach, 17 Bde. Herrsching 1984–1985.

Messsenger, Charles: »Bomber«-Harris and the Strategic Bombing Offensive 1939–1945. London 1984.

Middlebroock, Martin: The Berlin Raids RAF Bomber Command Winter 1943–1944. London 1990.

Müller, Rolf-Dieter: Die deutschen Gaskriegsvorbereitungen 1919–1945. Mit Giftgas zur Weltmacht?, in: Militärgeschichtliche Mitteilungen 1(1980), S. 25–54.

Ders.: »Flucht in den Krieg«? Die innere Krise des Reiches am Vorabend des Zweiten Weltkrieges, in: Jörg Hillmann (Hg.), »Der Fall Weiß«. Der Weg in das Jahr 1939. Bochum 2001, S. 33–52.

Ders.: Kriegführung, Rüstung und Wissenschaft, in: Helmut Maier (Hg.), Rüstungsforschung im Nationalsozialismus. Göttingen 2002, S. 52–71.

Ders.: Total War as a Result of New Weapons?, in: Great War, Total war. Combat and Mobilization on the Western Front, 1914–1918, edit. by Roger Chickering/Stig Förster. Cambridge 2000, S. 95–111.

Müller, Rolf-Dieter/Gerd R. Ueberschär: Kriegsende 1945. Frankfurt a. M. 1994.

Murray, Williamson: Betrachtungen zur deutschen Strategie im Zweiten Weltkrieg, in: Müller/Volkmann: Wehrmacht, S. 307–330.

Ders.: Der Luftkrieg von 1914–1945. Berlin 2000.

Neliba, Günter: Lynchjustiz an amerikanischen Kriegsgefangenen in der Opelstadt Rüsselsheim (1944). Frankfurt a. M. 2000.

Neillands, Robin: Der Krieg der Bomber. Arthur Harris und die Bomberoffensive der Alliierten 1939–1945. Berlin 2002.

Overmans, Rüdiger: Deutsche militärische Verluste im Zweiten Weltkrieg. München 1999.

Ders.: Personelle Verluste der deutschen Bevölkerung durch Flucht und Vertreibung, in: Dzieje Najnowsze 2(1994), S. 51–65.

Overy, Richard J.: From »Uralbomber« to »Americabomber«. The Luftwaffe and Strategic Bombing, in: Journal of Strategic Studies 1(1979), S. 154–175.

Ders.: Die Wurzeln des Sieges. Stuttgart, München 2000.

Pettenberg, Heinz: Starke Verbände im Anflug auf Köln. Köln 1985.

Poturzyn, Friedrich A. Fischer v.: General Balbo. Ein heroisches Leben. Berlin 1933.

Rexin, Manfred: Die unheilige Allianz. Stalins Briefwechsel mit Churchill. Reinbek 1964.

Schabel, Ralf: Wenn Wunder den Sieg bringen sollen. Wehrmacht und Waffentechnik im Luftkrieg, in: Rolf-Dieter Müller/Hans-Erich Volkmann (Hg.): Die Wehrmacht. Mythos und Realität. München 1999, S. 385–404.

Scheerbart, Paul: Die Entwicklung des Luftmilitarismus und die Auflösung der europäischen Land-Heere, Festungen und Flotten. Berlin 1909.

Schmidt, Rainer F.: Die Außenpolitik des Dritten Reiches 1933–1939. Stuttgart 2002.

Schmitz, Ernst/Berthold Schenk Graf v. Stauffenberg: Erlaubte Angriffsziele im Luftkrieg, in: Wissen und Wehr (1939), S. 521–528.

Seaman, Mark: Operation Foxley: The British Plan to Kill Hitler. London 1998.

Sperling, Hans: Die Deutschen Luftkriegsverluste, in: Wirtschaft und Statistik 12(1962), S. 139–141.

Stunde Null in Deutschland, hg. von Wolfgang Trees u. a. Düsseldorf 1989.

The Oxford Companion to the Second World War. General Editor I. C. B. Dear. Oxford, New York 1995.

The Strategic Air War Against Germany 1939–1945. Report of the British Bombing Survey Unit. London 1998.

Trenkner, Joachim: Wieluń, 1. September 1939, in: Kettenacker: Ein Volk von Opfern?, S. 15–23.

Ueberschär, Gerd R.: Freiburg im Luftkrieg 1939–1945. Würzburg 1990.

Ueberschär, Gerd R./Wolfram Wette: Bomben und Legenden. Freiburg 1981.

United States Strategic Bombing Survey, edit. by David MacIsaac, 10 Bde. New York, London 1976.

»Unternehmen Barbarossa«, hg. von Gerd R. Ueberschär/Wolfram Wette. Paderborn 1984.

Völker, Karl-Heinz: Die deutsche Luftwaffe 1933–1939. Stuttgart 1968.

Webster, Sir Charles/Noble Frankland: The Strategic Air Offensive against Germany 1939–1945, 4 Bde. London 1961.

Wells, Herbert George: Der Luftkrieg. Leipzig 1909.

Winter, Franz: Die deutschen Jagdflieger. München (2. erw. Aufl.) 1993.

Wolf, Werner: Luftangriffe auf die deutsche Industrie 1942–45. München 1985.

Chronik

1911/12	Erstmaliger Einsatz von Bomben durch italienische Flieger in Nordafrika im Krieg gegen die Türkei; Bildung französischer Luftstreitkräfte.
1913	In Deutschland entstehen Kommandobehörden für Fliegerkräfte.
25.09.1914	Britischer Luftangriff auf Cuxhaven, nachdem deutsche Luftschiffe die Festung Lüttich bombardiert haben.
13.12.1914	Französischer Luftangriff gegen Freiburg i. Br.
1915	Hugh Trenchard, Chef der britischen Bomberflotte, entwickelt Pläne für systematische Bombenangriffe gegen das deutsche Hinterland.
31.05.1915	Erster Bombenangriff deutscher Zeppeline auf militärische Ziele in London; britische Flieger attackieren deutsche Rüstungsbetriebe.
25.05.–12.08.1917	Angriffe deutscher Gotha-Bomber gegen zivile Ziele in London und Südostengland; die Verstärkung der britischen Luftabwehr zwingt die Deutschen zu Nachtangriffen.
April 1918	Bildung der unabhängigen Royal Air Force (RAF) in Großbritannien unter Air ViceMarshal Hugh Trenchard; der Bombenkrieg erreicht seinen Höhepunkt.
Herbst 1918	In Deutschland plant man den Einsatz von Zeppelinen als Bombenträger für Angriffe auf New York; die Briten bereiten Großangriffe auf Berlin vor; der Waffenstillstand am 9. November beendet den Ersten Weltkrieg.
28.06.1919	Die Friedensbedingungen des Versailler Vertrages haben für Deutschland den Verlust seiner Luftstreitkräfte zur Folge; 15 000 Flugzeuge werden zerstört bzw. der Entente übergeben.
1921	Der italienische Luftwaffengeneral Giulio Douhet propagiert die Strategie von Vernichtungsschlägen mit Gasbomben gegen Städte.
1922	Arthur Harris, der spätere Chef des britischen Bomber Commands, setzt Bombenflugzeuge gegen Aufständische im Irak ein.

1925	Von deutschen Offizieren im Geheimen vorbereitete Gasbombeneinsätze in Spanisch-Marokko; Zusammenarbeit der Reichswehr mit der Roten Armee beim verdeckten Aufbau der deutschen Luftwaffe.
1933	Deutsche Luftfahrtexperten unterstützen den Aufbau einer Bomberflotte, die künftige Kriegsentscheidungen herbeiführen soll.
1934	Bildung des Bomber Commands in Großbritannien und Entwicklung von Fernbombern; in Deutschland fällt die Entscheidung, vorrangig Sturzkampfbomber zu bauen.
1935	Erstflug des deutschen mittleren Bombers He 111, der zur Standardwaffe für die Heeresunterstützung im künftigen »Blitzkrieg« wird; erste Experimente mit Radar zur Luftverteidigung in England; italienische Flieger entscheiden mit Gasbomben den Krieg gegen Abessinien (Äthiopien).
1937	Die deutsche »Legion Condor« unterstützt mit neuen taktischen Kampfflugzeugen die Franco-Truppen im Spanischen Bürgerkrieg.
26.04.1937	Bombardement von Guernica durch deutsche und italienische Flieger.
1938	Die Produktion taktischer Kampfflugzeuge erhält in Deutschland Priorität gegenüber strategischen Langstreckenbombern; zum Schutz gegen feindliche Fernbomber sollen Bunker entstehen und eine umfangreiche Flakarmee aufgestellt werden.
Mai 1939	Der Generalstab der Luftwaffe legt fest, dass bei einem Krieg gegen Großbritannien Terrorangriffe gegen die Zivilbevölkerung nur als Vergeltung stattfinden sollen.
03.09.1939	Nach Beginn des deutschen Überfalls auf Polen erfolgt die Kriegserklärung Frankreichs und Großbritanniens; die RAF wirft Flugblätter über Hamburg, Bremen und dem Ruhrgebiet ab.
25.09.1939	Höhepunkt deutscher Luftangriffe auf die Verteidiger von Warschau.
Herbst 1939– Frühjahr 1940	Taktische gegenseitige Bombenangriffe auf deutsche bzw. britische Seeziele und Kriegshäfen.
11.05.1940	Nach Beginn der deutschen Westoffensive beschließt das britische Kabinett die Freigabe des deutschen Hinterlandes für eine Offensive des Bomber Commands; in den folgenden Nächten Luftangriffe u. a. auf Dortmund, Essen, Hamm, Aachen, Hannover.

13.05.1940	Bei Sedan ermöglichen massive deutsche Luftangriffe gegen französische Stellungen den strategischen Durchbruch von Panzerkräften.
14.05.1940	Deutscher Luftangriff auf die Verteidiger von Rotterdam während der Kapitulationsverhandlungen.
11.06.1940	Britische Luftangriffe auf Rüstungsbetriebe vor allem in Turin und Mailand nach dem Kriegseintritt Italiens.
13.08.1940	Der Kampf um die Luftherrschaft über England beginnt mit dem »Adlertag«: Luft- und Seestreitkräfte werden an der Kanalküste zusammengezogen; der verschärfte Luftkrieg wird eröffnet.
25./26.08. 1940	Beginn einer Serie von Angriffen des Bomber Commands gegen Berlin; Hitler befiehlt wenig später den verstärkten Bau von Luftschutzbunkern.
5./6.09.1940	Beginn deutscher »Vergeltungsangriffe« gegen London.
15.09.1940	Der »Battle of Britain«-Tag entscheidet die Luftschlacht über London; die deutschen Kampfgeschwader erleiden hohe Verluste; die britische Abwehr bleibt ungebrochen; Hitler muss die Landung »bis auf Weiteres« verschieben.
Herbst 1940– Frühjahr 1941	Andauernde deutsche Luftangriffe auf London und Südostengland hauptsächlich gegen »wehrwirtschaftlich« wichtige Ziele; das britische Bomber Command schlägt mit geringeren Kräften zurück.
14./15.11. 1940	Schwerer deutscher Nachtangriff auf Rüstungsbetriebe in Coventry; systematische Zerstörung der Innenstadt; Hitler lehnt jedoch planmäßige Terrorangriffe gegen die Zivilbevölkerung ab; der deutsche »Blitz«, die forcierten Bombenangriffe der Luftwaffe ab Herbst 1940, fordert bis zum Frühjahr 1941 das Leben von mehr als 20 000 Briten.
06.04.1941	Fünf schwere Luftangriffe auf Belgrad bereiten die deutsche Besetzung der Stadt vor und fordern 1500 Todesopfer; elf Tage später kapituliert Jugoslawien.
18.04.1941	Churchill erklärt, man werde auch künftig deutsche Städte bombardieren, selbst wenn Hitler seine Angriffe einstelle.
22.06.1941	Der Überfall auf die UdSSR bringt Großbritannien eine »Atempause«; andauernde Angriffe der RAF gegen deutsche Städte und Rüstungsziele sollen die schwer bedrängten Sowjets entlasten und dienen zugleich der Erprobung neuer Taktiken.

Ende Juli 1941	Keine schnelle Entscheidung an der Ostfront; Stalin kann seine kriegswichtige Industrie evakuieren und neue Kräfte mobilisieren; für einen strategischen Luftkrieg fehlen deutsche Fernbomber; einzelne sowjetische Luftangriffe auf Berlin.
07.12.1941	Die japanische Luftwaffe vernichtet in einem Überraschungsangriff auf Pearl Harbor Teile der US-Pazifikflotte.
11.12.1941	Trotz des Scheiterns vor Moskau erklärt Hitler den USA den Krieg; er hofft darauf, dass die Japaner mit ihrem See-Luft-Krieg die Amerikaner im Pazifik binden; Roosevelt setzt aber auf »Germany first« und befiehlt den Aufbau einer starken Fernbomberflotte.
23.02.1942	Arthur Harris wird Chef des Bomber Commands; die deutschen Industriestädte werden zum Kriegsgebiet erklärt.
28./29.03. 1942	Die RAF erprobt in Lübeck das »Area Bombing« mit Hilfe von Brandbomben, was zur Zerstörung der Innenstadt führt; Hitler ordnet Vergeltungsterrorangriffe außerhalb von London an.
30./31.05. 1942	Erster 1000-Bomber-Angriff der Briten führt in Köln zu schweren Verwüstungen; in den folgenden Monaten weitere Erprobung von nächtlichen Flächenbombardements, mit denen die Moral der deutschen Bevölkerung gebrochen werden soll; Aufbau der 8. US-Luftflotte in England, die mit ihren »Fliegenden Festungen« Präzisionsangriffe vorrangig auf Rüstungsziele erprobt; auf deutscher Seite Planungen für Angriffe auf die Ostküste der USA mit Interkontinentalraketen.
23.08.1942	Ein schwerer Luftangriff auf Stalingrad soll die Eroberung des Rüstungszentrums an der Wolga vorbereiten; die Trümmerwüste wird für die Verteidiger zum Vorteil; es fehlt an Kampffliegern, um Baku, das eigentliche Ziel Hitlers, zu erobern bzw. zu zerstören.
Herbst 1942	In Peenemünde wird die V 2-Rakete erfolgreich getestet; sie soll als strategische Waffe in Massenproduktion gehen; im November wird die 6. Armee der deutschen Wehrmacht bei Stalingrad eingekesselt; die Luftbrücke scheitert; in Nordafrika starten die Alliierten unter dem Schutz ihrer Luftüberlegenheit eine Gegenoffensive.
14.–25.01. 1943	Auf der Konferenz von Casablanca beschließen Churchill und Roosevelt eine Änderung ihrer Strategie; die Invasion wird um ein Jahr verschoben; eine »Bomberoffensive gegen das deutsche Kriegspotential« soll die Voraussetzungen erbringen; das Ziel ist die bedingungslose Kapitulation der Achsenmächte Deutschland, Italien und Japan.

05.03.1943	Beginn der »Battle of the Ruhr«, einer Serie schwerer Bombenangriffe auf die deutsche Rüstungsindustrie; mehr als 15 000 Menschen sterben, darunter viele Kriegsgefangene und Fremdarbeiter.
16./17.05. 1943	Zerstörung von Staumauern im Ruhrtal; unter dem Eindruck des Bombenkrieges wird die Stimmung in der deutschen Bevölkerung gedrückt; die NS-Organisationen bieten konkrete Hilfsmaßnahmen für Bombenopfer an; Teile der Rüstungsindustrie werden aus den Großstädten ausgelagert.
Sommer 1943	Steigerung der Flugzeugproduktion durch die totale Ausrichtung auf die Rüstung; Vorrang haben die bewährten Kampf- und Jagdflugzeuge, die jedoch die wachsende Zahl von Bombenangriffen auf das Reichsgebiet nicht abwehren können.
25.07.1943	Nach der Schlacht um die Ruhr eröffnet Harris die Schlacht um Hamburg (Operation »Gomorrha«); mehr als 35 000 Menschen finden den Tod; die Briten entfachen systematisch Feuerstürme; im Wettlauf um neue Angriffs- bzw. Abwehrtechniken gewinnen die Alliierten die Oberhand.
17.08.1943	Bei Angriffen auf die Kugellager-Fabriken in Schweinfurt und die Flugzeugwerke in Regensburg erleiden die Amerikaner schwere Verluste; die Briten zerstören gleichzeitig das deutsche Raketengelände in Peenemünde.
08.09.1943	Unter dem Eindruck der alliierten Luftangriffe und der erfolgreichen Landung in Süditalien wechselt Italien die Front; Angriffe gegen Deutschland erfolgen nun auch vom Süden; die Amerikaner erhöhen die Reichweite ihrer Flugzeuge; die Bomberverbände können jetzt bis Berlin und Mitteldeutschland fliegen; im britischen Parlament wird der unterschiedslose Bombenkrieg gegen Städte kritisiert; Harris bleibt entschlossen, mit seiner Vernichtungsstrategie den Krieg zu entscheiden und so die Invasion zu erleichtern.
23.11.1943	Beginn der »Battle of Berlin«, der größten Bomberschlacht der Geschichte; sie dauert fünf Monate und soll durch Flächenbombardements die deutsche Regierungszentrale lahmlegen; mehr als 10 000 Menschen sterben; die massive Verbunkerung der Hauptstadt und die hohen Verluste der Alliierten verhindern den Erfolg.
22.01.1944	Beginn einer Vergeltungsoffensive (»Baby-Blitz«) gegen London; die deutschen Fernbomber He 177 stehen nur in geringer Zahl zur Verfügung; im März startet eine Serie von Bombenangriffen gegen Eisenbahnziele im sowjetischen Hinterland; die Luftwaffe kann weder

den Aufmarsch der Briten zur Invasion verhindern noch die Vorbereitungen Stalins auf eine entscheidende Sommeroffensive gegen das Zentrum der deutschen Ostfront durchkreuzen.

Frühjahr 1944
Die Amerikaner konzentrieren sich darauf, mit ihren Angriffen die deutsche Luftwaffe niederzuringen; Harris wird gezwungen, seine Bomber für die geplante Invasion in Frankreich zur Verfügung zu stellen.

Mai/Juni 1944
Neben Verkehrszielen in Frankreich greifen die Alliierten gezielt deutsche Treibstoffwerke und rumänische Ölquellen an; Verlagerung der deutschen Jäger- und Raketenproduktion in unterirdische Anlagen, wobei Tausende Zwangsarbeiter zu Tode kommen.

06.06.1944
Unter dem Schirm einer gigantischen Luftüberlegenheit gelingt die Invasion der Alliierten in der Normandie; nach dem Zusammenbruch der Ostfront bewegt sich der Krieg in den Folgemonaten auf die Reichsgrenzen zu; die alliierten Bomber bahnen ihren Landtruppen den Weg und zerschlagen gleichzeitig die deutsche Rüstungsindustrie.

12.06.1944
Beginn des ungezielten Einsatzes von deutschen Flugbomben (V 1) gegen London, von denen insgesamt etwa 32 000 Stück produziert werden; die meisten haben technische Mängel oder werden von der alliierten Luftverteidigung abgeschossen.

08.09.1944
Erster Einsatz von interballistischen Raketen (V 2) gegen London und den alliierten Nachschubhafen Antwerpen; bis Ende März 1945 schlagen 1115 V2-Raketen in Großbritannien ein und töten 2724 Zivilisten; nach der Bombardierung der Abschussrampen in Nordfrankreich erreicht die Fernwaffen-Offensive Hitlers aber kein gefährliches Ausmaß mehr.

14.09.1944
Vorbereitung der Operation »Thunderclap«, um mit massiven Luftschlägen gegen deutsche Städte das NS-Regime zur Kapitulation zu zwingen; vorrangiges Ziel ist zunächst die Zerstörung der deutschen Verkehrswege und Eisenbahnzentren.

Dezember 1944
Die überraschende Gegenoffensive Hitlers in den Ardennen verzögert den alliierten Vormarsch ins Reichsgebiet.

12.01.1945
Die Winteroffensive der Roten Armee führt zum totalen Zusammenbruch im Osten Deutschlands; Stalin greift nach Berlin; alliierte Bombenangriffe im mittel- und ostdeutschen Raum auf Rüstungsbetriebe.

03.02.1945	Mit einem schweren Angriff auf Berlin eröffnen die Amerikaner die Operation »Thunderclap«; Harris plant die Vernichtung Dresdens, einer weitgehend unzerstörten Stadt, als Menetekel.
13./14.02. 1945	Briten und Amerikaner greifen in mehreren Wellen das unverteidigte Dresden an; etwa 35 000 Menschen sterben.
22.02.1945	Die Operation »Clarion« legt das gesamte Verkehrsnetz in Westdeutschland lahm und schafft die Voraussetzungen für einen raschen Einmarsch ins Reich.
Mitte März 1945	Die Fortsetzung des Flächenbombardements gegen deutsche Städte trifft auf kritische Stimmen in Großbritannien; alliierte Armeen überschreiten den Rhein und schließen das Ruhrgebiet ein; Tiefflieger und Bomber sorgen im deutschen Hinterland für eine weitgehende Lähmung der Wehrmacht; ganz Deutschland wird zum Kampfgebiet.
16.04.1945	Die alliierten Vereinigten Stabschefs erklären die strategische Luftoffensive gegen Deutschland für abgeschlossen, um die eigenen Bodentruppen nicht zu gefährden; Stalin lässt die Rote Armee zum Sturm auf Berlin antreten; im Fernen Osten haben die Amerikaner den Krieg im Pazifik nahezu abgeschlossen; sie müssen befürchten, dass bei der Eroberung des japanischen Mutterlandes hohe Verluste eintreten werden und beginnen mit schweren Brandbomben-Angriffen gegen Tokio; allein am 9. März sterben 78 000 Menschen.
08.05.1945	Mit der Kapitulation der Wehrmacht ist der Krieg in Europa beendet.
16.07.1945	Der erfolgreiche Test einer Atombombe gibt den Amerikanern die Möglichkeit, den Krieg auch im Pazifik mit einem Schlag zu beenden; zugleich können sie damit den enormen Entwicklungsaufwand rechtfertigen und das Zeichen für eine »pax americana« setzen.
06.08.1945	Nach dem Abwurf der Atombombe auf Hiroshima sterben in Sekunden 40 000 Menschen; die kapitulationsbereiten Kräfte in der japanischen Führung setzen sich endgültig durch.
02.09.1945	Die Unterzeichnung der japanischen Kapitulation beendet den Zweiten Weltkrieg; die Bomber haben wesentlichen Anteil am alliierten Sieg; die Strategie der Flächenangriffe gegen die Zivilbevölkerung gilt jedoch als militärisch und moralisch gescheitert; im Kalten Krieg der nachfolgenden vier Jahrzehnte ist deshalb der Einsatz von Atomwaffen unmöglich; das Gleichgewicht des Schreckens verhindert aber keine konventionellen Kriege, in denen die Bomber mit Präzisionsschlägen gegen militärische Ziele zum Einsatz kommen.

Tabellen

Die hauptsächlichen deutschen Nachtbombenangriffe auf England 1943

Zeitpunkt	Ziel	Gestartete Flugzeuge	Bombenlast (in t)	Verluste
17.01.	London	118	115	6
16.02.	Swansea	37	27	4
03.03.	London	117	108	6
07.03.	Southampton	37	33	3
11.03.	Newcastle	51	30	5
18.03.	Norwich	41	36	1
28.03.	Norwich	45	17	2
14.04.	Chelmsford	91	77	6
16.04.	London	30	13,5	6
21.04.	Aberdeen	29	58,5	0
04.05.	Norwich	79	103	5
13.05.	Chelmsford	85	113	4
15.05.	Sunderland	77	93	2
17.05.	Cardiff	89	92	6
23.05.	Sunderland	73	93	3
12.05.	Plymouth	86	75	5
13.06.	Grimsby	72	61	2
23.06.	Hull	33	31	0
12.07.	Grimsby	50	57	1
13.07.	Hull	61	71	4
25.07.	Hull	51	70	4
11.08.	Plymouth	71	64	1
15.08.	Portsmouth	91	77	5
17.08.	Lincoln	88	28	11
07.10.	London	75	33	5
07.10.	Norwich	75	49	5
20.10.	Hull	89	61,5	1
20.10.	London	89	24	1
23.10.	Yarmouth	39	47	3
03.11.	Ipswich	40	55	4
15.11.	Plymouth	46	44	2
10.12.	Chelmsford	56	20	4

Die wichtigsten deutschen Nachtangriffe auf England von Januar bis Mai 1944

Zeitpunkt	Ziel	Gestartete Flugzeuge	Verluste (monatlich)	Bombenlast (auf Ziel in t)
21.01.	London	447		32
29.01.	London	285	57 (7,8 %)	36,5
03.02.	London	240		26
13.02.	London	230		4
18.02.	London	200		139
20.02.	London	200		118
22.02.	London	185		75
23.02.	London	161		49
24.02.	London	170	72 (5,2 %)	89
01.03.	London	165		56
14.03.	London	187		81
19.03.	Hull	131		–
21.03.	London	144		87
24.03.	London	143		52
27.03.	Bristol	75	75 (8,3 %)	–
18.04.	London	125		53
20.04.	Hull	130		–
23.04.	Bristol	117		–
25.04.	Schiffsziele bei Portsmouth	193		
26.04.	Schiffsziele bei Portsmouth	78		
27.04.	Schiffsziele bei Portsmouth	60		
28.04.	Schiffsziele bei Portsmouth	58		
29.04.	Plymouth	101	75 (8,7 %)	8
14.05.	Bristol	91		3
15.05.	Portsmouth	106		1,4
22.05.	Portsmouth	104		1,5
27.05.	Weymouth	28		13
28.05.	Torquay		ca. 50 (10 %)	5
29.05.	Falmouth, Portsmouth			6

Deutsche Flugbombenoffensive gegen England 1944/45

	Hauptoffensive		Phase 2	Phase 3	Insgesamt
Zeitpunkt	12.06.–15.07.44	16.07.–05.09.44	16.09.44–14.01.45	03.03.–29.03.45	
Gestartet von Rampe	4271	4346	–	275	8892
Gestartet von Flugzeugen	90	310	1200	–	1600
Insgesamt	4361	4656	1200	275	10 492

Angriffe des britischen Bomber Commands gegen U-Boot-Stützpunkte in Frankreich im Frühjahr 1943

Zeitpunkt	Ziel	Gestartete Flugzeuge	Angreifende Flugzeuge	Bombenlast (in t)	Verluste
14./15.01.	Lorient	123	103	231	2
15./16.01.	Lorient	147	133	291	2
23./24.01.	Lorient	118	111	293	3
26./27.01.	Lorient	156	137	203	5
29./30.01.	Lorient	116	80	155	7
04./05.02.	Lorient	128	120	205	1
07./08.02.	Lorient	323	294	760	7
13./14.02.	Lorient	466	422	1103	8
16./17.02.	Lorient	377	360	987	2
28.02./01.03.	St. Nazaire	437	409	1120	5
22./23.03.	St. Nazaire	357	279	906	1
28./29.03.	St. Nazaire	323	235	667	2
02./03.04.	St. Nazaire/ Lorient	55	49	166	1

Die Luftoffensive des britischen Bomber Commands gegen Oberitalien im Herbst/Winter 1942/43

Zeitpunkt	Ziel	Gestartete Flugzeuge	Angreifende Flugzeuge	Bombenlast (in t)	Verluste
22./23.10.42	Genua	112	110	179,8	1
23./24.10.42	Genua	122	92	156,1	6
24.10.42 (Tag)	Mailand	88	77	137,5	4
24./25.10.42	Mailand	71	43	63,9	7
06./07.11.42	Genua	72	67	116,7	4
07./08.11.42	Genua	175	147	251,3	10
13./14.11.42	Genua	76	70	127,7	–
15./16.11.42	Genua	78	68	117,5	3
18./19.11.42	Turin	77	71	126,6	1
20./21.11.42	Turin	154	} 200		
20./21.11.42	Turin (FIAT)	78		349,5	6
28./29.11.42	Turin	228	195	379,9	3
29./30.11.42	Turin (FIAT)	36	20	34,0	3
08./09.12.42	Turin	133	119	269,5	2
09./10.12.42	Turin	277	200	401,5	5
11./12.12.42	Turin	82	31	59,3	6
04./05.02.43	Turin	188	157	285,0	2
04./05.02.43	La Spezia	4	4	16,0	–
14./15.02.43	Mailand	142	122	247,0	3
14./15.02.43	La Spezia	4	4	16,0	–

Großangriffe des britischen Bomber Commands im Rahmen der »Battle of the Ruhr« 1943

Zeitpunkt	Ziel	Gestartete Flugzeuge	Angreifende Flugzeuge	Bombenlast (in t)	Verluste	Tote
01./02.03.	Berlin	302	257	665	17	709
03./04.03.	Hamburg	417	344	913	10	27
05./06.03.	Essen	442	367	1015	14	457
08./09.03.	Nürnberg	335	294	781	7	343
09./10.03.	München	264	217	567	8	208
11./12.03.	Stuttgart	314	267	801	11	112
12./13.03.	Essen	457	384	1110	23	648
26./27.03.	Duisburg	455	387	945	6	11
27./28.03.	Berlin	396	338	820	9	94
29./30.03.	Bochum	157	97	152	12	28
29./30.03.	Berlin	329	234	606	21	204
03./04.04.	Essen	348	295	983	21	143
04./05.04.	Kiel	577	507	1300	12	26
08./09.04.	Duisburg	392	304	846	19	36
09./10.04.	Duisburg	109	99	321	8	27
10./11.04.	Frankfurt/M.	502	436	1037	18	18
14./15.04.	Stuttgart	462	365	801	23	619
16./17.04.	Mannheim	225	201	335	16	132
20./21.04.	Stettin	304	256	782	22	586
26./27.04.	Duisburg	557	499	1428	17	207
30.04./01.05.	Essen	305	239	840	12	53
04./05.05.	Dortmund	596	496	1436	31	693
12./13.03.	Duisburg	572	483	1599	35	272
13./14.05.	Bochum	442	378	1055	24	429
23./24.05.	Dortmund	826	724	2042	38	654
25./26.05.	Düsseldorf	759	686	1959	27	31
27./28.05.	Essen	518	472	1442	22	196
29./30.05.	Wuppertal	719	611	1822	33	3000
11./12.06.	Düsseldorf	783	693	1968	38	1212
11./12.06.	Münster	72	60	102	–	52
12./13.06.	Bochum	503	454	1507	24	540
14./15.06.	Oberhausen	203	146	573	17	976
16./17.06.	Köln	212	179	656	15	147

Zeitpunkt	Ziel	Gestartete Flugzeuge	Angreifende Flugzeuge	Bomben- last (in t)	Verluste	Tote
20./21.06.	Friedrichs- hafen	60	59	175	–	44
21./22.06.	Krefeld	705	661	1966	42	1956
22./23.06.	Oberhausen	557	499	1643	35	578
24./25.06.	Wuppertal	630	554	1663	34	1800
25./26.06.	Bochum	473	424	1291	30	157
28./29.06.	Köln	608	540	1614	25	3802
03./04.07.	Köln	653	589	1808	30	588
08./09.07.	Köln	288	255	1037	7	502
09./10.07.	Gelsenkirchen	422	373	1304	10	41
13./14.07.	Aachen	374	327	779	20	294
25./26.07.	Essen	705	599	1948	24	541
30./31.07.	Remscheid	273	228	704	15	1164

Britische Großangriffe auf Essen 1942 bis 1945

Zeitpunkt	Gestartete Flugzeuge	Angreifende Flugzeuge	Bombenlast (in t)	Verluste
08./09.03.42	211	177	294,8	9
09./10.03.42	187	136	221,8	6
10./11.03.42	126	85	137,2	7
25./26.03.42	254	190	298,9	11
26./27.03.42	115	98	140,6	11
06./07.04.42	157	50	74,2	5
10./11.04.42	254	172	222,3	14
12./13.04.42	251	173	279,5	14
01./02.04.42	956	797	1335,8	36
02./03.06.42	195	159	324,7	13
05./06.06.42	180	129	258,6	16
06./07.06.42	233	206	411,0	20
08./09.06.42	170	132	264,2	18
16./17.06.42	106	24	59,0	9
16./17.09.42	368	271	534,1	42
03./04.01.43	22	17	50,7	3
04./05.01.43	33	23	64,1	2
07./08.01.43	22	17	47,3	–
09./10.01.43	52	36	121,7	3
11./12.01.43	76	54	176,8	1
13./14.01.43	69	53	177,2	6
21./22.01.43	82	56	195,6	4
05./06.03.43	442	367	1014,8	14
12./13.03.43	457	384	1110,0	23
03./04.04.43	348	295	983,0	21
30.04./01.05.43	305	239	840,0	12
27./28.05.43	518	472	1442,0	22
25./26.07.43	705	599	1948,0	24
26./27.03.44	705	677	2159	9
26./27.04.44	493	471	1878	5
23./24.10.44	1055	955	4538	8
25.10.44	771	740	3684	4
28./29.11.44	316	308	1999	–
12./13.12.44	550	529	2377	6
23.02.45	342	329	1313	1
11.03.45	1079	1053	4737	3

Die Großangriffe des britischen Bomber Commands
im Winter 1943/44 auf Berlin

Zeitpunkt	Gestartete Flugzeuge	Angreifende Flugzeuge	Bombenlast (in t)		Verluste	Tote	Verletzte
			Spreng- bomben	Brand- bomben			
18.11.43	444	402	798,1	795,1	9	143	409
22.11.43	764	670	1132,6	1331,8	26	n.b.	n.b.
23.11.43	382	322	710,1	624,1	20	n.b.	n.b.
26.11.43	450	407	858,5	717,0	28	3758	9907
02.12.43	458	401	881,8	803,8	40	99	151
16.12.43	492	450	947,4	867,6	25	628	968
24.12.43	379	338	709,9	578,0	15	211	326
29.12.43	712	656	1099,1	1215,4	18	260	589
02.01.44	421	386	771,0	628,6	28	55	175
03.01.44	383	311	658,4	457,9	27	143	204
20.01.44	769	679	1164,0	1236,6	35	306	568
27.01.44	530	481	1067,0	693,5	32	413	426
29.01.44	680	596	1085,6	868,4	43	531	860
30.01.44	540	489	1068,5	891,9	33	582	908
15.02.44	891	806	1203,0	1412,6	42	169	512
24.03.44	810	726	1322,3	1170,0	72	47	155

n.b. = nicht bekannt

Tagesangriffe der 8. US Air Force vom 17. Januar bis 22. Juni 1943

Zeitpunkt	Ziel	Gestartete Flugzeuge	Angreifende Flugzeuge	Bombenlast (in t)	Verluste
17.01.	Wilhelmshaven	91	55	137,0	3
04.02.	Emden	65	39	29,5	–
26.02.	Wilhelmshaven	93	65	165,3	7
04.03.	Hamm	20	16	14,5	4
18.03.	Vegesack	103	97	268,0	2
22.03.	Wilhelmshaven	102	84	224,0	3
17.04.	Bremen	115	107	265,5	16
14.05.	Kiel	136	126	297,0	8
15.05.	Helgoland/ Wangeroog	113	76	186,0	5
15.05.	Emden	80	59	137,0	1
19.05.	Kiel	123	103	236,9	6
19.05.	Flensburg	64	55	134,0	–
21.05.	Wilhelmshaven	98	77	193,0	7
21.05.	Emden	63	46	110,0	5
11.06.	Wilhelmshaven/ Cuxhaven	225	218	462,5	8
13.06.	Bremen	151	122	304,3	4
13.06.	Kiel	76	60	119,5	22
22.06.	Hüls	235	183	422	16

Angriffe der 8. US Air Force in der »Blitz-Week« zwischen dem 25. und 30. Juli 1943

Zeitpunkt	Ziel	Gestartete Flugzeuge	Angreifende Flugzeuge	Bombenlast (in t)	Verluste
25.07.	Hamburg	123	90	195,9	15
25.07.	Kiel	141	118	222,2	4
26.07.	Hannover	121	96	133,8	16
26.07.	Hamburg	121	54	130,3	2
28.07.	Kassel	182	58	109,0	7
28.07.	Oschersleben	120	37	67,9	15
29.07.	Kiel	168	139	315,1	6
29.07.	Warnemünde	81	54	129,0	4
30.07.	Kassel-Bettenhausen	119	94	217,2	6
30.07.	Kassel-Waldau	67	40	90,2	6

Operationen der 8. US Air Force vom 08. bis 14. Oktober 1943

Zeitpunkt	Ziel	Gestartete Flugzeuge	Angreifende Flugzeuge	Bombenlast (in t)	Verluste
08.10.	Bremen	399	357	544,7	30
09.10.	Anklam	115	106	185,5	18
09.10	Marienburg	100	96	217,9	2
09.10	Danzig/Gdingen	163	150	358,2	8
10.10.	Münster	313	236	700,6	30
14.10.	Schweinfurt	320	229	482,8	60

Britische und amerikanische Luftangriffe auf Kassel 1943 bis 1945

	Zeitpunkt	Gestartete Flugzeuge	Angreifende Flugzeuge	Bombenlast (in t)	Verluste
Nachtangriff Bomber Command	28.08.42	306	256	563,0	33
Tagesangriff 8. US Air Force	28.07.43	182	58	109,0	7
Tagesangriff 8. US Air Force	30.07.43	186	134	307,5	12
Nachtangriff Bomber Command	03.10.43	540	501	1554,0	24
Nachtangriff Bomber Command	22.10.43	528	444	1824,0	42
Tagesangriff 8. US Air Force	19.04.44	277	266	614,6	5
Tagesangriff 8. US Air Force	08.09.44	–	166	380,8	1
Tagesangriff 8. US Air Force	22.09.44	661	618	1671,1	3
Tagesangriff 8. US Air Force	27.09.44	315	248	707,5	26
Tagesangriff 8. US Air Force	28.09.44	262	243	700,8	1
Tagesangriff 8. US Air Force	02.10.44	763	656	1561,8	2
Tagesangriff 8. US Air Force	07.10.44	270	210	468,5	–
Tagesangriff 8. US Air Force	18.10.44	337	300	819,6	2
Tagesangriff 8. US Air Force	04.12.44	239	217	613,8	–
Tagesangriff 8. US Air Force	15.12.44	334	318	933,0	–
Tagesangriff 8. US Air Force	30.12.44		339	916,4	3
Tagesangriff 8. US Air Force	01.01.45		292	687,8	–
Tagesangriff 8. US Air Force	29.01.45		247	329,5	–
Tagesangriff 8. US Air Force	28.02.45		364	922,0	–
Tagesangriff 8. US Air Force	09.03.45		318	675,0	3

**Einsätze der 8. US Air Force am 12., 28. und 29. Mai 1944
gegen deutsche Treibstoffwerke**

Zeitpunkt	Ziel	Gestartete Flugzeuge	Angreifende Flugzeuge	Bombenlast (in t)	Verluste
12.05.	Leuna	326	224	430,4	1
	Lützkendorf		87	168,5	1
	Sonstige Ziele		3	5,5	
	Zwickau	295	74	158,0	
	Most (Brüx)		140	309,0	
	Chemnitz		11	26,2	
	Gera		14	25,2	41
	Hof		15	28,5	
	Sonstige Ziele		4	4,6	
	Zeitz	265	116	256,4	2
	Böhlen		99	220,0	1
	Merseburg		14	29,0	
	Sonstige Ziele		13	26,4	
Insgesamt		886	814	1687,7	46
28.05.	Ruhland	610	38	69,5	
	Böhlen		14	35,0	
	Dessau		32	73,5	
	Zwickau		15	25,7	17
	Leipzig		28	69,5	
	Meißen		16	32,4	
	Sonstige Ziele		99	205,3	
	Königsborn/ Magdeburg	255	105	240,5	
	Rothensee/ Magdeburg		55	114,3	9
	Dessau		17	31,8	
	Gera		6	11,4	
	Lützkendorf	106	66	155,4	3
	Sonstige Ziele		16	35,1	
	Leuna	311	63	145,7	3
	Zeitz		187	447,3	
	Sonstige Ziele		37	94,4	
	Köln	59	58	109,0	–
Insgesamt		1341	864	1829,8	32

Zeitpunkt	Ziel	Gestartete Flugzeuge	Angreifende Flugzeuge	Bombenlast (in t)	Verluste
29.05.	Pölitz	443	224	546,5	
	Tutow		167	436,5	17
	Sonstige Ziele		25	60,0	
	Leipzig (Mockau)/ (Heiterblick)	251	199	463,1	9
	Sonstige Ziele		4	9,6	
	Krzesinki	299	91	202,3	
	Poznań		58	131,5	
	Sorau		52	129,7	8
	Cottbus		48	111,4	
	Schneidemühl		19	39,5	
	Sonstige Ziele		2	4,4	
Insgesamt		993	888	2054,5	34

Quellenhinweis

Die Angaben in den Tabellen sind dem Band »Das Deutsche Reich und der Zweite Weltkrieg«, Bd. 7, entnommen; die im Buch verwendeten Abbildungen dem Verlagsarchiv und im Literaturverzeichnis aufgeführten Büchern.

Ortsregister

Personenregister

Die Autoren

Rolf-Dieter Müller

Jahrgang 1948, Studium der Geschichte, Politikwissenschaft und Pädagogik in Braunschweig und Mainz; 1981 Promotion; 1999 Habilitation; seit 1979 Wissenschaftlicher Mitarbeiter im Militärgeschichtlichen Forschungsamt in Freiburg, seit 1994 in Potsdam; Leiter des Forschungsbereichs »Zeitalter der Weltkriege«; Leitender Wissenschaftlicher Direktor seit 2010; Honorarprofessur an der Humboldt-Universität zu Berlin; Leiter der Dresdner Historikerkommission zur Ermittlung der Opferzahlen, wissenschaftliche Beratung von historischen TV-Produktionen. Zahlreiche Publikationen zur Geschichte des Zweiten Weltkriegs, zuletzt Herausgeber des Serienwerks »Das Deutsche Reich und der Zweite Weltkrieg«, Bd. 10, München 2008; »An der Seite der Wehrmacht. Hitlers ausländische Helfer beim ›Kreuzzug gegen den Bolschewismus‹ 1941–1945«. Berlin 2007 (auch in polnisch und estnisch).

Florian Huber

Jahrgang 1967; Studium der Geschichte, Romanistik und Volkswirtschaft; danach freier Journalist, Nachrichtenredakteur und Lektor; seit 1998 Filmautor und Redakteur beim NDR/Fernsehen; seit 2001 Redakteur für den Bereich Dokumentationen.

Johannes Eglau

Jahrgang 1967; Ausbildung an der Deutschen Journalistenschule in München; 1990–1992 Fernsehredakteur; danach freier Autor und Regisseur von Fernsehdokumentationen und Reportagen.